首都经济贸易大学2019年度科研基金项目成果

首都经济贸易大学·法学前沿文库

刑事被害人民事诉权多元实现方式研究

高洁 著

Research on the Diversified Systems of
Realization for the Criminal Victims' Civil Right of Action

中国政法大学出版社
2020·北京

声　　明　1. 版权所有，侵权必究。

　　　　　2. 如有缺页、倒装问题，由出版社负责退换。

图书在版编目（ＣＩＰ）数据

刑事被害人民事诉权多元实现方式研究/高洁著. —北京：中国政法大学出版社，2020.1
　ISBN 978-7-5620-9452-4

　Ⅰ.①刑…　Ⅱ.①高…　Ⅲ.①被害人－民事诉讼－权益保护－研究－中国　Ⅳ.①D925.204

中国版本图书馆CIP数据核字(2020)第017845号

出 版 者	中国政法大学出版社
地　　址	北京市海淀区西土城路 25 号
邮寄地址	北京 100088 信箱 8034 分箱　邮编 100088
网　　址	http://www.cuplpress.com（网络实名：中国政法大学出版社）
电　　话	010-58908441(编辑室) 58908334(邮购部)
承　　印	固安华明印业有限公司
开　　本	880mm×1230mm　1/32
印　　张	10.5
字　　数	250 千字
版　　次	2020 年 1 月第 1 版
印　　次	2020 年 1 月第 1 次印刷
定　　价	59.00 元

首都经济贸易大学·法学前沿文库
Capital University of Economics and Business library, frontier

主　编　喻　中

文库编委（按姓氏拼音排列）
　　　　高桂林　金晓晨　焦志勇　李晓安　米新丽
　　　　沈敏荣　王雨本　谢海霞　喻　中　张世君

总　序

　　首都经济贸易大学法学学科始建于1983年。1993年开始招收经济法专业硕士研究生。2006年开始招收民商法专业硕士研究生。2011年获得法学一级学科硕士学位授予权,目前在经济法、民商法、法学理论、国际法、宪法与行政法等二级学科招收硕士研究生。2013年设立交叉学科法律经济学博士点,开始招收法律经济学专业的博士研究生,同时招聘法律经济学、法律社会学等方向的博士后研究人员。经过30年的建设,首都经济贸易大学历经几代法律人的薪火相传,现已经形成了相对完整的人才培养体系。

　　为了进一步推进首都经济贸易大学法学学科的建设,首都经济贸易大学法学院在中国政法大学出版社的支持下,组织了"法学前沿文库",我们希望以文库的方式,每年推出几本书,持续地、集中地展示首都经济贸易大学法学团队的研究成果。

刑事被害人民事诉权多元实现方式研究

既然将这套文库取名为"法学前沿",那么,何为"法学前沿"?在一些法学刊物上,常常可以看到"理论前沿"之类的栏目;在一些法学院校的研究生培养方案中,一般都会包含一门名为"前沿讲座"的课程。这样的学术现象,表达了法学界的一个共同旨趣,那就是对"法学前沿"的期待。正是在这样的期待中,我们可以发现值得探讨的问题:所以法学界一直都在苦苦期盼的"法学前沿",到底长着一张什么样的脸孔?

首先,"法学前沿"的实质要件,是对人类文明秩序做出了新的揭示,使人看到文明秩序中尚不为人所知的奥秘。法学不同于文史哲等人文学科的地方就在于:宽泛意义上的法律乃是规矩,有规矩才有方圆,有法律才有井然有序的人类文明社会。如果不能对千差万别、纷繁复杂的人类活动进行分门别类的归类整理,人类创制的法律就难以妥帖地满足有序生活的需要。从这个意义上说,法学研究的实质就在于探寻人类文明秩序。虽然,在任何国家、任何时代,都有一些法律承担着规范人类秩序的功能,但是,已有的法律不可能时时处处回应人类对于秩序的需要。"你不能两次踏进同一条河流",这句话告诉我们,由于人类生活的流动性、变化性,人类生活秩序总是处于不断变换的过程中,这就需要法学家通过观察与研究,不断地揭示新的秩序形态,并提炼出这些秩序形态背后的规则——这既是人类生活和谐有序的根本保障,也是法律发展的重要支撑。因此,所谓"法学前沿",乃是对人类生活中不断涌现的新秩序加以揭示、反映、提炼的产物。

其次,为了揭示新的人类文明秩序,需要引入新的观察视角、新的研究方法、新的分析技术。这几个方面的"新",可以概括为"新范式"。一种新的法学研究范式,可以作为"法学前沿"的形式要件。它的意义在于,由于找到了新的研究范式,人们可以洞察到以前被忽略了的侧面、维度,它为人们认识秩序、认识法律提供了新的通道或路径。依靠新的研究范式,甚至还可能转换人们关于法律的思维方式,并由此看到一个全新的秩序世界与法律世界。可见,法学新范式虽然不能对人类秩序给予直接的反映,但它是发现新秩序的催生剂、助产士。

再次,一种法学理论,如果在既有的理论边界上拓展了新的研究空间,也可以被称为法学前沿。在英文中,前沿(frontier)也有边界的意思。从这个意义上说,"法学前沿"意味着在已有的法学疆域之外,向着未知的世界又走出了一步。在法学史上,这种突破边界的理论活动,常常可以扩张法学研究的范围。譬如,以人的性别为基础展开的法学研究,凸显了男女两性之间的冲突与合作关系,拓展了法学研究的空间,造就了西方的女性主义法学;以人的种族属性、种族差异为基础而展开的种族批判法学,也为法学研究开拓了新的领地。在当代中国,法学研究的拓展,也存在着多种可能性。

最后,西方法学文献的汉译、本国新近法律现象的评论、新材料及新论证的运用……诸如此类的学术劳作,倘若确实有助于揭示人类生活的新秩序、有助于创造新的研究范式、有助于拓展新的法学空间,也可宽泛地将其归于法学理论的前沿。

以上几个方面,既是对"法学前沿"的讨论,也表明了本套文库的选稿标准。希望选入文库的每一部作品,都在法学知识的前沿(frontier)地带做出了新的开拓,哪怕是一小步。

喻 中
2013 年 6 月于首都经济贸易大学法学院

序　言

"五一"节过后，收到高洁发来的《刑事被害人民事诉权多元实现方式研究》书稿，嘱我为之作序。高洁本科毕业于浙江大学，硕士师从陈兴良教授，我是她博士期间的导师。当年，她以刑事附带民事诉讼为研究对象，写出了一篇优秀的博士论文，顺利通过博士论文答辩。这部书稿就是在她博士论文的基础上修改完成的。

在我国司法实践中，刑事诉讼中的被害人赔偿问题一直存在诸多问题。附带民事诉讼制度已然失灵，且适用范围狭窄，占有处置财物类犯罪案件的被害人只能被动等待追缴退赔，不享有诉权，而国家补偿制度尚未建立，这导致大量被害人在遭到犯罪侵害后难以获得赔偿和救济。刑事和解制度就是在这种背景下出现的。但是，法学界对这一问题很少给予关注，一些有限的研究也主要着眼于附带民事诉讼制度及刑事和解制度，对于被害人的诉权保障问题尚缺乏系统性的研究。

序　言

本书以被害人的民事诉权作为整个制度研究的基点，分析了被害人民事诉权相对于普通民事诉权的共性与特性，及其与刑事诉权之间的关系，从而对被害人损害赔偿制度进行了多元化、体系化的建构，具有一定的新意。

长期以来，我国的法学理论将侵权与犯罪、民事与刑事作出了严格的区分。这导致被害人的赔偿问题得不到令人信服的学术解释，诸多立法难题也无法得到解决。近年来，这种状况有所改变，刑民之间已经出现了相互借鉴、融合的趋势。本书将被害人的民事诉权作为整个逻辑构建的起点，并在论述被害人民事诉权的特殊性及其与刑事诉权的关系时，就侵权与犯罪之间的关系、民事责任与刑事责任的关系等问题进行阐述，在一定程度上跨越了刑民学科之间的藩篱，对于被害人损害赔偿程序的研究有一定的理论突破。

被害人损害赔偿问题与刑事涉案财物处置问题存在密切的联系。根据现行法律规定，占有处置财物类犯罪案件虽然也存在被害人的财产损失，但是不能通过附带民事诉讼追偿，而是要等待公安司法机关的追缴退赔，即使追缴退赔不能弥补被害人损失，被害人也不能向法院提起民事诉讼。在这种情况下，被害人只能被动等待，没有为权利而斗争的机会。那么，究竟如何解决这个问题呢？是将该类案件也纳入附带民事诉讼之中，扩大附带民事诉讼的适用案件范围，还是将其纳入刑事涉案财物处置程序这一对物之诉之中呢？这的确是个问题。根据本书观点，可以借鉴英美法系国家的刑事赔偿令制度，在被害人无异议的情况下，无需被害人提出申请，法庭对于损害结果及损失数额明确的案件，可在刑事判决中径直判处赔偿令，作为刑罚的替代措施或者与刑罚配合适用，该裁决由国家强制力保障执行。应当说，这一制度设置对于保障被害人的财产权益是非常有利的。

高洁博士现在是一名大学法学教师，在从事法学研究和教学工作之余，还兼职从事一些刑事辩护业务。在我的印象中，她勤于思考，既具有较高的学术品位，也具有深入钻研的精神。经过多年的学术训练，她打下了坚实的法学学术功底，又拥有丰富的实践经验。这为她从事法学研究创造了良好的条件。我相信，只要持之以恒，保持敏锐的问题意识，对一个课题深入思考，就可以站在学术的最前沿，提出富有新意的理论，取得令人瞩目的学术成就。希望她以这本著作的出版为开端，继续在学术领域开拓探索，源源不断地推出一系列创新性学术成果。

祝愿高洁取得更大的学术成绩，也预祝这部著作产生较大的学术影响。

陈瑞华

2019 年 7 月 1 日

目 录

| 总　序……1
| 序　言……4

| 导　论……1
　一、研究背景……1
　二、概念界定……5
　三、研究意义……6
　四、现有研究……8
　五、研究方法……12
　六、研究框架……13

第一章　被害人民事诉权的基础理论

第一节　诉权的一般理论……14

一、诉权学说的发展……15

二、诉权的内涵……17

三、广义诉权说的出现……20

第二节　被害人民事诉权的界定……21

一、被害人民事诉权的产生……21

二、被害人民事诉权的结构……22

三、被害人民事诉权的一般性质……25

四、被害人民事诉权与其实体请求权……29

五、被害人民事诉权是被害人诉权的一部分……32

第三节　被害人民事诉权的特殊性……33

一、被害人民事诉权的刑民双重属性……33

二、被害人民事诉权与普通民事诉权的不同……36

三、被害人民事诉权特殊性的理论基础……39

第二章　被害人民事诉权与刑事诉权的关系

第一节　被害人刑事诉权的正当性基础……53

一、从历史沿革看被害人刑事诉权的正当性……54

二、从诉权理论看被害人刑事诉权的正当性……58

三、被害人刑事诉权的有限性……61

第二节　被害人民事诉权与刑事诉权关系的比较考察……63

一、英美法系国家：民事诉权优先模式……63

二、大陆法系国家和地区：刑事诉权优先模式……70

第三节　被害人民事诉权与刑事诉权关系的一般理论……76

一、被害人民事诉权相对于刑事诉权的优先性……76

二、被害人民事诉权的实现对刑事诉权的消减……79

三、被害人的刑事诉权的享有对民事诉权实现的保障……81

四、被害人对于实现民事诉权或刑事诉权的影响权……83

第四节 被害人民事诉权与相关权力（利）的关系……86

一、被害人民事诉权与被告人诉权的冲突与契合……86

二、被害人民事诉权对公诉权行使的牵掣……87

三、被害人民事诉权对刑事审判权的制约……88

第三章 被害人民事诉权实现方式的设置原则

第一节 被害人民事诉权实现方式的比较考察……90

一、英美法系国家的刑事赔偿令主导模式……91

二、大陆法系国家的附带民事诉讼主导模式……94

三、被害人民事诉权具体实现方式的比较……97

第二节 被害人民事诉权实现方式适用的制约因素……101

一、可供选择的多元化程序的设置……101

二、程序设置的合理性及其对被害人选择权的制约……103

三、被害人刑事诉权是否存续……105

四、不同案件被害人的程序选择倾向……106

五、被告人的态度与赔偿能力……108

第三节 被害人民事诉权实现方式的设置原则……109

一、通常情况下刑事程序附带解决原则……110

二、责任承担上先民后刑裁判原则……115

三、刑事程序无以为继时民事诉讼独立启动原则……119

四、刑事程序保障不足时民事诉讼补充启动原则……123

五、和解化解民事诉权优先适用原则……125

第四章 附带实现方式：附带民事诉讼制度

第一节 附带民事诉讼制度的比较考察……128

一、相对独立模式……128

二、附属模式……135

三、评价……140

第二节 附带民事诉讼制度的理论正当性及面临的挑战……141

一、实体关联性理论……141

二、程序便利性理论……143

三、裁判统一性理论……147

四、理论正当性亟需重构……150

第三节 我国附带民事诉讼制度的模式及其面临的问题……150

一、我国的强附属模式……150

二、我国附带民事诉讼制度面临的问题……157

第四节 被害人民事诉权理论导向下附带民事诉讼制度的构建……163

一、被害人民事诉权理论导向下附带民事诉讼制度的正当性……163

二、被害人民事诉权理论导向下附带民事诉讼制度适用范围的完善……164

三、被害人民事诉权理论导向下附带民事诉讼实体规则的完善……166

四、被害人民事诉权理论导向下附带民事诉讼程序规则的完善……167

目 录

第五章 刑民合一的实现方式：刑事赔偿令制度

第一节 刑事赔偿令制度的比较考察……171
一、英国的刑事赔偿令制度……172
二、美国的损害赔偿制度……179
三、部分大陆法系国家的准赔偿令制度……184
四、日本的损害赔偿命令制度……187
五、评价……188

第二节 刑事赔偿令制度的理论正当性及其修正……189
一、程序的便捷性……189
二、损害赔偿纳入刑事责任体系……191
三、刑法的谦抑性及轻刑化趋势……193
四、对上述理论的评价及修正……195

第三节 我国刑事程序中相关制度的现状与面临的问题……196
一、类赔偿令制度……196
二、追缴退赔制度……201
三、评价……207

第四节 被害人民事诉权理论导向下刑事赔偿令制度的构建……208
一、被害人民事诉权理论导向下刑事赔偿令制度的正当性……208
二、被害人民事诉权理论导向下刑事赔偿令制度的适用……210
三、被害人民事诉权理论导向下刑事赔偿令制度的实体法设置……212
四、被害人民事诉权理论导向下刑事赔偿令制度的程序法设置……213

五、被害人民事诉权理论导向下刑事赔偿令与独立民事诉讼的
　　关系......214

第六章 单独实现方式：独立民事诉讼制度

第一节　独立民事诉讼制度的比较考察......216

一、作为基本实现方式的独立民事诉讼制度......217

二、作为补充实现方式的独立民事诉讼制度......222

三、评价......224

第二节　独立民事诉讼制度的理论正当性及其反思......224

一、刑事诉讼与民事诉讼性质不同......225

二、刑事责任与民事责任的彼此独立......228

三、控辩平衡的诉讼原则......230

四、评价与反思：理论正当性亟需重构......234

第三节　我国独立民事诉讼制度的特征与面临的问题......234

一、我国独立民事诉讼制度的特征......235

二、我国独立民事诉讼制度面临的问题......241

第四节　被害人民事诉权理论导向下独立民事诉讼制度的
　　　　构建......244

一、被害人民事诉权理论导向下独立民事诉讼的正当性......244

二、作为基本实现方式的独立民事诉讼制度的适用与限制......245

三、作为补充实现方式的独立民事诉讼制度与刑事附带
　　程序的衔接......249

四、被害人民事诉权理论导向下独立民事诉讼制度审理
　　规则的完善......251

第七章 协商实现方式：刑事和解制度

第一节 刑事和解制度的比较考察……253

一、英美法系国家……254

二、大陆法系国家……258

三、评价……262

第二节 刑事和解制度的理论正当性……263

一、恢复正义理论……264

二、中西和谐文化传统的交汇……267

三、现实利益的选择结果……269

四、对上述理论的评价……271

第三节 我国刑事和解制度的现状与存在的问题……272

一、我国刑事和解制度的产生与发展……272

二、现行《刑事诉讼法》关于刑事和解的规定……279

三、我国刑事和解制度面临的问题……284

第四节 被害人民事诉权理论导向下刑事和解制度的构建……287

一、被害人民事诉权理论导向下刑事和解制度的正当性……287

二、被害人民事诉权理论导向下刑事和解制度的适用范围……288

三、被害人民事诉权理论导向下刑事和解制度的实体法设置……289

四、被害人民事诉权理论导向下刑事和解制度的程序法设置……291

结语 被害人民事诉权多元化实现方式的构建

一、被害人民事诉权实现方式的多元化设置……294

二、相关配套制度及诉讼模式的构建……296

三、我国目前的改革动向……299

四、未来的展望……301

| 参考文献……302

| 后　记……316

导 论

长期以来，刑事被告人地位及权益保障问题一直是我国刑事诉讼学界研究的热点，相比之下，关于刑事被害人的理论研究则稍显零落。不过，近年来，刑事被害人的诉讼地位及权利问题逐渐回到了学界的视野。其中，被害人的损害赔偿问题引起了不少学者的关注。本书即以被害人的民事诉权为切入点，从诉讼法学的角度探讨被害人损害赔偿的救济方式。

一、研究背景

长期以来，我国刑事被害人的损害赔偿主要通过附带民事诉讼制度来实现，但是该制度本身所存在的问题导致实践中矛盾重重。近年来，刑事和解作为自生自发的运动迅速开展，并在2012年刑诉法修改中得到立法的认可，然而对该制度的质疑自其产生之初从未消失。被害人的损害赔偿究竟应当如何实现,至今仍是学界和实务界所困惑的问题。

首先我们来看两个案例:

案例1:长春盗车杀婴案

2013年3月4日7时许,周某某将许先生家的RAV4丰田车盗走,途中发现被盗车后座上有一婴儿,行驶中,婴儿啼哭,周某某用布条勒婴儿颈部至死。随后,将婴儿埋于积雪中潜逃。3月5日17时许,周某某到公安机关投案自首。5月27日,长春市中级人民法院作出一审判决,以故意杀人罪及盗窃罪,判处周某某死刑,并处罚金人民币5万元,赔偿被害人丧葬费17 098.5元。由于赔偿金额过少,引起被害人家属及公众的普遍质疑。关于这一问题,6月13日,时任最高人民法院政策研究室主任胡云腾解释称,对于刑事犯罪,承担的是刑事责任,被告人已受到了很严厉的惩罚,再让其承担过重的民事赔偿,有"二罚"之嫌。[1]

案例2:房企老总抱人跳水案

2013年10月16日,经营房地产生意且作为佛山市政协委员的何某某与朋友一起到某水库游玩,看见在水库浮台边游玩的年轻女子君君(化名),两人并不认识。何某某想跟这名陌生美女开个玩笑,便从后面抱着君君的腰一起跳入水库中。下水后,君君从何某某手中滑开。因不懂水性,被发现时,君君已溺水身亡。事故发生后,何某某主动向公安机关自首,并赔偿被害人父母500万澳门币,约合人民币386万元,最终获得被害人父母的谅解。广州市增城区人民法院以过失致人死亡罪判处何某某有期徒刑1年6

---

[1] 参见"长春盗车杀婴案判'赔偿1.7万'最高法回应质疑",载http://www.infzm.com/content/91503,访问日期:2019年6月17日。

个月,缓刑两年。[1]

同样一条生命,为何爱子被罪犯残忍杀害的被害人父母仅能被判赔1.7万多元的丧葬费,而过失致死的被害人父母却能获得300多万的高额赔偿?这里就提出几个问题,被害人遭到犯罪侵害后究竟应当获得多少损害赔偿?与普通的侵权赔偿有什么不同?损害赔偿与被告人[2]的刑事责任之间又是什么样的关系?对此,目前有三种观点:第一种,即立法机关及最高人民法院的观点,他们认为,刑事诉讼中被告人被施以刑罚,因此不应再要求其承担民事法所规定的高额赔偿,只能承担物质损失,也就是说刑罚可以部分地替代赔偿,潜在逻辑是"刑优于民"。第二种,即学界尤其是民事法学界的观点,他们主张被害人有权依照民事法律规定获得赔偿,这与被告人刑事责任的承担无关,《中华人民共和国侵权责任法》(以下简称"《侵权责任法》")中明确规定,侵权人因同一行为应当承担行政责任或者刑事责任的,不影响依法承担侵权责任,也就是"刑民分离"。近来也出现了第三种观点,那就是被害人有权依照民事法律规定获得赔偿,同时,民事责任的承担可以一定程度上削减刑事责任,也就是"民优于刑"。究竟哪种观点更为合理,这就涉及对被害人民事诉权的认识,因为被害人的损害赔偿问题从根本上讲就是民事诉权保障问题,只有科学认识被害人的民事诉权,才能合理构建被害人损害赔偿救济制度。

目前,我国的被害人损害赔偿救济立法仍然遵循的是"刑优于民"的理念。虽然《侵权责任法》已明确规定行政责任或者刑事责任的承担不影响依法承担侵权责任,但2012年《中华人民共

---

[1] 参见李海强等:"本想和美女'开个玩笑'不料闹出人命",载《新快报》2014年8月13日第A13版。
[2] 为行文方便考虑,本文中的被告人包括刑事诉讼中的被告人及犯罪嫌疑人。

和国刑事诉讼法》(以下简称"《刑事诉讼法》") 及最高人民法院的司法解释中,附带民事诉讼制度中仍然没有精神损害赔偿的空间,甚至残疾赔偿金、死亡赔偿金这些属精神损失还是物质损失尚有分歧的赔偿种类,都被排除于附带民事诉讼的赔偿范围之外。其实,赔偿范围过窄只是附带民事诉讼所存在的诸多问题中的一个。从某种意义上来说,相比其他被害人,失去爱子的被害人父母还是幸运的,因为更多的被害人拿不到赔偿的判决,甚至根本没有提起诉讼的机会。有些案件中,由于被告人本身不具备赔偿能力或法庭已决定判处重刑,于是动员被害人撤诉或直接驳回附带民事诉讼;有些案件因为不属于司法解释所规定的受案范围,即使被害人提出附带民事诉讼的申请也不会被受理。对于法院作出了赔偿判决的案件,大部分情况下也无法得到实际执行。一位长期从事刑事案件审判的法官说:"刑事附带民事诉讼赔偿是长期困扰法院刑事审判工作的突出问题,也是全国性尚未解决的难题。目前,刑事附带民事诉讼,民事赔偿执行率不足 10%。"[1] 由于得不到损害赔偿,大量被害人生活陷入困境,不断上诉、上访,严重影响社会安定。迫于现实压力,各地司法机关一改刑事附带民事诉讼中"先刑后民"的处理模式,在刑事审判之前,先行就民事赔偿问题进行调解,在被告人主动赔偿获得被害人谅解的情况下,对被告人予以从宽处罚,催生了我国的刑事和解制度。刑事和解制度一经出现,就在全国各地普遍兴起,与此相伴随的,是来自各界的批评之声,包括花钱买刑、有罪推定、有违同案同判及罪刑均衡等,但这并没有影响刑事和解制度的发展。相反,2012 年《刑事诉讼法》将其列为四种特别程序之一,予以明文规定。刑事和解制度的最终确立使得传

---

[1] 南京晨报:"刑事附带民事赔偿执行率不到一成",载 http://news.sina.com.cn/s/l/2008-02-25/071015013012.shtml,访问日期:2019 年 6 月 17 日。

统的"刑优于民"的理念产生了动摇,而"民优于刑"这一理念也开始有了司法实践的支持。这些现象都引起了学界的广泛关注。

二、概念界定

刑事被害人的民事诉权实现方式研究,涉及一些基本概念,包括刑事被害人及民事诉权,需要在此予以明确。

(一) 刑事被害人概念的界定

刑事被害人,也称为犯罪被害人或被害人,对其含义,学界有两种不同的理解:一种是从实体角度出发,认为被害人是遭到犯罪行为侵害的自然人和单位,其所对应的概念是犯罪人或加害人,通常犯罪学、刑法学中作此理解。另一种是从程序角度出发,认为被害人是指以被害人身份参与到刑事诉讼中,是行使诉讼权利、承担诉讼义务的主体,其所对应的概念是被追诉人,通常刑事诉讼法学中作此理解。[1] 因此,实体被害人只有介入刑事诉讼才能转化为程序被害人,而程序被害人很可能是实体被害人,但也可能不是,例如刑事裁判认定犯罪行为不存在的情况。

与上述两种理解都有所不同,本文中所称的被害人,既包括实体被害人,也包括程序被害人,即遭到犯罪行为或"被控犯罪行为"直接侵害的主体。其中,"被控犯罪行为"是指被公安司法机关(即公安机关、人民检察院、人民法院)认定为疑似犯罪行为而加以追诉的行为。也就是说,遭到犯罪行为侵害后没有加入刑事诉讼的被害人,以及在刑事诉讼过程中以被害人身份介入的人,都属于本文中所称被害人的范畴。但是,本文中的被害人仅涉及自然人,单位或国家、社会被害的情况不在本文的讨论范围

---

[1] 韩流:《被害人当事人地位的根据与限度——公诉程序中被害人诉权问题研究》,北京大学出版社2010年版,第11—12页。

之内。在直接被害人为无行为能力人、限制行为能力人或者死亡的情况下,其法定代理人和近亲属代为行使直接被害人的权利。

(二) 被害人民事诉权概念的界定

诉权或民事诉权本是民事诉讼法学的概念,近年来刑事诉讼、行政诉讼中也开始引入这一概念,将其称为刑事诉权或行政诉权。通常认为,刑事诉权包括公诉权及被告人诉权,也有学者提出了被害人诉权的概念,虽然被害人是否在刑事诉讼中享有诉权目前仍有争议,传统观点认为被害人诉权已经为公诉权所取代。这里所称的诉权,虽然没有明确指出,但均指刑事诉权。为了与上述诉权概念相区分,本文使用被害人民事诉权的概念,指被害人在因犯罪行为而使其人身、财产等民事权益受到侵害的情况下,所享有的请求司法机关予以损害赔偿救济的权利。而将被害人民事诉权与刑事诉权统称为被害人诉权。

虽然在国家追诉主义产生后,公诉权基本取代了被害人刑事诉权,因此被害人刑事诉权是否依然存在有所争议,但是被害人的民事诉权则自始至终一直存在,并没有被国家权力取代。只是,在国家公权力极度膨胀的背景下,被害人不仅失去了刑事诉权,其民事诉权的实现也在一定程度上被抑制。如今,被害人民事诉权受到了越来越多的重视,但是理论上对于被害人民事诉权的研究却非常之少,实践中被害人民事诉权实现方式的设置也问题重重。关于被害人民事诉权的具体内容,本文第一章将做详细阐述。

三、研究意义

研究被害人民事诉权及其实现方式,或者说被害人的损害赔偿救济问题,具有重要的理论及实践意义。

(一) 实践价值

从司法实践的角度来看,如何保障被害人实现民事诉权、获得损害赔偿意义重大,我国现行的被害人损害赔偿制度亟需完善。目前,我国主要通过附带民事诉讼制度来保障被害人获得损害赔偿,但是,这一制度因其在运行中的种种弊端,已经饱受实务界及理论界诟病,包括适用案件范围狭窄、赔偿金额过少、执行率极低等。而独立民事诉讼由于立法规定的缺失,实践中并没有得到广泛适用。在这样的现实背景下,实务界自行发起了刑事和解运动,作为摆脱附带民事诉讼制度困境的尝试,最终该制度被2012年《刑事诉讼法》正式确立。只是,刑诉法对适用刑事和解的案件范围规定得较为谨慎,这决定了大部分被害人无法通过这一方式获得赔偿。因此,我国尚未形成多元化的被害人民事诉权救济体系,被害人获得赔偿与否具有偶然性,即使获得赔偿,通常也并不充分。大量得不到损害赔偿的被害人生活无以为继,对司法丧失信心,因而不断申诉、上访,甚至由被害人转化为犯罪人,严重影响了社会的和谐与稳定。因此,研究被害人民事诉权,科学构建被害人民事诉权实现方式,具有重要的现实意义。

(二) 理论价值

从学术研究的角度来看,以诉权角度为切入点研究被害人的损害赔偿救济问题,具有重大理论价值。诉权理论是民事诉讼法学界的基础理论,近年来部分刑事诉讼法学者尝试将这一概念引入刑事诉讼领域,但是多集中于刑事诉权的研究,包括被告人诉权、公诉权以及被害人的刑事诉权。对于被害人遭犯罪行为侵害所引发的损害赔偿,学界通常认为属于一般的民事诉权,没有进行深入研究。但是,依据普通民事诉权理论,被害人应当通过民事诉讼来获取损害赔偿,而无法解释在刑事诉讼中实现民事诉权的附带民事诉讼制度、刑事赔偿令制度的设置,也无法解释被告人积极赔偿被害人损失可获得刑事的从宽处理,更无法解释在刑事和解程序中,被害人可通过放弃追究被告人的刑事责任而得到民事诉求的满足。可见,被害人的民事诉权与普通民事诉权不同,因其由犯罪行为产生而具有特殊性质。而这就涉及对犯罪的本质、犯罪与侵权的关系、刑事责任与民事责任的关系等的认识。正是被害人民事诉权的特殊性,决定了其实现方式的多元性。从被害人民事诉权的特殊性质来看被害人民事诉权的实现方式,可以为科学构建被害人损害赔偿制度提供理论支撑。同时,这种集刑事诉讼法学、刑法学、犯罪学、民事法学等多学科知识于一点的理论研究进路,为刑民一体化的体系性研究提供了很好的契机。

四、现有研究

对于被害人刑事损害赔偿的救济问题,学界已经进行了一定程度的研究,取得了一定程度的进展,目前存在的最大问题是对于救济方式的体系性设置仍缺乏提纲挈领的理论支撑。

(一) 研究现状

现有的关于被害人民事诉权实现方式或者说被害人损害赔偿救济问题的研究,主要包括以下四个方面:

第一,刑诉法学中针对被害人损害赔偿的具体救济制度进行的专门研究,主要包括刑事附带民事诉讼制度和刑事和解制度,其中对于具体制度的理论基础、历史沿革、域外考察、存在的问题及具体的制度设计等都有了较为深入的探讨。[1] 需要指出

---

[1] 参见刘金友:《附带民事诉讼的理论与实践》,中国展望出版社1990年版;孙洁冰主编:《刑事诉讼行政诉讼附带民事诉讼制度研究》,重庆大学出版社1990年版;陈卫东、张弢:《刑事特别程序的实践与探讨》,人民法院出版社1992年版;孙应征、王礼仁:《刑事附带民事诉讼新论》,人民法院出版社1994年版;武延平主编:《论刑事附带民事诉讼》,中国政法大学出版社1994年版;肖建华:"刑事附带民事诉讼制度的内在冲突与协调",载《法学研究》2001年第6期;邵世星、刘选:《刑事附带民事诉讼疑难问题研究》,中国检察出版社2002年版;刘金友、奚玮:《附带民事诉讼原理与实务》,法律出版社2005年版;谢佑平、江涌:"质疑与废止:刑事附带民事诉讼",

是，高向武博士在其博士论文《附带民事诉讼研究》中，已经提出了被害人民事诉权的概念，指出公诉权与被害人民事诉权的冲突是附带民事诉讼理论以及实践存在种种不足与缺陷的根源，并对刑事诉权、民事诉权理论以及附带民事诉讼中诉权保护与协调问题进行了阐述，但遗憾的是，该文并没有将公诉权与被害人民事诉权之间的关系作为附带民事诉讼理论的基础，之后部分关于附带民事诉讼问题与完善的讨论中也没有再提及诉权问题。另外，对于我国立法中尚不存在的刑事赔偿令制度，部分研究中也对国外的制度进行了介绍，甚至有学者提出了构建类似制度的设想。[1]

第二，刑诉法学中有关于刑事被害人的民事权利保护的研究，多是论文形式，还没有相关的专著出现。有的论文题目中出现了被害人民事诉权或者附带民事诉权的概念，但是正文中并没有对这一概念进行深入展开。[2]另外，关于被害人民事权利的讨论多局

(接上页) 载《法学论坛》2006 年第 2 期；高向武："附带民事诉讼研究"，中国政法大学 2007 年博士学位论文；陈瑞华："刑事附带民事诉讼的三种模式"，载《法学研究》2009 年第 1 期；郑天锋："反思与祛魅：我国刑事附带民事诉讼制度重构论"，载《甘肃政法学院学报》2011 年第 2 期；刘少军："论'先民后刑'刑事附带民事诉讼程序的构建——兼论《刑事诉讼法修正案》对附带民事诉讼制度的改革"，载《政治与法律》2012 年第 11 期；陈光中、葛琳："刑事和解初探"，载《中国法学》2006 年第 5 期；陈光中："刑事和解再探"，载《中国刑事法杂志》2010 年第 2 期；陈晓明：《刑事和解原论》，法律出版社 2011 年版；王志祥主编：《刑事和解制度的多维探究》，北京师范大学出版社 2013 年版。

[1] [美] 埃米利·希尔弗曼："美国的刑事赔偿制度（下）"，刘孝敏译，载《刑法论丛》2007 年第 1 期；贾彬："英国刑事赔偿令法律制度"，载梁慧星主编：《民商法论丛》（第 48 卷），法律出版社 2011 年版；吴江、张旭辉："美国刑事赔偿令的立法和司法实践"，载《中国刑事法杂志》2011 年第 3 期；贾彬："引入刑事赔偿令可以更有效保障被害人权益"，载《检察日报》2011 年 4 月 13 日，第 3 版。

[2] 参见陈凤贵："谈对刑事被害人民事诉权的法律保护——由一起诉讼之争引发的法律思考"，载《辽宁广播电视大学学报》2002 年第 1 期；周勇、史笑晓："被害人刑事附带民事诉权之实现途径"，载《检察日报》2009 年 8 月 18 日，第 3 版。

限于附带民事诉讼的范围之内，也有学者提出了废除附带民事诉讼的主张。

第三，在犯罪学中探讨被害人问题，讲到被害人的补偿或者被害人权利的理论基础、权利内容、救济方式等，其中涉及被害人的损害赔偿，作为全文章节的一小部分，通常探讨得不甚深入，也没有涉及被害人的民事诉权概念。但是，其中对被害人在刑事诉讼中的权利及主体地位问题的探讨，对于本文的研究有一定的启发。[1]

第四，刑法学者就刑事损害赔偿或称犯罪损害赔偿课题所进行的研究，就刑事损害赔偿的概念、性质、历史发展、理论基础、赔偿范围与方式、域外考察、我国制度的现状与完善等，主要从实体法的角度进行了分析与界定，其中在域外考察与我国的制度完善部分对于刑事损害赔偿的救济程序也进行了相应的探讨。[2]

可见，目前关于被害人刑事损害赔偿救济问题的研究已然不少，不仅是刑事诉讼法学学者，众多犯罪学、刑法学学者也都对该选题表现出了浓厚的兴趣。这就使得被害人刑事损害赔偿的理论基础、赔偿范围、救济方式及其制度设置都得到了广泛而深刻的讨论，对于我国立法完善和制度建设具有重要的参考价值。并且，有学者已经提出了被害人民事诉权的概念，并指出被害人民

---

[1] 参见［德］汉斯·约阿希姆·施奈德主编：《国际范围内的被害人》，许章润等译，中国人民公安大学出版社1992年版；赵可等：《一个被轻视的社会群体——犯罪被害人》，群众出版社2002年版，第186—204页；谌鸿伟、贾伟杰："我国刑事附带民事诉讼制度的设计缺陷及重构"，载《法学评论》2006年第2期；赵国玲主编：《中国犯罪被害人研究综述》，中国检察出版社2009年版，第112—144页；李伟主编：《犯罪被害人学》，中国人民公安大学出版社2010年版，第102—111页；［美］安德鲁·卡曼：《犯罪被害人学导论》（第6版），李伟等译，北京大学出版社2010年版，第162—217页。

[2] 参见刘东根："刑事损害赔偿研究"，北京大学2003年博士学位论文；唐文胜：《犯罪损害赔偿研究》，中国人民公安大学出版社2010年版。

事诉权的特殊性及其与刑事诉权的关系对于刑事损害赔偿救济程序的重要影响。

(二) 现有研究的不足

现有研究的不足之处主要体现在以下几点:

第一,关于被害人损害赔偿救济制度的研究多为就事论事,缺少统一理论加以统摄。例如关于附带民事诉讼的研究,很多学者对附带民事诉讼的概念、主体、请求范围、起诉与受理、一二审程序、审判监督程序及执行等进行了全面的分析,但是没有一条理论红线贯穿全文。无论是主张保留附带民事诉讼的研究,还是主张废除民事诉讼的研究,即使有些已经提出了被害人民事诉权的概念,也并未将被害人民事诉权作为其研究的切入点,更不必说以此统领全文。此外,更少有对被害人损害赔偿多元化救济方式的共同理论基础的研究。

第二,刑事损害赔偿并非单纯的刑事诉讼法学问题,通过何种程序设置保障被害人刑事损害赔偿的实现,关涉刑事实体法、犯罪学、民事法等诸多领域,虽然上述领域中已有学者对刑事损害赔偿问题有所涉及,但仍缺乏不同领域间的深度融通,现有研究仍有隔靴搔痒之感,无法为被害人损害赔偿的程序设计从不同学科角度提供坚实的理论支撑。

第三,部分研究从实用主义角度出发,过于迁就现实,错过了从经验现象挖掘现象背后的深层次理论问题的机会。例如支持附带民事诉讼存续观点的理由多从效率与便利的角度出发;对于刑事和解正当性的认识,也多从现实需要角度考虑。

第四,从研究方法来看,现有的研究仍多是传统的对策法学的研究进路,虽然看到了我国实践中的问题,但是没能从中加以升华,从而在理论方面有所突破。

五、研究方法

研究方法的运用对于学术研究意义重大。本文在对规范研究方法、比较研究方法、实证研究方法等一般研究方法的运用之外,主要试图通过交叉学科的研究方法以及社会科学的研究方法对本课题加以展开。

首先,关于交叉学科的研究方法。我国刑法学者储槐植教授最早提出了刑事一体化的研究方法,指出应从刑法之外研究刑法、在刑法之上研究刑法和在刑法之中研究刑法的多方位立体思维的方法,从而打破刑法与其他刑事法学科的间隙与隔膜,对刑法及相关刑事法进行系统研究[1]。同理,刑事诉讼法的研究亦应将自身置于刑事法学的体系之中进行,甚至,应将民事法学也纳入研究体系之内。传统的刑民分立时代已然过去,实践中刑民交织的复杂现象迫使理论界重新开始认识刑民之间的关系。同时,不同学科中的概念及原则理念也开始为其他学科所借鉴。被害人的民事诉权问题或者说刑事损害赔偿问题正是这样一个介于刑诉法学、刑法学、犯罪学、民事法学之间的一个命题,这也是一个很好的将上述诸多学科知识交融贯通的机会,使我们以更为开阔的视野来审视具体问题。

其次,关于社会科学的研究方法。法学作为一门社会科学,长期以来在研究中夹杂了过多的价值评判,如何客观地分析社会生活中的法律现象,包括国家立法、司法实践以及法律制度,对于其中尚无理论可以解释的问题或与现有理论有所冲撞的问题,提出新的概念或命题加以解释,从而在理论上有所推进,这对法学学者来说是一个考验。本文对被害人民事诉权实现方式的研究,

---

[1] 参见储槐植:"建立刑事一体化思想",载《中外法学》1989年第1期。

就是在对我国及域外各国关于被害人刑事损害赔偿的各种救济程序及实践问题加以分析的基础上,发现现有理论无法解释这些设计迥异的诸多制度同时并存的合理性,尝试提出被害人的民事诉权这一概念,通过分析被害人民事诉权的特殊性及其与相关权力/利的关系来推导出被害人损害赔偿多元化救济程序存在的正当性与合理性,以期能够为该课题的研究打开新的视野。

六、研究框架

本文遵循从一般到具体、从宏观到微观、从理论到实践的研究思路展开讨论。全文除导论与结语外,共分为两个层次:

第一层次是对被害人民事诉权及其实现方式的基础理论研究,包括前面三章。该部分从诉权理论引入,通过分析被害人民事诉权的特殊性、被害人民事诉权与刑事诉权的关系,推导出被害人民事诉权的实现方式中的设置原则。该部分对全文起到提纲挈领的作用。

第二层次是对被害人民事诉权的四种实现方式的具体探讨,包括第四章至第七章。该部分分别针对附带民事诉讼制度、独立民事诉讼制度、刑事赔偿令制度及刑事和解制度,从制度设置的域外考察入手,对制度的理论正当性进行阐释与评价,并对该制度在我国的现状与存在的问题进行分析,在此基础上以被害人民事诉权的基本理论为导向,在制度构建方面进行了有建设性的阐述。

第一章
被害人民事诉权的基础理论

第一节 诉权的一般理论

诉权理论是大陆法系民事诉讼法学的三大基础理论之一,因其复杂性被誉为民事诉讼理论的"哥德巴赫猜想"。该理论通过探讨人们"因何可以为诉"这一命题,引导学者对民事实体法和民事诉讼法的关系展开研究[1]。随着社会的发展,围绕诉权定义出现了诸多学说,至今仍未能达成一致,但这并未撼动诉权理论的重要地位。目前,诉权已经突破了民事诉讼法学领域,被认为是通行于民事诉讼、行政诉讼、刑事诉讼的宪法性权利。

---

[1] 参见江伟等:《民事诉权研究》,法律出版社2002年版,第7页。

第一章　被害人民事诉权的基础理论

一、诉权学说的发展

通常认为，诉权概念最早出现于古代罗马法。只是当时实体法与程序法合体，诉权只是根据不同性质的案件采取不同的诉讼形式，是经过类型化的诉讼程序，[1]并非现代意义上的诉权。随着民事实体法与诉讼法的分离，民事诉讼法学领域出现了人们"因何可以为诉"的问题，诉权理论正式出现。该理论自产生至今，历经私法诉权说、公法诉权说、宪法诉权说、诉权否定说以及多元诉权说，目前仍未统一。

私法诉权说产生于十九世纪前半叶的德国，当时公法学尚未发达，诉权被认为是一种私权，是私法上权利在审判中行使的过程或方法，是权利被侵害时所转换而成的。该学说的局限性在于，它将诉讼法视为实体法的一部分，未能认识到诉讼法的独立价值，同时将实体权利的享有作为诉权行使的前提，不符合司法理念及诉讼实际。因此，在十九世纪中叶以后，随着公法理念的发达，该学说逐渐被学界摈弃。

公法诉权说是在否定私法诉权说的基础上出现的，在认可诉权为公法性质权利的基础上，根据不同的观点，具体又分为抽象诉权说、具体诉权说、本案判决请求权说及司法行为请求权说。抽象诉权说将诉权与私法上的权利彻底分离，主张诉权是单纯的向法院起诉并请求判决的公法权利，人人享有，与具体民事权利无关。公法诉权说由于其内容的抽象和空洞为具体诉权说所批评。具体诉权说（又称权利保护请求权说）修正了抽象诉权说的观点，认可实体权利是诉权的存在依据及内容，主张诉权是当事人向法

---

[1] 参见[日]谷口安平：《程序的正义与诉讼》（增补本），王亚新、刘荣军译，中国政法大学出版社2002年版，第65页。

院请求利已判决的权利。但是这一权利的有无只能在诉讼程序结束时才能知道,而且无法解释被告是否享有这项权利。本案判决请求权说(又称纠纷解决请求权说)目前在日本受到大力推崇,该学说认为,诉权就是当事人要求法院就其请求是否正当为本案判决的权利,即要求法院解决纠纷的权利。而德国目前的通说是司法行为请求权说,该学说主张,诉权为诉讼开始后实施诉讼的权能,任何人享有请求司法机关依实体法和诉讼法审理和裁判的权利。

宪法诉权说为二战以后的日本学者所倡导,它根据该国宪法中"任何人在法院接受审判的权利不得剥夺"的规定发展而来,该学说将诉权与宪法上的接受裁判权相结合,从宪法的高度为诉权提供立论根据。

由于一直没有完美统一的诉权理论学说出现,有学者提出了否认诉权的观点。诉权否定说为法国学者莱昂·狄骥及日本学者三月章所倡导。他们认为,法院就私人提起的民事诉讼进行审判,是法治国家人格权及一般权利的作用使然,诉权不过是对诉讼制度目的的主观投影,将这种权利作为一种制度上的权利来看待不具有任何意义。

多元诉权说由苏联学者在批判资本主义诉权理论的基础上所创立。M. A. 顾尔维奇是三元诉权说的倡导者,他认为,诉权是多种不同概念的术语,具有不同含义:一是程序意义上的诉权,即起诉权。二是实质意义上的诉权,这是权利的基本形态,在这里充分反映着权利的意义和效力。三是认定诉讼资格意义上的诉权,这种诉权的作用在于加速纠纷的解决。[1] 在此基础

---

[1] 参见[苏] M. A. 顾尔维奇:《诉权》,康宝田、沈其昌译,中国人民大学出版社 1958 年版,第 224 页。

上,有学者对该学说进行了修正,提出了二元诉权说,包括程序意义上的诉权与实体意义上的诉权,前者即起诉权,后者即胜诉权。

我国的诉权理论还并不发达,在苏联诉权理论基础上进行简单改造后的二元诉权说,目前仍是学界的通说。该学说主张,诉权的二元性由诉的二重性所确定,程序意义的诉权包含原告的起诉权和被告的应诉权,实体意义的诉权包含原告期待胜诉的权利和被告反驳原告提出的实体请求的权利。[1]一些学者在坚持二元诉权说的前提下对其进行了部分修正。[2]还有学者在批判二元诉权说的基础上形成了一元诉权说,认为诉权是程序性权利,但也不否认诉权与民事权利的密切关系。[3]

二、诉权的内涵

虽然诉权学说至今尚未统一,但对于诉权的内涵在部分角度上已初步达成了共识,这给诉权及相关理论的研究奠定了基础。从本质上来说,诉权是一种救济权,它是当事人因民事权利遭到侵害或发生争议时,请求国家予以司法保护的权利,具体可以从三个角度来认识。

(一) 诉权是当事人因其纠纷向国家行使的请求权

人类社会自产生以来即伴随着矛盾与纷争,在早期社会,国家尚未产生,人们依据道德或习惯在氏族和部落内进行公共裁决,或者依靠个人及周围群体的力量以暴力来解决纠纷,如血亲复仇、决斗,以及之后的同态复仇、代偿复仇,这种"私力救济"是解决纠纷的主要手段。但这种救济有其局限性,它的结果取决于个

---

[1] 参见潘剑锋主编:《民事诉讼法》,清华大学出版社2008年版,第33页。
[2] 参见江伟等:《民事诉权研究》,法律出版社2002年版,第46—52页。
[3] 参见顾培东:"诉权辨析",载《西北政法学院学报》1983年第1期。

人或其群体的实力,且不具有终局性,难以防止纠纷再次出现。因此,人们不得不寻求另一种更具稳定性、终局性,且带有强制力的解决纠纷机制来避免非讼机制的无能为力。[1]国家和法律的出现使这种愿望成为可能。国家设置法院以解决人们的各类纠纷,公力救济随之出现,这也是统治者维护其统治秩序及社会稳定的需要。而公力救济取代私力救济,纠纷解决权力的国家化,是诉权产生的基本前提。诉权的本质特征,就在于凭借国家权力而非依靠争议主体自身的力量解决争议。[2]诉权是连接权利纠纷与法院审判之间的中介,当事人通过行使诉权使其实体权利获得救济。

因此,诉权是当事人在权益被侵害或发生争议时所享有的要求国家或法院予以司法裁决的权利,是一项公法性质的权利。国家的义务在于科学、合理地设置法院机构及诉讼制度以应对各类纠纷。而法院的义务则在于受理当事人合理的诉讼申请,对具体纠纷加以审理并依法作出裁决。

(二) 诉权是当事人平等享有的宪法基本权

民事救济从私人救济发展到国家垄断,国家将强制性解决纠纷的职能全部收归己有,当然地就产生了国家对个人的权利遭受侵害时给予保护的义务,也就是说,国家应当认可国民拥有的权利保护请求权,极其重要的是利用诉讼的权利。[3]因此,诉权是国家对民事纠纷采取强制公力救济的时候自然产生的,是当事人的宪法基本权。该权利并非由国家或法律赋予,任何机构、个人,包括立法机关、法院都不能剥夺。所有单位或个人,包括政府,

---

[1] 李鹏:"诉讼模式的基本构成——以诉讼起源为视角的考察",载《天水行政学院学报》2003年第4期。
[2] 参见蒋秋明:"诉权的法治意义",载《学海》2003年第5期。
[3] 参见江伟等:《民事诉权研究》,法律出版社2002年版,第140页。

一旦发生争议都享有平等的诉权,双方在诉讼程序中进行理性抗争。

为了切实保障当事人的诉权,目前许多国家将诉权理念明确规定于宪法之中,虽然具体的表述不同,但诉权的宪法化已成为普遍趋势。日本宪法第32条规定"任何人在法院接受审判的权利不得剥夺",学者也由此提出宪法诉权说。我国台湾地区的宪法理论一般把诉权作为司法上的受益权,即"人民之生命财产自由,如遇侵害,则有得向法院,提起诉讼之权利",即有向法院提起诉讼,请求法院保障其权益的权利。在英美法系国家,虽然不承认诉权理论,但是"接近正义"(access to justice),也就是获得司法帮助的理念深深植根于英美法中,这与诉权在理念上是一致的。"没有救济的权利不是权利",正是诉权使得个人权利,包括生命权、健康权、自由权、财产权等成为真正的权利。

(三)诉权包括程序内涵与实体内涵

诉权的公私属性一直是诉权理论学说的争议所在。私法诉权说将诉权作为私权利的延伸或者变形,这一观点早已被学界摈弃;抽象诉权说则将诉权塑造为与私权利无关的纯粹的公权利,也背离了诉权的本意。其实,诉权本身具有程序内涵与实体内涵双重含义。前者是后者的实现方式和途径,后者的实现是前者的目的和意义。[1]两者紧密结合,相互交融。

诉权的程序内涵是指,当事人享有在程序上向法院申请以使法院启动审判的权利,这是诉权与实体权利的区别。但是,诉权不得被任意提起,否则法院将不堪重负。当事人行使诉权的前提是具体的实体权利受到侵害或发生争议,这就是诉权的实体内涵。正是当事人具体的权利保护及纠纷解决请求构成法院的审判对象

---

[1] 参见江伟等:《民事诉权研究》,法律出版社2002年版,第150页。

和既判力的客观范围，而这是实体法所决定的。因此说，当事人凭借诉权将民事纠纷引导到诉讼程序中，诉权是连接民事纠纷与诉讼程序之间的"桥梁"。[1] 与民事纠纷的对象和内容相对应的是诉权的实体内涵，而将民事纠纷引导到民事诉讼中则为诉权的程序功能，这也体现了诉权的程序含义。[2]

三、广义诉权说的出现

诉权理论最初限于民事诉讼领域，仅指民事诉权，宪法诉权说的兴起使人们从更为广阔的视角认识诉权，广义的诉权理论开始出现，并扩展到所有诉讼领域。诉权产生的前提是社会主体的"权益受到侵害或发生争议"，因此不同的争议法律关系，决定了不同的诉权类型。民事法律关系的争议通过民事诉讼解决，因而形成了民事诉权；刑事法律关系的争议通过刑事诉讼解决，因而形成了刑事诉权；行政法律关系的争议通过行政诉讼来解决，因而形成了行政诉权。[3] 近年来我国刑事诉讼法及行政诉讼法的学者已经开始尝试将诉权概念引入各自的学术领域，并有了一定程度的研究。[4] 然而，对于被害人因犯罪行为而使其人身、财产权利遭受损失所引发的民事诉权，尚未进行深入的研究。

---

[1] 参见江伟主编：《民事诉讼法》（第4版），中国人民大学出版社2008年版，第46页。
[2] 参见江伟等：《民事诉权研究》，法律出版社2002年版，第159页。
[3] 参见王红岩、严建军："广义诉权初探"，载《政法论坛》1994年第5期。
[4] 参见徐静村、谢佑平："刑事诉讼中的诉权初探"，载《现代法学》1992年第1期；汪建成、祁建建："论诉权理论在刑事诉讼中的导入"，载《中国法学》2002年第6期；薛刚凌：《行政诉权研究》，华文出版社1999年版。

第一章 被害人民事诉权的基础理论

第二节 被害人民事诉权的界定

一、被害人民事诉权的产生

诉权的产生离不开"权益受到侵害或发生争议"这一前提，然而"权益受到侵害"的形式和种类是多种多样的，同样的实体权益与不同的侵害形式相结合，就产生了不同的诉权。[1]被害人民事诉权的产生，就是由于被害人的人身权、财产权等民事权益遭到了犯罪行为的侵害。

（一）权益种类：民事权益

就法律上权利的种类而言，可以分为以下三种：一是财产权，即人们为了生存和发展而对自然物的占有、使用、收益和处分的权益。二是人身权，即人从事社会活动所需要的最基本的生存和生活的权益，如生存权、健康权、休息权等。三是民主、政治权益及其他权益，包括公民参政议政和管理国家所需的基本权益，以及劳动权、受教育权等。其中，因财产权遭受侵害而产生的财产损害赔偿，以及因人身权遭受侵害而产生的人身损害赔偿或精神损害赔偿，都属于民事权益的范畴。一旦双方无法协商解决，当事人有权行使其民事诉权。

（二）侵害形式：刑事侵害

实体权益所可能遭受的侵害形式也是多种多样的，比如民事侵害、刑事侵害或行政侵害等。其中，行政侵害是国家行政机关及其工作人员在采取行政行为过程中对被管理者的侵害，双方的法律

---

〔1〕 参见徐静村、谢佑平："刑事诉讼中的诉权初探"，载《现代法学》1992年第1期。

地位具有不平等性。而民事侵害及刑事侵害都是平等主体之间所发生的侵害行为，不同之处在于，民事侵害中侵权人的行为仅伤害到了受害人的个体利益，属于双方当事人之间的私的纠纷。而刑事侵害中犯罪人的犯罪行为不仅伤害到了被害人的个体利益，同时对社会整体造成了伤害，威胁到了统治阶级的统治秩序，被认为具有社会危害性，因此不再仅是当事人间的私人纠纷，而由国家介入其中。而这就是被害人民事诉权与一般民事诉讼中民事诉权的不同之处。

二、被害人民事诉权的结构

诉权的结构是指诉权的内部构造，包括权利主体、义务主体及诉权对象。[1]

（一）权利主体

诉权的权利主体是诉权的享有者，也就是有权向司法机关提起诉讼的主体，即当事人。在现代社会，任何个人、单位甚至国家都可能成为诉权的权利主体。

被害人民事诉权的主体即被害人，也就是在犯罪中遭受权益侵害的个人或单位。被害人为未成年人或精神病人，不具有诉讼行为能力的，其法定代理人可代为行使诉权，但权利主体仍为被害人。在被害人死亡的情况下，被害人的继承人或近亲属则成为权利主体。在我国，对于国家财产、集体财产遭受损失，受损失单位未提起附带民事诉讼的，检察机关也可以作为民事诉权的主体提起附带民事诉讼。但是，检察机关这种越俎代庖的行为已经受到了广泛质疑。[2]

---

〔1〕 参见周永坤："诉权法理研究论纲"，载《中国法学》2004年第5期。
〔2〕 参见谢佑平、江涌："质疑与废止：刑事附带民事诉讼"，载《法学论坛》2006年第2期。

第一章　被害人民事诉权的基础理论

（二）义务主体

一般认为，诉权的义务主体是因诉权的行使而启动诉讼程序、组织诉讼的人，即司法机关。这与诉中的请求权的义务主体是不同的，请求权的义务主体是被告。[1]从本质上来讲，国家将具有强制力的纠纷解决权从个人处收归其所有，由其设置相应的机构及制度来解决个体间的纠纷，因此国家也是广义上的诉权的义务主体。首先，国家有义务设置独立的司法机关及选拔独立、合格的法官，并为司法机关及法官提供成为裁判者必须具备的中立地位和社会环境，使其不但能审理公民之间的纠纷，也有足够的力量审理立法、行政等权力机关侵害公民权利的纠纷，真正做到维护所有社会主体的合法权利。[2]其次，国家有义务对法院内部机构进行合理设置，充分考虑民众利用司法服务的各种需要，这直接关系到公民诉权能否实现。[3]最后，国家有义务设置科学的诉讼制度，合理配置当事人的诉讼权利，这样才有助于当事人实现其诉权。

具体到被害人民事诉权的义务主体，涉及是民庭还是刑庭的问题，争议颇多。在被害人的民事权益被犯罪行为侵害后，其民事诉权究竟应当向民庭还是刑庭提起，对此，不同国家和地区的制度设置有所不同。在大陆法系国家和地区，尤其是法国、德国，被害人可以在刑事诉讼过程中向刑庭提起附带民事诉讼，同时享有向民事法庭提起独立民事诉讼的选择权；在英美法系国家，被害人主要通过刑事程序中的赔偿令制度来获取其损害赔偿，部分案件则采取独立民事诉讼的方式。我国情况与大陆法系国家和地区类似，被害人通常是在刑事程序中提起附带民事诉讼，不同之

---

[1] 参见周永坤："诉权法理研究论纲"，载《中国法学》2004年第5期。
[2] 参见胡亚球、章建生：《起诉权论》，厦门大学出版社2012年版，第17页。
[3] 参见左卫民等：《诉讼权研究》，法律出版社2003年版，第149页。

处在于，被害人没有提起独立民事诉讼的选择权。

（三）诉权对象

诉权对象指的是诉权所指向的被动参加诉讼的人，也就是被告。在现代社会，任何个人、单位甚至国家机关都可能成为诉权的对象。国家本身甚至可以成为民事诉权的对象。

被害人民事诉权的对象通常是刑事被告人，以及其他依法负有赔偿责任的人，包括未被追究刑事责任但应负赔偿责任的其他共同侵害人；未成年人、精神病人等无民事行为能力人实施危害社会的行为给被害人民事权益造成损害的，刑事被告人的监护人；刑事被告人被判处死刑的，其遗产继承人；共同犯罪案件中，案件审结前死亡的被告人的遗产继承人；对被害人的物质损失依法应当承担赔偿责任的其他单位和个人，包括在执行职务过程中实施犯罪的工作人员的所在单位等。

理论上来说，被害人民事诉权的对象与普通的民事诉权的对象并无不同。这在通过独立民事诉讼实现被害人民事诉权的情况下不成为问题。然而在通过刑事程序附带实现被害人民事诉权的情况下，则有所区别。理由在于，在刑事诉讼附带解决被害人损害赔偿的过程中，将刑事被告人以外的其他责任人列入被告进行审理，不仅会造成诉讼拖延，审理起来也有诸多不便，另外在刑事诉讼无缺席判决的情况下，在逃的被告人也无法列为民事诉讼的被告人。[1]因此，很多实行附带民事诉讼的国家在被告人的主体范围上有所限制，我国在司法实践中一般只是限于刑事被告人，这也是众多学者主张改附带民事诉讼为独立民事诉讼的理由之一。但是，在法国和我国台湾地区，虽然同样实行附带民事诉讼制度，

---

[1] 参考谌鸿伟、贾伟杰："我国刑事附带民事诉讼制度的设计缺陷及重构"，载《法学评论》2006年第2期。

但主体范围广泛,与民事诉讼无二,尽管这也给司法实务工作带来了重重负担。

三、被害人民事诉权的一般性质

与普通民事诉权相同,被害人民事诉权具备诉权的一般性质,包括消耗性、平等性、可处分性等。

(一)消耗性

诉权的消耗性源于诉权消耗理论,该理论是被古罗马法学家们用来解释判决的既判效力的,之后被审判权消耗理论取代,但诉权因行使而消灭这一观点并未改变。[1] 通常认为,既判力理论包含两方面的含义:一是对当事人的约束,如果已经在发生法律效力的民事判决中得到裁判,当事人不得再次行使诉权提起诉讼,否则被告可以提出抗辩。二是对法院的约束,案件判决一旦生效,法官不能对判决进行撤销或者变更,不能作出与前一判决相矛盾的认定,也不得受理当事人基于同一诉权的起诉。前者对当事人的约束即诉权的消耗性。

诉权的消耗性决定了权利主体不能无限度地就同一纠纷向法院提起诉讼,这也反映了一事不再理的基本原则。首先,诉权的消耗性有利于提高诉讼效益。如果一项纠纷的解决方案可以无休止地被提出异议,那么纠纷可能永远无法解决。任何时候,败诉一方都可以用各种理由提出上诉或再次起诉,法院的判决也就不会被尊重,更难以被执行。这不仅伤害了法院权威、占用了审判资源,同时也耗费了当事人的时间、精力与金钱。其次,诉权的消耗性有利于维护秩序稳定。诉讼作为终局的解决纠纷的制度,

---

[1] 参见王福华:"民事判决既判力:由传统到现代的嬗变",载《法学论坛》2001年第6期。

定纷止争是其功能所在，诉讼的出现正是为了弥补私力救济中结果的非终局性，否则当事人的权利义务关系总是处于飘忽不定的状态，必然会影响社会秩序的稳定。最后，有利于保障司法权威。司法的权威性就在于其终局性，这要求法院生效判决一旦作出，不得任意重新启动程序，更不能轻易撤销或推翻判决。如果判决朝令夕改，当事人及民众将无所适从。

与普通民事诉权相同，被害人民事诉权同样具有消耗性。虽然很多国家赋予了被害人提起附带民事诉讼或独立民事诉讼的选择权，但通常情况下，被害人一旦做出选择，尤其是在法院已经就起诉开庭审理之后，如无特殊情况，被害人无权再行启动另一程序。

(二) 平等性

平等性是诉权的基本属性。诉权是纷繁复杂的实体纠纷导入理性平和的诉讼程序的中介，在现实生活中，人们可能在社会地位、职务高低、财富多少等方面有所不同，但都可能因为发生权利纠纷或争议而成为诉权的主体。既然诉权是社会主体所享有的请求国家保护其实体权利或解决争议的权利，因此凡是与该争议法律关系有直接利害关系的人，都应享有诉权，包括原告和被告。[1]被告是同争议的权益具有直接利害关系的主体之一，需要承担诉讼结果，其只有享有诉权才能反映自己的实体要求和主张，使诉讼结果对自己有利。因此，当争议双方无法自行解决纠纷时，任何一方当事人都有权首先向审判机关提起诉讼，请求司法解决，而另一方所享有的诉权便立即转化为行使应诉和答辩的权利。起诉权和应诉权只是当事人行使诉权的不同表现形式而已，其实质是平等的。诉权的这一特征，可以从现代民事诉讼中当事人诉讼

---

[1] 参见王红岩、严建军："广义诉权初探"，载《政法论坛》1994年第5期。

地位的平等性中得到说明。[1]

具体到刑事案件，在被害人享有民事诉权的同时，与其相对应地，被告人享有同等的民事诉权，这与普通的民事诉权无异。被害人和被告人的诉讼权利受限主要体现在刑事方面，民事权利却始终存在，刑事附带民事诉讼中原、被告双方的权利义务完全对等的事实即可充分说明这一点。[2] 但是，由于刑事被告人地位的特殊性，其民事诉权在行使中会受到一定制约。一方面，被告人无法对附带民事诉讼或者独立民事诉讼的程序进行主动选择，这通常属于被害人的权利。另一方面，在附带民事诉讼中，由于程序设置的粗疏，以及担心认罪态度不好而被加重刑罚的恐惧，被告人的民事诉权总是受到压制。如何在保护被害人民事诉权的同时，不伤害到被告人的民事诉权，是被害人民事诉权实现方式的设计中需要考虑的重大问题。

（三）可处分性

诉权具有可处分性，这在民事诉讼中毫无争议。民事案件事关公民个体的私权利，基于民法上私法自治的原则，当事人对其民事权益具有处分权，相应地，这种处分权也成为民事诉讼中当事人处分权的实体法来源。因此，诉权主体在法定的程序和制度空间内，可以基于自己的意思表示，独立地决定诉权的运用和取舍。[3] 包括是否提起诉讼，是否和解、调解，原告是否放弃诉讼请求，被告是否承认诉讼请求等。

---

[1] 徐静村、谢佑平："刑事诉讼中的诉权初探"，载《现代法学》1992年第1期。

[2] 徐静村、谢佑平："刑事诉讼中的诉权初探"，载《现代法学》1992年第1期。

[3] 参见汪建成、祁建建："论诉权理论在刑事诉讼中的导入"，载《中国法学》2002年第6期。

刑事被害人民事诉权多元实现方式研究

当事人对其诉讼权利的处分涉及程序选择权问题。通常认为，处分权包括实体权利的处分和诉讼权利的处分，其中诉讼权利的处分指的是对与诉讼请求相关的部分程序权利的处分，一般具有单向性。而程序选择权是指当事人在法律规定的范围内，选择纠纷解决方式，在诉讼过程中选择有关程序及与程序有关事项的权利。[1]包括是否选择诉讼、普通程序还是简易程序等，一般需要双方的合意。相比之下，虽然两者界域上有相互重叠的成分，但内涵和侧重点不同，前者强调效率，后者注重权利。[2]

其实，程序权利的处分权与程序选择权两者的深层次的理论基础是一致的，即诉权理论。通常认为，程序选择权的理论基础在于民事程序主体性原则，由于民事诉讼制度归根到底是为当事人服务的，作为这一制度利用者的当事人是程序主体，因此在设计和运作程序时，有必要考虑当事人关于程序的意愿，满足当事人关于程序的合理需求。[3]而当事人的主体性地位正是由诉权理论所确立的，诉权的权利主体即当事人。只是，以往人们对诉权的议论过多地集中于该理论对诉讼法从实体法中独立出来所做的贡献，而很少注意诉权的主体——当事人的主体性地位，没有真正把诉权当作当事人的权利来关注。[4]从另一角度说，程序选择权即诉权主体对诉讼程序及其他程序事项的处分权。[5]因此，我

---

[1] 参见左卫民、谢鸿飞："论民事程序选择权"，载《法律科学（西北政法学院学报）》1998年第6期。

[2] 彭世忠："程序选择权及其法经济学思考"，载《西南政法大学学报》2003年第6期。

[3] 参见李浩："民事程序选择权：法理分析与制度完善"，载《中国法学》2007年第6期。

[4] 参见吴英姿："诉权理论重构"，载《南京大学法律评论》2001年第1期。

[5] 参见江伟、邵明："民事诉讼法的宪法化"，载杨立新主编：《民商法前沿》（2002年第1、2辑），吉林人民出版社2002年版。

们将两者统称为诉权的可处分性。

被害人民事诉权同样具备可处分性。被害人可以选择是否行使诉权提起诉讼，是否接受和解、调解，选择适用简易程序还是普通程序，等等。当然，诉权可处分性的前提在于存在两种以上的程序机制以供不同需求的当事人进行选择，而这则是国家立法机关的职责所在。

四、被害人民事诉权与其实体请求权

诉权和实体权利的关系一直是诉权理论所关注的问题。实体请求权是在原权利受到侵害或有侵害之虞时产生的一项救济性权利，从古罗马时代的"诉权"中分离而来，与诉权性质不同，但联系密切。私法诉权说将诉权视为实体权利的延伸，将实体请求权与诉权混为一体；抽象诉权说则将诉权与实体权利彻底分离，但是失去了实体请求权基础的诉权没有了实践意义。而具体诉权说、纠纷解决请求权说、司法行为请求权说等学说虽然内容上有所不同，但对于诉权与实体请求权之间密切联系的认识是一致的。正是诉权将实体请求权导入诉讼程序以寻求公力救济。

被害人的民事权益因犯罪行为受到侵害，产生刑事损害赔偿，被害人因之提起的民事诉讼属于给付之诉。在给付之诉中，诉权以实体请求权为基础，实体请求权则是诉权的出发点和归宿。[1]

（一）诉权以实体请求权为基础

给付之诉中，权益受到侵害、实体请求权产生是当事人享有诉权的前提。同样作为救济性权利，实体请求权与诉权构成了对实体权利的双重保护。在权益受到侵害之后，权利人可以凭借其

---

[1] 参见汪建成、祁建建："论诉权理论在刑事诉讼中的导入"，载《中国法学》2002年第6期。

实体请求权，直接向义务人主张权利，寻求私力救济，也可以依据诉权向法院提起诉讼寻求公力救济。前者操作便捷，但缺乏强制性；后者程序烦琐，但有国家权力作后盾。如果在某项纠纷中，根据实体法的规定，当事人不享有实体请求权，则也不可能享有诉权。诉权主体是以某种实体请求权为依据在法院行使诉权，缺乏实体请求权的诉权是不存在的。当然，这种实体法上的请求权不需要真正存在或者享有，只是当事人在行使诉权时必须提出其作为依据。[1]因此，很多情况下，当事人的实体请求权无法通过与相对方协商实现时，即行使诉权启动诉讼程序，通过公力救济来实现。如果没有权益受到侵害、实体请求权无法产生，诉权也就失去了存在的意义。

因此，在给付之诉中，诉权主体必须同被侵害的实体权利具有一定的联系，或者是实体请求权的享有者，或者是相对义务的承担者，否则就不能享有诉权。这也是为什么诉的利益是诉权存在的关键要件。"没有利益便没有诉权"，诉的利益应当是法律上的正当的、现实存在的、直接的个人利益。[2]被害人民事诉权的享有同样以其实体请求权——刑事损害赔偿请求权为基础。在被害人的人身权益、财产权益等民事权益被侵害之后，继而产生了人身损害赔偿请求权及财产损害赔偿请求权，由于该侵害行为已经涉嫌构成犯罪，相对应地，当事人的损害赔偿请求权成为刑事损害赔偿请求权。

(二) 实体请求权是诉权的出发点和归宿

具体诉权说主张，实体权利是诉权的存在依据及内容，诉权是当事人向法院请求利已判决，也就是实现其实体请求权的权利。

---

[1] 参见李龙："民事诉权论纲"，载《现代法学》2003年第2期。
[2] 参见张卫平、陈刚编著：《法国民事诉讼法导论》，中国政法大学出版社1997年版，第69—71页。

但这一学说由于无法解释被告是否享有这项权利而被本案判决请求权说、司法行为请求权说取代。其实，上述几种学说也反映了民事诉讼目的理论的不同学说，具体诉权说对应私权保护说，本案判决请求权说则对应纠纷解决说，而司法行为请求权说对应着秩序保障说。目前民事诉讼目的的最新学说主张，民事诉讼目的并非是一元而是多元的。现代民事诉讼价值的多元化和相对性，决定了民事诉讼目的的多重性，民事诉讼中充满了各种诉讼价值观的冲突，如诉讼之促进与正确裁判的要求、当事人的处分权与公共利益的维护等。因此，现代民事诉讼的目的也应是多元的，包括私权保护、纠纷解决、维护和统一法律秩序等。不可否认，私权保护确是民事诉讼最直接的目的之一，国家设立民事诉讼制度首先应当遵从当事人的诉讼目的。[1]否则，诉权主体也就失去了行使诉权寻求公力救济的动力。

因此，实现自身的实体请求权，既是当事人行使诉权的动因所在，又是其所希望的通过诉权的行使所要实现的目的。对于被害人民事诉权来说，获得刑事损害赔偿即被害人提起民事诉讼的出发点和归宿。

(三) 实体请求权的性质决定诉权的性质

法国民事诉讼理论认为，诉权资格的赋予与被主张权利的性质有关，即诉权资格是由实体权利的性质决定的。这样就为诉权的具体分类提供了根据。如果被主张的权利是债权性质的，那么其诉权就是债权性诉权；如果被主张的实体权利是物权性质的，那么其诉权就是物权性诉权。[2]正是这一分类使得法国诉权理论

---

[1] 参见江伟、邵明：''民事诉讼法的宪法化''，载杨立新主编：《民商法前沿》（2002年第1、2辑），吉林人民出版社2002年版。

[2] 参见张卫平、陈刚编著：《法国民事诉讼法导论》，中国政法大学出版社1997年版，第58页。

具有了实用性,在诉讼管辖和诉讼当事人两方面对诉讼实践有着重大影响。[1]在民事诉权概念下,实体权利对诉权分类的影响同样适用于广义诉权概念。根据广义诉权理论,诉权包括民事诉权、刑事诉权与行政诉权,正是不同性质的侵权行为所导致的实体请求权的不同决定了诉权的不同。

如前文所述,实体权益的内容可能一致,但其所可能遭受的侵害行为性质却是多样的,所产生的实体请求权的性质也有所不同。根据侵害主体与侵害对象的法律地位是否平等,分为行政侵害和其他侵害;根据侵害程度及危害范围的不同,又分为民事侵害与刑事侵害。正是上述侵害行为的性质的不同,决定了被侵害人所享有的实体请求权的不同,而这也决定了所享有的诉权性质的不同。行政侵害的对象享有行政损害赔偿请求权,民事侵权的对象享有民事损害赔偿请求权,刑事侵害的对象则享有刑事损害赔偿请求权。虽然被侵害对象所享有的同为损害赔偿请求权,其诉权属民事诉权的范畴,但由于在行政侵害与刑事侵害中,侵害行为的非民事性质与实体权益的民事性质出现了交叉,使得行政被侵害人的民事诉权与刑事被害人民事诉权与一般的民事诉权出现了性质上的不同。

对刑事被害人来说,正是其所享有刑事损害赔偿请求权的特殊性,决定了其民事诉权的特殊性。

五、被害人民事诉权是被害人诉权的一部分

被害人在实体权益被犯罪行为侵害后,会产生两种心理需求:一是复仇的愿望,二是获得赔偿的愿望,满足这两种心理需求是

---

[1] 参见张卫平、陈刚编著:《法国民事诉讼法导论》,中国政法大学出版社1997年版,第61—62页。

司法的重要任务。被害人复仇愿望的满足要求刑罚的适用，其赔偿愿望的满足则要求被告人承担民事赔偿责任。[1]相应地，被害人在实体权益被侵害后享有民事诉权与刑事诉权。其中，民事诉权旨在获得损害赔偿、弥补其所受损失，刑事诉权则旨在使被告人承担刑事责任，满足其复仇心理。

而在现代国家追诉主义原则之下，国家公诉权很大程度上替代了被害人的刑事诉权，后者被大大压制。直到二十世纪六十年代，被害人学及被害人保护运动出现，人们开始反思刑事司法对被害人权利保护不利的现状。近年来，主流观点认为，被害人作为被直接侵害的对象，其刑事诉权应当得到认可，只是由于刑事诉讼的特殊性和国家公诉权的存在，该刑事诉权的行使受到一定的制约。我国不少学者持此观点。[2]

虽然被害人刑事诉权长期受到公诉权的限制，但旨在保障被害人获得损害赔偿的民事诉权自始至终是存在的。因此，我们认为被害人同时享有民事诉权及部分刑事诉权，而这也决定了被害人民事诉权与普通民事诉权的不同。

第三节 被害人民事诉权的特殊性

一、被害人民事诉权的刑民双重属性

被害人民事诉权的特殊属性源于其实体请求权——刑事损害

---

[1] 参考房保国：《被害人的刑事程序保护》，法律出版社2007年版，第27—29页。
[2] 参见韩流：《被害人当事人地位的根据与限度——公诉程序中被害人诉权问题研究》，北京大学出版社2010年版，第93—112页；陈少林、顾伟：《刑事诉权原论》，中国法制出版社2009年版，第135—159页；周亦峰："试论刑事被害人诉权对公诉权的制衡"，载《云南大学学报（法学版）》2011年第4期。

赔偿请求权的特殊性质。其中，损害赔偿本属于民事责任的承担，因此具有民事性质，由于其产生根据的刑事性又不可避免地带有刑事色彩，因此，被害人民事诉权具有刑民双重属性。

（一）损害赔偿的民事性质

损害赔偿是行为人侵犯他人民事权利后所应承担的法律后果，属于典型的民事责任的一种。根据传统理论，民事责任与刑事责任不同，主要区别在于：首先，两者的目的和性质不同，前者是民事违法行为人所应承担的法律后果，是加害人向被害人承担的责任，其目的是对已经造成的被害人的人身损害和财产损失进行救济，使之恢复到未损害时的状态，其性质表现为相对性、财产性和补偿性；后者是行为人因违反《中华人民共和国刑法》（以下简称"《刑法》"）而构成犯罪，依法应承担的刑罚后果，是犯罪人应当向国家、社会承担的责任，其性质突出表现为惩罚性、人身性和绝对性。其次，两者的责任方式不同，民事责任方式是以弥补、救济受害人而不是以惩罚违法行为人的角度来设计，以财产责任形式为主，主要是损害赔偿责任；刑事责任方式是以惩罚、改造犯罪人而不是从恢复受损害的被害人的权利的角度来设计，因此主要是采取限制和剥夺人身自由的惩罚方式。因此一般认为，民事责任的主要内容是"调整"，刑事责任的主要内容是"非难"。民事责任的发生与否以"损害"的有无为基础，刑事责任则以"违法行为"的有无为基础。[1]

损害赔偿的民事性质决定了，在以实现被害人民事诉权为目的的制度设计中，应当遵循民事责任认定的相关实体规则与证据规则，比如主体范围、赔偿范围、归责原则、证明标准等，这是保障被害人民事诉权充分、有效实现的关键所在。我国附带民事诉讼

---

[1] 参见程红："刑罚与损害赔偿之关系新探"，载《法学》2005年第3期。

中不认可精神损害赔偿,是对被害人民事诉权保护不全面的表现。

(二) 侵害行为的刑事性质

虽然损害赔偿属于典型的民事责任的承担方式,但是由于该损害赔偿是由犯罪行为而非侵权行为所致,因此带有一定的刑事色彩。一般认为,犯罪行为与侵权行为存在本质区别。首先,性质不同。犯罪行为是违反刑法而依法应当承担刑事责任的行为,而侵权行为是违反民事法律规定而依法应当承担民事责任的行为。其次,所侵害的对象不同。犯罪行为所侵犯的主要是社会利益和国家利益,而侵权行为所侵犯的是个人利益。再次,社会危害程度不同。犯罪行为比侵权行为的社会危害性要大。最后,所承担的法律后果不同。犯罪行为人应当承担刑事责任,在给被害人造成人身、财产损害的情况下,也承担民事责任,而侵权行为人承担的只是民事责任。

可见,犯罪与侵权的关键区别在于,后者只需承担单一的民事责任,而前者则需要同时承担刑民双重责任。于是,犯罪行为会引发刑、民两个诉讼,损害赔偿的认定过程或多或少会受到刑事程序的影响与制约,而不可能像普通民事诉讼一样完全独立。

(三) 刑民属性的融合

正是由于刑事损害赔偿的刑民双重属性,使得被害人民事诉权实现方式呈现出多元化的特点,如独立民事诉讼、附带民事诉讼、刑事赔偿令、刑事和解等。其中,不同的实现方式凸显了刑事损害赔偿的不同属性。独立民事诉讼方式强调损害赔偿的民事性,认为被害人民事诉权与普通民事诉权无异,适用民事诉讼的程序规则、证据规则与实体规则;附带民事诉讼方式则有意兼顾刑事损害赔偿的双重属性,使两者得以相互关照;刑事赔偿令方式则更为强调刑事损害赔偿的刑事性,将损害赔偿作为刑事责任的承担方式;刑事和解方式则不仅关注被害人民事诉权,同时强调其刑事诉权,通过对刑事诉权的妥协以获取民事诉权的实现。

传统理论认为,民事责任与刑事责任、侵权与犯罪均有本质区别,刑事损害赔偿的民事性与刑事性两者泾渭分明,难以融合,这就使得传统的被害人民事诉权的实现方式,无论是独立民事诉讼还是附带民事诉讼,都因其偏向性而易为人所诟病,无法做到刑民兼顾。不过,随着被害人保护运动和恢复性司法理念的兴起,以被害人和刑事被告人面对面协商为中心的刑事和解制度在各国出现,使传统的刑民对立的理念产生了动摇。刑事被告人通过采取积极赔偿、赔礼道歉的民事责任承担方式获得被害人的谅解,从而获得刑事责任的免除或者消减。这凸显了被害人的重要地位,其不仅有权获得损害赔偿以实现其民事诉权,还可以对刑事被告人刑事责任的免除或减轻发挥重大影响,体现了其刑事诉权对公诉权和审判权的制约。

因此,民事责任与刑事责任之间,被害人民事诉权与刑事诉权之间并非并行不悖的关系,而是有着密切关联,被害人民事诉权的实现可以借助于其刑事诉权的威慑,而民事诉权实现后也将对刑事诉权的行使形成牵掣。所以,被害人民事诉权的民事属性与刑事属性有可能和谐共存,其前提是实现方式体系的科学设置。

二、被害人民事诉权与普通民事诉权的不同

被害人民事诉权的刑事属性决定了其与普通的民事诉权有所区别,具体可以表现为以下三点:

(一) 实现方式不同

被害人民事诉权的特殊性,决定了其实现方式与普通民事诉权有所不同。通常情况下,行为人在实体权益被侵权行为侵害后,可向法院提起民事诉讼以实现其民事诉权。而被害人民事诉权的实现,则不一定通过独立民事诉讼的方式,根据案件情况不同,有不同的实现方式可以选择。

通常认为,英美法系国家是比较典型的以独立民事诉讼方式实现被害人民事诉权的国家,著名的"辛普森案件"使得这一制度家喻户晓。但实际上,独立民事诉讼已不再是这些国家实现被害人民事诉权的主要制度。为了保证刑事被害人及时获得赔偿,刑事赔偿令制度在这些国家已经广泛适用。审理刑事案件的法官在对被告人判处刑罚的同时,应当发布赔偿令,要求其对犯罪行为所造成的人身伤害、财产损失等作出赔偿。[1] 在大陆法系国家,虽然附带民事诉讼制度是被害人实现民事诉权的主要方式,但其仍享有对独立民事诉讼的选择权。无论是在实行赔偿令的英美法系国家,还是在实行刑事附带民事诉讼的大陆法系国家,独立的民事诉讼方式都是在其他方式不能实现时被害人保有的最后救济手段。[2] 而今,刑事和解也已经成为各国被害人获得损害赔偿的重要制度。

(二)消耗性的表现不同

被害人民事诉权虽然也具有消耗性,但与普通民事诉权的消耗性有所不同,这种不同与其实现方式的多元性有关。

在普通民事诉讼中,原告在法院就其起诉作出生效裁判后,除非有新的损害结果出现,一般不得再行起诉。无论在大陆法系还是英美法系国家,被害人民事诉权的实现都是依赖由多种程序构建的制度体系,而非某项孤立的程序,其目的就是给不同情形下的被害人提供多种救济方式以供其选择,并在前一方式救济不充分时给被害人以补充救济的机会。原因在于,就其本质而言,

---

[1] 参见汪建成、甄贞主编:《外国刑事诉讼第一审程序比较研究》,法律出版社2007年版,第94—319页。

[2] 参见吴江、张旭辉:"美国刑事赔偿令的立法和司法实践",载《中国刑事法杂志》2011年第3期。

被害人民事诉权仍属民事诉权的范畴，赔偿主体、赔偿范围等适用民事实体法的相关规定，但由于其与刑事诉讼的紧密联系，为了维护被害人、被告人的双方利益，很多情况下需要在刑事诉讼过程中解决被害人的损害赔偿问题，不可避免地，被害人民事实体权利、诉讼权利难以获得与独立民事诉讼中同等的保障。因此，不应因被害人已在刑事程序中行使其民事诉权，就彻底剥夺被害人再次提起民事诉讼的机会。

因此，被害人民事诉权的消耗性相比普通的民事诉权更为复杂，部分情况下该民事诉权可能被再次提起，这是由被害人需要获得及时、充分的损害赔偿所决定的。

（三）可处分性的不同

被害人民事诉权的可处分性比普通民事诉权弱。普通民事诉权涉及平等主体间的私的纠纷，与他人无涉，根据私法意思自治原则，诉权主体有权自主决定对诉讼程序的选择和诉讼权利的行使与否。但被害人民事诉权与其刑事诉权紧密相连，被害人对民事诉权的处分将影响到其刑事诉权、公诉权甚至审判权，从而影响到刑事被害人的民事及刑事责任的承担。被害人民事诉权实现程序与刑事诉权实现程序的交叉使得被害人无法完全自主决定诉讼程序的选择与诉讼权利的处分。

正是因为刑事诉讼事关国家、社会利益及被告人的自由乃至生命，所以对被害人民事诉权的可处分性施加了较多的限制。在普通民事诉讼中，原告自然有权选择是否提起诉讼以及提起诉讼的时间。但是，出于对刑事被告人利益的考虑，被害人明知可以而故意不在刑事诉讼中要求损害赔偿，等到刑事判决生效之后，又提起独立民事诉讼的不宜受理，否则就使得刑事被告人失去了通过赔偿被害人损失而获得刑事责任从宽的机会。在普通民事诉讼中，双方当事人协商一致达成和解的，除非损害了国家、社会利益或者第三人利益,法院不得干涉。但是,刑事被害人与被告人双方达成刑事和解的,必须经过司法机关审查认可,且和解协议中不能对被告人的刑事责任等应由司法机关决定的事项进行约定,这些事项必须由法院依法判决。

三、被害人民事诉权特殊性的理论基础

被害人民事诉权具有特殊性的根本原因在于:行为人的一个犯罪行为,引发了刑民两个诉权,产生了刑民两种责任。源于同一行为的刑民诉权、刑民责任的关系,决定了被害人民事诉权的性质。正是被害人的刑民诉权及其导致的刑民责任的彼此交织,才使得其民事诉权兼具刑民双重属性,同时两者又能够彼此融合。

(一) 犯罪行为侵权本质的重新认识

传统理论认为,犯罪行为侵犯的是国家利益、社会利益,具有社会危害性,应由公诉机关代表国家追诉以启动刑事诉讼。而民事侵权所侵犯的是个人的私的利益,具有私人侵权性,由受害人实行私人追诉启动民事诉讼即可。两者本来泾渭分明,无甚瓜葛,诉讼程序也迥然有别。但是,在有被害人的犯罪中,犯罪行为同样也是侵权行为,因侵犯被害人的人身、财产权利而需承担损害赔偿责任,引发独立或附带的民事诉讼。而各地兴起的刑事和解运动中,加害人与受害人之间通过赔偿、谅解等方式来影响甚至决定案件的实体结局,使得刑事诉讼带有了一定的民诉化色彩。这些让我们开始重新思考犯罪与侵权间的关系。就如有的学者所说,犯罪的本质具有双重性,即社会危害性和私人侵权性,前者是公诉权的根据,后者则是被害人诉权的根据。[1]我们以往

---

[1] 参见韩流:《被害人当事人地位的根据与限度——公诉程序中被害人诉权问题研究》,北京大学出版社2010年版,第102页。

过多地关注犯罪的社会危害性的一面,而忽略了社会危害性只有通过对个体被害人的具体危害才能表现,私人侵权性才是其本质。

从本源上来说,犯罪从民事侵权中分离而来,两者本无质的区别。在古代社会,犯罪与侵权浑然一体,最原始的刑法乃是侵权行为法,刑法是从侵权法中分离出来的法律。[1] 在最初的弹劾式诉讼模式下,刑民一体,尚未产生代表国家的公诉机关,被害人对所有侵害行为享有诉权,不作刑事或民事的区分。随着纠问式诉讼制度的出现,犯罪才开始从民事侵权行为中分离出来,其不再被视为对个人利益的侵犯,而被认为是具有社会危害性的行为,挑战的是国家的权威,而国家为了恢复被侵害的法秩序,垄断了对犯罪的处理权,取代被害人成了追诉权的主体。国家追诉这一原则的产生,和犯罪与侵权的分离有着密切的联系,并使得私人追诉的理念被用于对民事侵权行为的处理上。[2] 于是,犯罪行为与侵权行为彼此隔离,刑事诉讼与民事诉讼也出现了分野。在刑事诉讼中,公诉机关代表国家行使公诉权以追究被告人的刑事责任,被害人沦为了报案人和证人的角色,无法实现其复仇的愿望。同时,由于公诉制度对被害人民事权益的忽视,被害人的损害赔偿要求也难以实现。在民事诉讼中,受害方对其民事权利及诉讼权利享有完全的处分权,双方当事人可以自主决定案件的实体结局。这就出现了一个问题,在轻微的民事侵权之诉中,被害人尚享有绝对的诉权,能够启动诉讼、左右诉讼进程以实现其损害赔偿。而在侵害程度明显严重的刑事诉讼中,被害人因犯罪行为而丧失了财产、健康甚至生命,却变为了中立的旁观者,无法决定对被告人的追诉,也无法通过亲身参与实现复仇与赔偿的

---

[1] 参见房保国:《被害人的刑事程序保护》,法律出版社2007年版,第16页。
[2] 参见陈瑞华:《刑事诉讼的中国模式》,法律出版社2010年版,第42页。

第一章　被害人民事诉权的基础理论

愿望，显属不公。

随着恢复性司法理念和刑事和解制度的出现，人们开始对传统的刑事理论进行反思。在刑事和解过程中，加害方与被害方通过赔偿、协商达成和解协议，对案件的实体裁判施以重要影响甚至决定案件的处理结局，在这一过程中，国家追诉机关退居其后，只是在和解协议达成后进行形式上的审查。当事人的这种实体处分权本是民事诉讼所特有的。作为民事诉讼基础理念的当事人处分主义，开始在刑事诉讼中得到尊重和采纳，很明显，这意味着刑事诉讼开始按照民事诉讼的原则进行运作，是"刑事诉讼民诉化"的典型标志。[1]刑事诉讼的民诉化表象，无疑显示了犯罪行为的侵权本质。

其实，作为国家追诉原则的例外，很多国家都存在着自诉制度。对于一些情节轻微、危害性不大的犯罪行为，国家的公诉权退出，还位于被害人，由其自主决定是否启动诉讼；对于一些与被害人自身紧密相关，侵害其人身、财产权利的犯罪行为，被害人享有与公诉机关同等的启动刑事诉讼的权利，在公诉机关不作为时，被害人可自行起诉。所谓自诉制度，就是运用类似民事诉讼的方式处理刑事事务，给予被害人更多的处分权。如德国学者克劳思·罗科信所言，之所以存在自诉，"乃是因为最早时期对一行为之民法上或刑法上的效果，以及该所进行者为民事或刑事诉讼程序并无区别所致；在伤害案件中，可以以赔偿受害人之方式和解，在杀人案件中，亦得对其亲属偿付金额了事"，于是"此时刑事诉讼程序与民事诉讼程序无异，即在刑事诉讼程序中也可因侵权行为而提起赔偿之诉"。[2]自诉制度的存在，表明对于犯罪

---

[1] 参见陈瑞华：《刑事诉讼的中国模式》，法律出版社2010年版，第92页。
[2] [德] 克劳思·罗科信：《刑事诉讼法》（第24版），吴丽琪译，法律出版社2003年版，第93页。

行为亦可进行民事救济，同样体现了犯罪行为的侵权本质。

因此，犯罪与侵权两者并无本质区别，只是侵害的严重性不同。国家为了维护法秩序的需要，将部分侵权行为作为犯罪，并为其配置了较侵权更为严厉的责任后果，但在对被害人权益的侵害上，两者并无不同。而刑事诉讼与民事诉讼也并非彼此隔离，民事诉讼中的众多理念已经为刑事诉讼所借鉴，刑事诉讼的民诉化是大势所趋。

（二）被害人主体地位的回归

作为犯罪行为直接侵害对象的被害人，是否是刑事诉讼中的当事人，目前在世界范围内来说都是一个颇具争议的话题。传统的刑事司法模式，无论是强调国家刑罚权实现的犯罪控制模式，还是侧重于被告人权利保障的正当程序模式，都有意无意地忽略了刑事被害人。[1] 直到二十世纪六七十年代被害人学的兴起和被害人权利保护运动的发展，大家才重新开始思考这个问题。

在刑事诉讼的历史上，刑事被害人的地位经历了一个由高到低再逐步提高的辩证过程，刑事被害人的诉权也就经历了一个由完整享有到完全丧失再到逐渐强化的过程。[2] 在最初的弹劾式诉讼中，国家不介入犯罪的追诉，只是作为中立的裁判者对当事人间的纠纷进行裁决，被害人及其代理人作为原告享有控告犯罪的绝对权利，享有完整的诉权。在之后的纠问式诉讼中，国家强制取代被害人进行犯罪追诉，被害人无法左右案件的进程，其诉权彻底丧失。即使到了现代，被害人仍然没能恢复其在刑事诉讼中的主体地位。在实行当事人主义模式的英美法系国家，刑事诉讼被认为是国家与被告人之间的博弈，被害人仍然只扮演普通证人

---

〔1〕参见陈瑞华：《刑事诉讼的中国模式》，法律出版社2010年版，第23页。

〔2〕参见顾伟："论刑事被害人诉权"，载《江汉大学学报（人文科学版）》2005年第3期。

第一章　被害人民事诉权的基础理论

的角色，但是这些国家十分重视对被害人的损害赔偿的保障，而且被害人在量刑程序中所起的作用越来越大；在实行职权主义模式的大陆法系国家和地区，被害人在刑事诉讼中的地位较英美法系国家要高，但仍然只是公诉机关的辅助者，具体表现在：对于部分轻微的犯罪，被害人独立享有诉权，例如德国的自诉制度；在检察官决定不起诉时，被害人享有辅助起诉权，如德国的强制起诉和日本的准起诉制度；被害人和检察官都有权对大多数案件提起诉讼，如法国和我国台湾地区；在部分案件中，被害人有权成为辅助起诉人，如德国被害人可作为共同原告与检察官一起出席庭审。[1]我国的1996年刑事诉讼法将被害人升格为了当事人，但有其名而无其实，除了自诉案件，被害人在我国没能真正享有主体地位。

被害人丧失了其诉讼主体地位的根本原因在于国家的强力介入夺走了被害人与加害人之间的冲突。传统刑事司法理论的解释是，被害人追诉能力有限，由国家替代被害人进行追诉更具效率。同时避免因类似案件受到不同处理，有损国家的权威。但是，毕竟被害人是冲突的一方当事人，是直接遭受犯罪侵害的具体对象。在被害人利益与国家利益之间并不重合的情况下，国家基于自身的利益考虑而硬生生地将被害人吸附在自己身上，只能被视为是一场悲剧。[2]根据陈瑞华教授提出的最低限度程序正义的参与性要求，权益可能受到裁判结局直接影响的主体应有充分的机会参与到法庭裁判的制作过程，对裁判结果的形成发挥有效的影响。[3]被

---

〔1〕参见魏彤："欧美国家犯罪被害人在刑事诉讼中的地位"，载《中外法学》1996年第4期。
〔2〕参见劳东燕："被害人视角与刑法理论的重构"，载《政法论坛》2006年第5期。
〔3〕参见陈瑞华：《刑事诉讼的前沿问题》（第2版），中国人民大学出版社2005年版，第240—241页。

害人作为犯罪行为的承受者，理应作为诉讼主体参与到裁判过程之中。反对者的理由在于，"被害人的当事人化，直接影响诉讼的格局，使两造对抗、法官听讼即'三方组合'的传统结构因被害人作为诉讼之一方的楔入而为之改变，这可能有利于被害人个体利益的保护，但增加了诉讼量，延长了诉讼时间，同时增加了法官主持庭审的难度。"[1]如果被害人需要介入刑事诉讼维护其切身利益，才能实现程序公正与实体公正，那么因其介入而产生的麻烦就不能作为剥夺其主体地位的理由。当然，根据无罪推定原则，在被告人被法院认定有罪之前，其只是被害人的假想敌，而案件事实认定的过程是一个证据裁判的过程，与被害人的个人意志无关。不可否认，两造对抗、法官听讼的传统结构的确有助于案件事实的查明。但在事实认定之外的法律适用过程中，包括罪名认定与量刑，被害人应当有机会在公诉意见之外独立发表其意见，这也有助于法官进行全面考量。即使在英美法系不注重被害人主体地位的国家，仍要求法庭在量刑时须参考被害人影响陈述。而我国司法解释也明确规定被害人可以向法庭提出量刑意见。

其实，刑事诉讼中被害人主体地位的确立，对于加害人与被害人间纠纷的彻底解决，以及恢复被犯罪所侵害的社会关系具有重大意义，同时也给予了被告人认罪悔罪、从宽处罚的机会。对于被害人来说，作为刑事诉讼的当事人，其可以将刑事诉权作为实现民事诉权的筹码，从而最大限度地弱化犯罪所造成的侵害。各国兴起的刑事和解运动就很好地体现了这一点。但是，与民事诉讼不同，刑事诉讼毕竟关涉秩序的维护与国家的安定，被害人不可能像民事诉讼中那样享有完整的诉权处分权，否则可能危害到法秩序的稳定。刑事诉讼的特殊性决定了，被害人刑事诉权须

---

[1] 龙宗智：《相对合理主义》，中国政法大学出版社1999年版，第237页。

第一章　被害人民事诉权的基础理论

受到公诉权的制约。当然，反过来，被害人的刑事诉权也会对公诉权的行使有所牵掣。

(三) 刑民责任的交叉与融合

传统理论认为，刑事责任与民事责任具有不同的功能，刑事责任重在惩罚与预防，刑罚是其主要方式。而民事责任重在补偿，主要方式是赔偿。二者由于性质不同，即使竞合也不得相互抵消。在刑事和解中，加害人通过赔偿、道歉等民事责任的承担而获得刑事责任的免除或减轻，就常为学界所诟病，被斥为"花钱买刑"，但这没有阻挡刑事和解制度的发展。其实，刑事责任与民事责任之间并非平行关系，在同一行为既构成犯罪也成立侵权的情况下，两者交叉甚至出现重合。

在古代，刑民合体，本无刑事责任、民事责任之分。正如我国法学家韩忠谟教授所指出的：民事责任与刑事责任虽异，但溯其沿革，实同出一源，盖古代复仇及偿金之制，为损害赔偿之方法，同时又为制裁之手段，同一制度，兼有刑事与民事之二重作用。[1] 只是后来，犯罪从侵权行为中被分离，被认为是侵犯国家及社会利益，需由国家出面追究其刑事责任。同时作为侵权行为，因给被害人造成人身、财产损失而需承担民事责任。因此，犯罪人因同一行为而承担刑民双重责任。传统理论认为，被告人赔偿被害人损失的，不影响其刑事责任的承担。同样，被告人刑事责任的承担也不减轻其赔偿义务。这在通过独立民事诉讼以实现被害人民事赔偿的情况下尤其如此，我国部分学者及实务界人士也持这一观点。但是，由于同一行为的法律性质存在多重性，因此多重责任累加计算，似有重复评价之嫌，这在与侵权本就差距甚小的轻微犯罪中表现得尤其明显。

---

[1] 韩忠谟：《刑法原理》，中国政法大学出版社2002年版，第10页。

其实,损害赔偿与刑事责任并非绝对分立,近些年来刑事和解制度和赔偿令制度中,被告人民事赔偿责任的履行直接影响刑罚的轻重、有无,甚至作为刑事责任的承担方式。在功能上,损害赔偿同样具有制裁性与预防性,它在一定程度上与刑罚起到同样的作用,很多法学大家早就认识到了这一点。功利主义法学创始人杰里米·边沁就指出:"如果为了消除恐惧的情绪,补偿应当和惩罚一样,与犯罪形影相随。如果对犯罪只适用惩罚,而不采用补偿措施,那么,尽管许多犯罪受到惩罚,但很多证据表明,惩罚的效力甚微,并且,必然给社会增加大量的令人吃惊的负担。"[1]边沁将预防和矫正犯罪的措施划分为预防、遏制、补偿和刑罚方法四种类型,其中补偿包括赔偿和保障。可见,根据边沁的观点,对于犯罪来说,赔偿是与刑罚并列的方法。刑事人类学派代表人物巴伦·拉斐尔·加罗法洛则把赔偿提到了遏制犯罪、替代刑罚的高度。他认为,强制赔偿是一种遏制犯罪的新方法,它比短期监禁具有更为强大的预防作用。如果能使罪犯们确信:一旦被发现,他们不能逃避弥补因其犯罪所造成的损害,这对罪犯的阻力比剥夺自由的刑罚所产生的对于犯罪的阻力要大得多。[2]因此,他主张,对轻微罪行应用赔偿来代替短期监禁,使之成为真正的刑罚替代措施。[3]犯罪社会学派的代表人物恩里科·菲利则主张将赔偿作为一种社会防卫措施。他认为,"没有人告诉我们民事赔偿不是刑事责任的一部分。在付一定数额的钱作为罚金和付一定数额的钱作为赔偿之间,我看不出有什么真正的区别。不

---

[1] [英]杰里米·边沁:《立法理论——刑法典原理》,孙力等译,中国人民公安大学出版社1993年版,第33—34页。

[2] [意]巴伦·拉斐尔·加罗法洛:《犯罪学》,耿伟、王新译,中国大百科全书出版社1996年版,第204—376页。

[3] [意]恩里科·菲利:《犯罪社会学》,郭建安译,中国人民公安大学出版社2004年版,第280页。

仅如此，我认为将民事措施与刑事措施绝对分开是一个错误，因为它们在预防某些反社会行为这一防卫目的上应当是一致的。""我们不应当将民事措施与刑事措施截然分开，而应当共同适用这种措施，甚至需要有专门的法规强制刑事法官确定赔偿数额，以避免由民事法官重新审理而造成的拖延和不幸。"[1]目前在各国和地区适用日益广泛的赔偿令就是这一理念的制度实践。德国著名刑法学家罗科信[2]就在探讨将赔偿作为刑罚与保安处分之外的刑法的第三条道路。[3]另外，将赔偿在刑事诉讼中予以解决也得到了国际会议的关注与认可。1985年在意大利米兰召开的第七届联合国预防犯罪和罪犯待遇大会通过了《为罪行和滥用权力行为受害者取得公理的基本原则宣言》（以下简称"《宣言》"），同年11月联合国大会以第40/34号决议通过了这一宣言。在赔偿部分《宣言》确定：①罪犯或对行为负责的第三方应视情况向受害者、他们的家属或受扶养人作出公正的赔偿。这种赔偿应当包括归还财产、赔偿伤害或者损失、偿还因受害而产生的损失、提供服务和恢复权利；②各国政府应当审查它们的惯例、规章和法律，以保证除其他刑事处罚外，还应将赔偿作为对刑事案件的一种可能处罚。

目前，已经有不少国家将损害赔偿规定于刑法之中，从而减少刑罚的幅度及其适用。第一，将赔偿作为对被告人从宽处罚的量刑情节，如《德国刑法典》第46条（量刑的基本原则）第2款规定："法院在量刑时，应权衡对犯罪人有利和不利的情况。特别应注意下列事项……犯罪后的态度，尤其是为了补救损害所做的

---

[1] [意]恩里科·菲利：《犯罪社会学》，郭建安译，中国人民公安大学出版社2004年版，第279—280页。

[2] 也译为克劳斯·罗可辛，为保持一致，文中统一称为克劳思·罗科信。

[3] [德]克劳思·罗科信：《德国刑法学总论》（第1卷），王世洲译，法律出版社2005年版，第54—55页。

努力。"第 46 条 a（犯罪人—被害人和解，损害赔偿）规定："行为人具备下列情形之一的，法院可依第 49 条第 1 款减轻其刑罚，或者，如果可能判处的刑罚不超过 1 年自由刑或 360 日单位日额罚金之附加刑的，免除其刑罚：①努力与被害人达成和解（犯罪人—被害人和解），其行为全部或者大部得到补偿，或努力致力于对其行为进行补偿的，或②被害人的补偿要求全部或者大部得到实现的。"[1]《意大利刑法典》第 62 条也规定："在审判前，通过赔偿，或者在可能的情况下，通过恢复原状，完全弥补了损害。或者，除第 56 条最后一款规定的情况外，在审判前，主动并有效地消除或者减轻了犯罪的损害或者危险结果是普通的减轻情节。"[2]我国最高人民法院 2012 年颁布的《最高人民法院关于适用〈中华人民共和国刑事诉讼法〉的解释》（以下简称"2012 年司法解释"）第 157 条也规定："审理刑事附带民事诉讼案件，人民法院应当结合被告人赔偿被害人物质损失的情况认定其悔罪表现，并在量刑时予以考虑。"第二，将损害赔偿与缓刑等相结合，作为缓刑、减刑、假释的条件。例如《意大利刑法典》第 165 条（缓刑受刑人之义务）规定："缓刑之判决得附带宣告回复原状、损害赔偿、公布判决结果等作为损害之补偿。"第 168 条第 1 款又将不履行此项义务者，作为缓刑撤销的原因。第三，将损害赔偿作为独立的刑事责任承担方式，成为监禁刑的替代措施或配合使用。例如，在英国，"包括治安法院和刑事法院在内的所有审理刑事案件的法院都可以在对罪犯判处刑罚的同时，发布赔偿令，要求罪犯对因其犯罪行为所造成的任何人身伤害、财产损失或其他损害作出

---

[1] 徐久生主编：《德国刑法典》，徐久生、庄敬华译，中国法制出版社 2000 年版，第 57 页。

[2] [意] 杜里奥·帕多瓦尼：《意大利刑法学原理》，陈忠林译，法律出版社 1998 年版，第 290 页。

赔偿"。[1]在美国，刑事赔偿令被作为一种刑罚，法官在宣告被告人有罪后，法庭应当额外判处赔偿令。[2]与普通的损害赔偿需经当事人申请执行不同的是，赔偿令一经法院作出，由国家强制力保障实施。大陆法系国家的意大利和希腊也将赔偿作为与刑罚、保安处分并列的刑事责任承担方式，规定于刑法典之中。

可见，民事责任与刑事责任只是人为的划分，当同一行为产生刑民两种责任、发生责任竞合时，两者不应简单相加，否则可能涉嫌双重处罚，行为人所承担责任的总量有违罪刑均衡原则。民事赔偿虽不是通常意义的刑罚，但从刑事被告人角度来说，其与刑事罚金是相似的。在评价是否构成双重处罚时，刑事还是民事这种标签并不是最重要的东西。[3]同时，根据刑法的补充性原则，损害赔偿是对违法行为的第一次制裁，经过这次制裁后仍显不足的，才由刑罚进行第二次制裁，两者不是相互累加，而应当差额计算。[4]因此，损害赔偿是可能消减甚至替代被告人的刑罚的，但不能反过来用刑罚来替代损害赔偿。所以，我国司法实践中，法官在对被告人处以重刑之后就否定被害人损害赔偿请求的做法是不合理的。

（四）恢复性司法理念的兴起

所谓"恢复性司法（restorative justice）"，是指在二十世纪七十年代开始在西方兴起的刑事司法运动。按照普遍接受的看法，恢复性司法是对犯罪行为作出的系统性反应，它着重于治疗犯罪

---

[1] 汪建成、甄贞主编：《外国刑事诉讼第一审程序比较研究》，法律出版社2007年版，第94页。

[2] 参见汪建成、甄贞主编：《外国刑事诉讼第一审程序比较研究》，法律出版社2007年版，第319页。

[3] 参见[日]佐伯仁志：《制裁论》，丁胜明译，北京大学出版社2018年版，第78页。

[4] 参见程红："刑罚与损害赔偿之关系新探"，载《法学》2005年第3期。

给被害人、犯罪人以及社会所带来或引发的伤害。相对于传统的刑事司法而言，恢复性司法将重点放在对被害人的经济补偿、被害人与犯罪人关系的修复以及被害人重新回归社会等方面。[1]其中，被害人与犯罪人和解是目前国际上主要的一种恢复性司法模式，也就是我们通常所说的刑事和解模式。

对于我国近年来兴起的刑事和解运动，司法界和法学界一些人士将其称为"中国的恢复性司法"，只是由于我国的刑事和解运动完全是司法实务界自生自发所产生的，并非学界主导下学习西方理念的结果，两者兴起的背景与动因并不相同，具体机制亦有差别。正如陈瑞华教授指出的，与恢复性司法不同，我国刑事和解制度并不强调社区的参与与社区的作用，没有关注各方利害人的真实需要、促使各方承担各自的责任、确保他们有效地参与对话和协商过程，而是主要围绕着赔偿问题展开，通过赔偿被害人减少申诉、上访现象是刑事和解的直接动因。[2]可以说，我国的刑事和解是附带民事诉讼制度陷入困境下的一种现实的无奈选择，与西方作为传统刑事司法制度补充的恢复性司法有着质的不同。陈光中教授指出，恢复性司法与我国的刑事和解，两者源头不同，恢复性司法源于对传统刑事司法制度和刑罚制度的反思，以及对犯罪性质的重新认识，刑事和解则可以追溯到原始社会以赎金代替复仇的纠纷解决方式，这一纠纷解决理念一直存在至今。[3]

但无可否认的是，我国的刑事和解制度与国际上的恢复性司法运动在理念上有着相通之处，而且客观上都形成了对传统对抗性司法模式的挑战，主要表现在：

---

[1] 参见［美］丹尼尔·W. 凡奈思："全球视野下的恢复性司法"，王莉译，载《南京大学学报（哲学、人文科学、社会科学版）》2005年第4期。

[2] 参见陈瑞华：《刑事诉讼的中国模式》，法律出版社2010年版，第87—90页。

[3] 参见陈光中、葛琳："刑事和解初探"，载《中国法学》2006年第5期。

第一章　被害人民事诉权的基础理论

首先，两者都关注被害人权利的保护，并给予被害人以刑事诉讼中诉讼主体的地位，由纠纷的直接当事人——被害人与被告人共同主导刑事和解的进程与诉讼的实体结局。在这一过程中，国家公权力退居其后，仅在和解协议达成后作形式上的审查，充分尊重被害人、被告人的双方合意，一定限度地将公权力让位于当事人个体的私的权利。这其实是将犯罪视为当事人间的一种纠纷，颠覆了传统的国家追诉原则，体现了刑罚个别化的理念，以及刑事诉讼的民诉化趋势。可以说，迄今为止，在各种涉及被害人权利保障的改革努力中，还没有任何一种制度比刑事和解更能有效地维护被害人的诉讼主体地位。[1] 这也让我们重新审视对抗性刑事司法模式中被害人的应有地位。

其次，两者都将刑事追究与民事赔偿相互交叉，展现了刑民之间的内在融合。在这一过程中，通过被告人积极赔偿、道歉及沟通，被害人的民事诉求得到了充分的满足，很大程度上弥补了被害人所受到的伤害，于是被害人不再积极寻求对被告人的定罪处刑，表达其谅解的意愿。而从被告人的角度来讲，通过赔偿被害人并求得谅解这一民事责任上的承担，使其充分认清自己行为给被害人带来的后果，也显示其认罪、悔罪的态度及较小的人身危险性，从而获得出罪或量刑上的从宽处理。被害人在民事诉权得到实现之后，消极行使其刑事诉权，展示了刑民诉权间的内在联系。而被告人因民事责任的承担得以减轻其刑事责任，也显示出刑民责任的交叉与重合。

最后，两者都关注冲突发生后当事人之间的和解与社会秩序的恢复，在控制犯罪、保障人权的刑事诉讼双重目的之外，体现了纠纷解决的诉讼目的。纠纷解决说本是民事诉讼目的理论中的

---

[1] 参见陈瑞华：《刑事诉讼的中国模式》，法律出版社2010年版，第25页。

主流学说，而刑事诉讼本就与民事诉讼有很多相通之处。恢复性司法、刑事和解中所体现出来被害人与被告人双方修复社会关系的努力无法在传统的控制犯罪、保障人权的诉讼目的中找到其位置。在传统的对抗制诉讼中，虽然被告人被法院定罪处刑，但被告人与被害人的纠纷并没有真正获得解决，双方的冲突没有平复反而可能升级，甚至可能会导致更多的犯罪出现。而在刑事和解中，被害人因加害人的道歉和损害赔偿的满足更容易谅解加害人。而加害人由于获得被害人的谅解及宽缓的刑事处罚，对被害人怀有感激之情。这些不仅有利于当事人双方重新回归社会，也使被犯罪所损害的社会关系恢复正常。

其实，正是恢复性司法和刑事和解的出现使得对抗性司法模式受到冲击，也让传统的"国家—被告人"两造诉讼模式得以反思，刑事诉讼与民事诉讼间的界限开始变得模糊，而刑事责任与民事责任的区分也变得不甚明了，被害人重新成了可以影响甚至决定被告人刑事追究的诉权主体，这些观念的变革对于传统的对抗性司法模式也将产生借鉴意义。

第二章
被害人民事诉权与刑事诉权的关系

被害人民事诉权的特殊性源于其刑事诉权的存在,以及相互间融合并存又彼此影响的复杂关系。可以说,明确被害人民事诉权与刑事诉权的关系,对于科学认识被害人民事诉权,从而合理设置被害人民事诉权实现机制意义重大。

第一节 被害人刑事诉权的正当性基础

由于现代国家追诉原则及控辩双方平等对抗、法官居中裁判的诉讼格局,刑事犯罪的被害人作为刑事诉讼当事人的角色普遍被人们忽视了,近年来,学界开始进行反思,并着手研究被害人在刑事诉讼中的地位及其作用,实务界也逐渐重视被害人在刑事诉讼中的权利保障。我国有学者提出了刑事诉讼的四方诉讼构造,将被害人作为控辩裁三方之外的独立一方[1]。也有学者在反思传统的控辩裁三角结构的基础上提出了"扇形"的四极构造理论，将被害人作为刑事诉讼的单独一极主体[2]。还有学者提出了改平面三角模式为"锥形诉讼模式"，作为被害人、检察官、被告人在法官主持下相互制约的立体诉讼格局[3]。上述观点的共通之处在于，强调将被害人作为刑事诉讼的独立主体，承认被害人的刑事诉权的存在。

一、从历史沿革看被害人刑事诉权的正当性

刑事诉讼的历史上，被害人的地位并非一成不变，而是经历了从享有完整诉权的刑事原告，到告发者及普通证人，再到部分刑事诉权的享有者这样一个变化。

第一阶段：被害人享有完整诉权、民刑不分。

如前文所述，被害人的诉权伴随着国家和法律的产生而出现，在此之前，公力救济尚未出现，不存在诉权问题。在人类社会出现得最早的诉讼模式——弹劾式诉讼中，被害人享有统一、完整的诉权，且没有民事、刑事之分。由于实行的是私人告诉原则，纠纷中的被害人享有启动并控制诉讼程序的绝对权利，双方当事人共同主导诉讼的全过程。国家并不主动介入纠纷，而是实行不告不理。

根据英国学者梅因的观点，古代社会的刑法不是"犯罪"法，而是"不法行为"法或者称"侵权行为"法，被害人用普通的民事诉讼对不法行为人提起诉讼，如胜诉则获得金钱形式的损害赔

---

[1] 参考房保国：《被害人的刑事程序保护》，法律出版社2007年版，第100—140页。
[2] 参见韩流：《被害人当事人地位的根据与限度——公诉程序中被害人诉权问题研究》，北京大学出版社2010年版，第128—136页。
[3] 参见吴四江：《被害人保护法研究——以犯罪被害人权利为视角》，中国检察出版社2011年版，第61—74页。

偿。其中的不法行为不仅包括一般侵权行为,还包含了盗窃、强盗,甚至杀人等现在认为是犯罪的行为,被认为只是对被害人个体的侵害。而当时的犯罪仅指直接侵害国家安全及社会秩序的极少数行为,这些行为由立法机关制定单独的法令来加以处罚。[1] 可以说,在古代,有被害人的犯罪基本都属于侵权行为范畴,并无现在的民刑之分,被害人的诉权也无法区分是民事还是刑事。被害人通过民事诉讼来起诉犯罪,与侵权诉讼无异。

可见,在弹劾式诉讼模式下,被害人在遭到犯罪行为侵害之后享有完整的、绝对的诉权,表现在:首先,被害人诉权的行使是诉讼程序启动的前提,被害人也可以选择私力救济的方式而不是提起诉讼。其次,在诉讼过程中,被害人作为原告,有权利也有责任提出控诉的理由和证据,并与被告相互辩论。最后,被害人可通过与被告人达成和解而终结诉讼,司法权不能干涉。由于实体法与诉讼程序均无民刑之分,被害人的民事诉权与刑事诉权统一于一体,两者相互重合。

第二阶段:国家权力扩张,被害人丧失刑事诉权。

随着社会的发展,国家权力日益扩大,统治者认识到犯罪不仅是私人纠纷,更是危害其自身统治的行为,弹劾式诉讼模式已经不能满足其维护自身统治的需要,而被纠问式诉讼取代。该模式下,国家司法机关可依据职权主动追究犯罪,被害人的控告已经不是启动诉讼的先决条件,被害人丧失了追究犯罪的主动权,其刑事诉权不复存在。

与之前民刑不分的情况不同,在纠问式诉讼时期,侵犯被害人的行为已经被明确区分为侵权与犯罪。现代刑法理论认为,犯

---

[1] 参见[英]梅因:《古代法》,沈景一译,商务印书馆1959年版,第236—238页。

罪是对国家利益的侵害，国家利益居于首要地位，而被害人利益则是次要的。对于犯罪行为，司法机关不仅有权审判，还有权在发现犯罪后主动进行追究，侦、控、审三项职能合一。于是，刑事诉讼彻底脱离了之前不告不理的诉讼方式，被害人也从享有完全程序主动权和控制权的控诉者沦为犯罪行为的告发者和普通证人的角色，无法左右诉讼程序的启动、发展与终结。被害人的告发并不必然导致诉讼程序的启动，而被害人对刑事追诉的放弃也无法阻止刑事追究的继续。在纠问式诉讼模式下，诉讼的过程即司法机关侦查犯罪并依据侦查结果作出判决的过程，被告人作为侦查、审讯的客体，而被害人则是侦查案件的手段，这一过程更像是行政行为而非司法行为，没有当事人诉权存在的空间。

在国家权力极度膨胀的背景下，被害人不仅失去了对犯罪行为的刑事诉权，寻求赔偿的权利也被忽视甚至淡忘了，在很多情况下，被害人连其所受的直接损失都难以索回。[1]在这一过程中，国家更多地参与进来，并且淡化这种求偿权，甚至以国家的刑罚来"弹压""排挤"被害人的求偿，最终造成了"以刑代偿"的局面。[2]

第三阶段：被害人刑事诉权逐渐兴起，但仍受到公诉权制约。

在资产阶级革命之后，纠问式诉讼逐渐为混合式诉讼所取代。与之前审判机关兼司控诉不同，检察机关逐渐成为代表国家行使诉权的专门机构，国家追诉主义成为刑事诉讼的基本原则，公诉权占据了刑事诉讼的主导地位。被害人被当作诉讼客体，只是国家对付犯罪的工具。随着世界范围内犯罪态势日益严重，被害人

---

[1] 参见陈华丽：《刑事被害人权利保障研究》，知识产权出版社2012年版，第8页。

[2] 参见许永强：《刑事法治视野中的被害人》，中国检察出版社2003年版，第29页。

第二章 被害人民事诉权与刑事诉权的关系

被遗忘的状况引起了人们的反思,各国对被害人也给予了更多的关注。尤其是在二十世纪六七十年代的被害人保护运动的兴起,使得被害人权利日益受到重视,其刑事诉权逐渐兴起,但仍受公诉权制约。

在起诉权方面,被害人追诉主义作为国家追诉主义的补充,仍有一定的存在空间。在有些国家和地区,被害人在大多数案件中都能与检察官同时享有案件起诉权,如我国台湾地区。一些欧洲大陆国家则赋予了被害人对部分轻微犯罪案件的自诉权,比如德国。即使在公诉案件中,部分关涉被害人隐私和名誉的案件实行告诉乃论,如果没有被害人的告诉,检察官不得追诉,比如日本;在检察机关意欲放弃行使公诉权的情况下,需要听取被害人的意见;在不起诉决定最终作出后,被害人也可提出申诉甚至交付法院审判,如德国的强制起诉程序和日本的准起诉程序。在法国,被害人还可以民事原告人的身份发动公诉。

当然,被害人除了有机会在起诉阶段与检察机关分享诉权,在案件审理阶段,也得到越来越多的重视。相比英美法系,大陆法系国家的被害人在刑事程序中的参与程度更高。在德国,强奸、绑架、谋杀等主要侵害被害人利益犯罪的被害人可以作为从属告诉人辅助检察官进行公诉;在法国,被害人可以民事当事人身份参与刑事诉讼,享有广泛的诉讼权利;在俄罗斯,被害人甚至享有上诉权。在英美法系国家的刑事程序中,被害人一般只能作为普通证人,不能独立发表意见。但是在量刑阶段,被害人享有向法庭提交被害人影响陈述以影响法官量刑的权利。

从历史上看,被害人在刑事诉讼中的地位历经起伏,从最初的完整诉权的享有者,到诉权被国家权力彻底取代,再到其刑事诉权逐渐兴起,被害人刑事诉权的历史沿革反映了人们对于犯罪认识的不断深化,也反映了刑事诉讼制度的发展历程。

二、从诉权理论看被害人刑事诉权的正当性

根据诉权理论,判断一项诉权是否存在需要考察以下两个要件是否具备:一是主体适格性,二是诉的利益。

(一) 主体适格性

当事人适格,是指对于特定的诉讼,可以自己的名义而成为当事人的资格,在民事诉讼理论当中又被称作正当当事人理论。传统的民事诉讼当事人适格理论认为,在民事实体权利义务发生纠纷时,案件的实体利害关系人即当事人。该理论强调当事人须与案件有直接利害关系,也就是当事人与民事实体主体的同一性。[1] 这对于实体权利关系主体没有问题,但无法解释诉讼担当的情形。于是,学者们开始从诉讼实施权的角度来阐释正当当事人的资格问题,出现了形式正当当事人概念,这主要存在于诉讼担当的情形中,当事人适格的范围得到扩张。

无可否认,被害人作为犯罪行为的直接受害者和案件的实体利害关系人,对于刑事诉讼的结果,即被告人的罪责问题,享有直接利益,应当具备主体适格性。之所以被害人常常被排除于刑事诉权主体之外,是由于国家将自己标榜为首要的被害人,剥夺了实际被害人的追诉权。传统观念认为,犯罪是对国家和社会秩序的侵害,而被害人只是犯罪的对象,是犯罪人侵害国家和社会利益的手段。如今我们认识到,如前所述,犯罪同时具备私人侵权性与社会危害性,被害人个体与国家同样与刑事实体法律纠纷存在直接利害关系,两者均应享有诉权。

赞成国家垄断犯罪追诉权的观点认为,被害人虽然是刑事案件的实体利害关系人,是刑事诉权的享有者,但是由于其追诉能

---

[1] 参见江伟等:《民事诉权研究》,法律出版社2002年版,第185页。

第二章 被害人民事诉权与刑事诉权的关系

力的有限性和公诉权的理性化,且被害人诉权与公诉权同时行使可能造成诉讼制度的混乱,根据法定诉讼信托理论,需要由公诉机关代表被害人作为诉权的具体实施者,也就是诉权的享有者与实施者相分离。[1] 但是,上述观点只能说明检察机关代表被害人实施诉权的必要性,而没能论证诉权代为实施的可操作性。公诉机关代表被害人实施刑事诉权的前提在于,前者能够有效维护后者的利益,也就是双方利益具有一致性。如果这一前提存在,通过法定诉讼信托理论由公诉机关代替被害人作为刑事诉权的适格当事人,亦无不可。问题的关键在于,公诉机关是否真的可以代表被害人的利益。

(二) 诉的利益

诉的利益是指,当权益受到侵害或者与他人发生纠纷时,需要运用诉讼予以救济的必要性。[2] 广义的诉的利益还包括当事人适格,理论上一般作狭义理解。被害人的权益直接受到犯罪行为的侵害,不允许其私力自救,当然存在运用诉讼实现救济的必要性,这一点无可置疑。目前的问题在于,在公诉机关代表被害人行使诉权的情况下,是否能够完全实现对被害人权利的救济,而没有再行独立救济的必要?

应该说,被害人与检察机关同样通过控诉权来求得对犯罪的惩罚,两者的诉讼方向基本是一致的。但是,检察机关的准司法定位和公诉人个体的趋利本性,决定了检察机关实际上不能完全代表被害人的利益。

首先,检察机关代表的是国家、社会利益,虽然广义上的国家、社会利益包括被害人利益,但具体到个案,其与被害人利益

---

[1] 参见陶杨:《刑事诉权研究》,中国人民公安大学出版社2011年版,第163页。
[2] 参见邵明:"论诉的利益",载《中国人民大学学报》2000年第4期。

可能有所不同。长期以来，我们的思维定式是：打击犯罪就是保护人民的合法权益，当然也包括被害人的合法权益，二者是一致的，"打击"即是"保护"。[1] 但具体到某犯罪案件中的被害人，其利益诉求并非如此简单。被害人在刑事诉讼中所追求的利益包括：第一，复仇。被害人希望能够查明真正犯罪人并积极控诉对犯罪人严加惩罚。第二，赔偿。被害人希望在刑事程序中获得足额的损害赔偿。第三，和解。被害人可能因赔偿或其他原因与被告人达成和解，希望放弃对其刑事追究。第四，尊重。[2] 被害人需要在刑事诉讼中感觉自己被尊重和重视。而检察机关在行使公诉权的同时行使法律监督权，需综合权衡国家利益、社会利益、被害人利益以及被告人利益，可见被害人利益仅是其考虑因素之一。检察机关可能因维护法秩序的需求而在被害人放弃追究的情况下坚持公诉，可能出于证据不足、节约司法资源或诉讼策略的考虑而不顾被害人复仇意愿放弃公诉，也可能更多关注犯罪成立问题而不那么介意刑罚的轻重，对于赔偿则更是漠不关心，这与被害人的个人意愿明显不同。

其次，公诉权是由公诉人个人具体行使的，其自身的利益诉求可能会影响到其职权的行使，也有因此而牺牲被害人利益的可能性。实践中，承担公诉职能的检察官，为了获得更高的胜诉率，可能致力于积极打击犯罪而致客观义务于不顾，也可能为了免于败诉风险而轻易放纵罪犯。如松尾浩也教授所言，检察官不是被害人的代理人，在这个意义上他们是"冷静的"当事人。但是检察官的追诉活动是建立在实现正义、维护公共利益这样崇高的理念

---

〔1〕 田思源：《犯罪被害人的权利与救济》，法律出版社 2008 年版，第 145 页。

〔2〕 参考韩流：《被害人当事人地位的根据与限度——公诉程序中被害人诉权问题研究》，北京大学出版社 2010 年版，第 105—106 页。

之上展开的,因此他们也经常是"热情的"当事人。[1]尤其是我国目前的绩效考核机制、错案追究制的实行,使得检察官自身成为案件的利害关系人,警察、检察官、法官成了利益共同体,官官相护在刑事诉讼中成了无解的魔咒。因此,警察、检察官在追诉活动中谋求的不仅仅是国家利益,也有个人利益、部门利益,甚至会为了个人利益、部门利益而牺牲国家利益,更遑论被害人利益了。实践中,很多时候恰是公安司法机关造成了被害人的"第二次被害"。[2]

可见,公诉机关无法完全代表被害人的利益,被害人的很多具体利益并不在公诉机关的考量范围内。当公诉人不能真正维护被害人利益时,应当在法律上允许被害人为维护自己的利益而付出努力。[3]而享有刑事诉权就是被害人在刑事诉讼中维护自身利益的前提。

三、被害人刑事诉权的有限性

既然犯罪同时侵犯国家利益与被害人个人利益,而代表国家利益的公诉机关不能切实实现被害人个人利益的救济,那么在检察机关的公诉权之外,同时赋予被害人以刑事诉权就是理所应当的了。当然,不能因此而展开两个诉讼,这样可能会出现相互矛盾的裁决,而应在同一诉讼中分清轻重,合理配置双方的诉讼权利。

无论是从利益重要性、理性司法还是从诉权的执行能力考虑,公诉权均优于被害人的刑事诉权,后者是前者的补充与制约。具

---

[1] 参见[日]松尾浩也:《日本刑事诉讼法》(上卷),丁相顺、张凌译,中国人民大学出版社2005年版,第238页。

[2] 参见韩流:《被害人当事人地位的根据与限度——公诉程序中被害人诉权问题研究》,北京大学出版社2010年版,第110页。

[3] 高新华、徐新:"公诉案件中被害人地位评析",载《南京师大学报(社会科学版)》1999年第1期。

体理由在于：其一，在维护国家统治和社会秩序为要务的现代社会，不可能恢复到当事人主导诉讼的弹劾式诉讼时代，国家不可能放弃控制犯罪的主导权。其二，被害人作为犯罪行为的直接利害关系人，难免会感情用事，无法对刑事追诉做出理性的判断，而刑事追诉的过程关系到被告人的生命、自由等基本权益，并且这一过程会耗费大量的司法资源，因此不应由被害人个人所主导。其三，现代法治社会中，对被告人的刑事追诉最终是证据裁判、适用法律的过程，相比公安和检察机关，被害人由于其相关知识、能力和资源的有限性，凭一己之力难以完成证据的收集、筛选、判断和控诉工作。其四，由公诉权主导刑事诉讼还很大程度上避免了学者所担心的因被害人的当事人化对于两造对抗、法官听讼的"三方组合"的诉讼构造的改变，减少对目前刑事诉讼格局的冲击。[1]因此，公诉权理应是刑事诉讼的主导，国家追诉作为追诉原则无法被撼动。

被害人刑事诉权的有限性还在于，被害人权利的扩张有可能削弱被告人的权利，这是学界及实务界的普遍忧虑。例如被害人的强制起诉权、上诉权等。正如有学者所说的，刑事被害人的权利与被告人的权利是一对矛盾的统一体，一方的权利的增加或消减往往直接影响到对方的利益。因此，多数国家通过与被告人的权益有较少冲突的国家补偿制度和社会援助体系等的建立和完善，来加强对犯罪被害人的保护与救济，而在被害人诉讼权利的扩大方面则持非常谨慎的态度。[2]其实，造成这一现象的直接动因在于，国家过于单纯地重视犯罪，从而形成了强大的追诉机关对付弱小被告人的局面，于是任何加强被害人刑事权利保障的声音都

---

[1] 参见龙宗智：《相对合理主义》，中国政法大学出版社1999年版，第237页。
[2] 参见田思源：《犯罪被害人的权利与救济》，法律出版社2008年版，第35—37页。

会令人们担心被告人权利是否会因此受到影响。其实,产生该问题的根源在于国家,而非被害人。相反,被害人对于决策程序的参与能够对被告人的悔罪和调动被告人一方赔偿被害人的积极性产生极大的推动作用。[1]因此,被害人享有刑事诉权无可厚非,然而,从平衡被害人与被告人双方权利的角度出发,确应有所限制。

综上所述,被害人作为刑事实体法律关系的直接利害关系人及刑事诉权的主体,应当有机会在刑事追诉过程中独立表达其意见,行使其刑事诉权,以制约公诉权的行使。但现实是,我国现行刑事诉讼法对"公诉权"制约"私诉权"给予了高度重视,而对"私诉权"制约"公诉权"则重视不够。[2]

第二节 被害人民事诉权与刑事诉权关系的比较考察

关于如何处理被害人的民事诉权与刑事诉权的关系的问题,大陆法系国家与英美法系国家的模式有所不同。英美法系国家更多注重对被害人民事诉权的保障,而大陆法系国家则较为注重被害人的刑事诉权。但是,不同类型的制度设置均体现出两者间的密切关联。

一、英美法系国家:民事诉权优先模式

在英美法系国家,被害人在刑事程序中通常处于控方证人的地位,不能积极分割检察机关的起诉权,也不能以主体身份参与

---

[1] 参见陈华丽:《刑事被害人权利保障研究》,知识产权出版社2012年版,第49页。
[2] 高新华、徐新:"公诉案件中被害人地位评析",载《南京师大学报(社会科学版)》1999年第1期。

定罪审理程序。同时，被害人的民事诉权原则上在刑事诉讼审理终结后通过独立的民事诉讼程序来实现，与刑事诉讼无涉。[1] 但是，随着被害人保护运动的发展，被害人在刑事诉讼尤其是量刑程序中的参与权逐步扩大，其损害赔偿也获得了更多的制度保障。于是，被害人的民事诉权得以通过刑事赔偿令实现，反过来又影响到被告人的刑事责任的承担，被害人民事诉权与刑事诉权之间的关系变得日益紧密。

（一）量刑程序

在英美法系国家，被害人对刑事诉讼的参与主要体现在定罪之后的量刑程序中，通过"被害人影响陈述"以影响法官的量刑，定罪程序中控辩双方激烈对抗的庭审格局依然没有被害人存在的空间。"被害人影响陈述"是被害人刑事诉权在刑事诉讼中有限但却重要的表现。同时，赔偿令作为一种刑罚方式，已经被广泛运用，被害人的损害赔偿有机会在刑事诉讼中实现，这也给被告人传统刑事责任的承担带来重大冲击。

"被害人影响陈述"是英美法系国家量刑程序中的重要制度，它是指被害人就犯罪对其身体、精神、经济等方面造成的影响作出全面陈述，可通过书面及口头等方式提交法庭，从而为法庭量刑提供参考。该制度在英美法系国家蔚然成风。[2] 美国1982年《被害人和证人保护法》规定，检察官提交给联邦法院的调查结果报告必须包括一份"被害人状态的陈述"，从被害人的观点描述犯罪及其结果，人们能够注意到犯罪的结果及被害人所遭受的社会、经济、生理和心理损害。目前在联邦法院和48个州的法院已开始

---

[1] 参见叶巍：《刑事诉讼中的私有财产权保障》，法律出版社2009年版，第276页。

[2] 参见康黎："英美法系国家的'被害人影响陈述'制度"，载《人民法院报》2012年4月6日，第8版。

第二章 被害人民事诉权与刑事诉权的关系

采用"被害人影响陈述"。[1] 同样，在英国，被害人也可以通过控方向法官提交被害人个人陈述，以影响法官的量刑。但与美国不同的是，陈述中被害人不能对被告人的判刑结果提出明确建议，而且一般不直接向法庭提供被害人陈述，而是由皇家检控署转交。[2] 不过从2001年"被害人个人陈述"到2007年的"家庭影响陈述"，英国也已经开始允许被害人出庭表达意见。[3]

被害人影响陈述被认为是一种使被害人在法院诉讼中占有一席之地的方法，并为被害人提供了公开表述由犯罪行为造成的痛苦的机会，这有助于法官判断罪行的严重程度。[4] 被害人通过表达犯罪给其造成的身体、物质及精神、心理上的伤害，不仅可以积极地对被告人的刑罚判定施加影响，从而弥补其心灵上的伤害，同时还为刑事法庭为满足其损害赔偿要求判处赔偿令提供了事实上的基础和法律上的诉求。另外，如果被告人在诉讼过程中积极赔偿被害人，一定程度上满足被害人的民事诉权，也必然会影响被害人影响陈述的基调，从而影响量刑。

刑事赔偿令是指刑事法庭应刑事被害人诉求而下达命令作出由刑事被告人支付赔偿金之判决的一种罪犯赔偿形式。[5] 这使被害人民事诉权在刑事程序中便捷、快速地得到实现。与民事法庭侵害赔偿判决不同，民事判决须由被害人请求执行，而赔偿令作

---

[1] 参见魏彤："欧美国家犯罪被害人在刑事诉讼中的地位"，载《中外法学》1996年第4期。

[2] 参见杨正万："英国刑诉中被害人的权利"，载《山西高等学校社会科学学报》2001年第11期。

[3] 参见陈卫东："公法、私法理念在刑事诉讼中的冲突与共存——以英国被害人参与权为样本的研究"，载《湘潭大学学报（哲学社会科学版）》2011年第4期。

[4] 参见［美］爱伦·豪切斯泰勒·斯黛丽、南希·弗兰克：《美国刑事法院诉讼程序》，陈卫东、徐美君译，中国人民大学出版社2009年版，第521页。

[5] 参见贾彬："引入刑事赔偿令可以更有效保障被害人权益"，载《检察日报》2011年4月13日，第3版。

为刑罚处罚,由国家强制力保证执行。并且,赔偿令优于罚金,使被害人免受潜在损失。[1] 在美国,自二十世纪七十年代开始,许多法院开始尝试把赔偿作为刑罚的一种,八十年代以后颁发赔偿令赔偿被害人受到许多管辖区的欢迎。[2] 1982年《被害人和证人保护法》首次将损害恢复命令规定为独立的刑罚,根据该法,联邦地区法院在对被告人科处其他刑罚的同时,可以并科损害恢复命令;在轻罪的场合,可以用损害恢复命令替代其他刑罚。原则上,法官必须对被告人科处损害恢复命令,如因被告人无资历或者难以认定损害额等为由不予科处或科处部分,法官须在案件记录中说明理由。[3] 在英国,1972年《刑事司法法》规定了命令罪犯向被害人赔偿的权力,法院因一项罪行处理罪犯时,可作出命令要求他就该项罪行或任何考虑在内的其他罪行造成的"个人伤害、损失或损害"作出赔偿。[4]

赔偿令可以被作为一项单独的刑罚,也可以将支付赔偿金与缓刑等非惩罚性的刑罚相结合,还可以将其附加于其他任何形式的惩罚。由于赔偿令的判处,被告人的刑罚得以宽缓,因此判处赔偿令也被认为是被告人的权利。同时,通过赔偿令解决因犯罪造成的民事赔偿问题,可免除被害人提起民事诉讼的麻烦,并提高司法效率。[5]

---

[1] 参见魏彤:"欧美国家犯罪被害人在刑事诉讼中的地位",载《中外法学》1996年第4期。

[2] 参见[美]爱伦·豪切斯泰勒·斯黛丽、南希·弗兰克:《美国刑事法院诉讼程序》,陈卫东、徐美君译,中国人民大学出版社2009年版,第504页。

[3] 参见[日]佐伯仁志:《制裁论》,丁胜明译,北京大学出版社2018年版,第153—154页。

[4] 参见[英]约翰·斯普莱克:《英国刑事诉讼程序》,徐美君、杨立涛译,中国人民大学出版社2006年版,第579页。

[5] 参见汪建成、甄贞主编:《外国刑事诉讼第一审程序比较研究》,法律出版社2007年版,第94页。

刑事法庭对被告人判处赔偿令，被害人民事诉权得以实现的同时，被告人传统的刑罚得以减轻。而被害人影响陈述反映了被害人遭受犯罪侵害的具体情况，包括经济损失，同时显示出对被告人量刑的意见。被害人的民事诉权与刑事诉权在此出现交织。

(二) 辩诉交易程序

辩诉交易是英美法系国家普遍采取的一项制度，由于其高效性被广为青睐。传统的辩诉交易以控辩双方为交易主体，法官居中审查，没有被害人的存在空间。但是，随着对被害人权利的日益重视，被害人开始逐渐参与到辩诉交易的过程中。

在美国，虽然被害人参与辩诉交易并非其宪法性权利，《联邦刑事诉讼规则》中也没有关于被害人参与辩诉交易的规定，但是一些州立法赋予了被害人不同程度的参与权，司法实践中被害人已经参与到辩诉交易过程之中。主要表现在：其一，被害人对刑事案件的陈述对于定罪起到至关重要的作用，如果被害人不愿意参与庭审，则检察官往往更愿意通过辩诉交易解决案件，被害人也可以通过选择如何陈述，影响检察官对于是否启动辩诉交易的决定。被害人利益成为一些检察官公诉政策的重要内容。其二，有些州还赋予了被害人参与辩诉交易的协商程序、发表意见的权利。在佛罗里达州，立法赋予被害人参与辩诉交易和量刑程序，对辩诉交易发表意见的权利。纽约州一些地方检察官为了自身的利益，不仅愿意给予被害人法律已经赋予的协商权，甚至赋予被害人对辩诉交易的否决权。其三，被害人有权被告知辩诉交易的结果，被害人对辩诉交易享有知情权。其四，在法官审查阶段，被害人也可以对法官拒绝辩诉交易发挥影响作用。[1] 在英国，目

---

[1] 参见谢小剑："美国辩诉交易中的被害人权利保护"，载《甘肃政法学院学报》2008年第3期。

前被害人无权参与是否接受被告方提出的量刑折扣或者减少指控的辩诉交易决定。但是，皇家检控署会在辩诉交易中考虑被害人陈述的内容。[1]

可见，被害人的意见对于辩诉交易越来越重要。被告人若想通过辩诉交易获得量刑上的宽缓，积极赔偿被害人、满足被害人的民事诉求就十分重要了。这也是被害人民事诉权与刑事诉权密切关联的又一表现。

（三）刑事和解程序

英美法系国家普遍采用"被害人—加害人和解"模式（Victim-Offender Mediation），我们通常称之为刑事和解程序。该模式建立在恢复性司法理念基础之上，其起源与恢复性司法紧密相关。恢复性司法就是通过让犯罪人承担责任和对其造成的损害进行赔偿，以及社区通过对被害人的支持和为犯罪人提供机会与技能培训使其重新成为社会中有贡献的一员，实现被害人与犯罪人的归复。[2] 刑事和解强调被害人的参与，被害人与被告人作为诉权主体，共同主导刑事案件的进程甚至实体结局。在刑事和解程序中，被害人的民事诉权得到满足，复仇的心理得到消解，因此不再执着于刑事追诉，甚至放弃其刑事诉权，从而使被告人的刑事责任得以免除或减轻。

现代意义上的恢复性司法发端于二十世纪六七十年代，起源于加拿大安大略省，之后在英美法系国家迅速展开。"美、加的最初形式是被害人—加害人和解计划，其方式是通过专门组织的工作，促使受害人和犯罪者形成对话关系，加害者承担责任，修复

---

[1] 参见 Andrew Ashworth,"Victim Impact Statements and Sentencing", *Criminal law Review* (1993), p. 550. 转引自杨正万："英国刑诉中被害人的权利"，载《山西高等学校社会科学学报》2001 年第 11 期。

[2] 参见房保国：《被害人的刑事程序保护》，法律出版社 2007 年版，第 381 页。

第二章 被害人民事诉权与刑事诉权的关系

受损关系,恢复原有社区秩序。英国的恢复性司法则发端于少年矫正制度,警察发现犯罪人实施犯罪后,并不直接送交法庭,而是先进行面谈,然后带少年犯去作案现场,与受害人面谈,认识到行为的危害性,以之得到受害人谅解,最后形成协商补偿方案,从而使犯罪人免于起诉。在英美法系国家,恢复性司法并不限于轻罪案件,一些重罪案也逐步尝试恢复性司法模式。"[1] 刑事和解最初通常仅适用于未成年人案件以及轻罪案件,后来逐渐发展至适用于成年人案件与重罪案件。在美国,刑事和解从二十世纪八十年代中期才开始适用于严重的成年人暴力犯罪案件。在加拿大,刑事和解是唯一对严重犯罪提供对话机会的和解模式。刑事和解可以适用于从起诉前至判刑后的各个诉讼阶段。在定罪前适用于未成年案件与轻罪案件,在定罪后则适用于成年人案件与严重犯罪案件。在英国,刑事和解模式可以适用于审判前至判决后的各个诉讼阶段,适用成年人的情形主要是在定罪后判刑前。[2]

与传统刑事司法程序不同,在刑事和解程序中,国家公权力退居幕后,被害人获得了主导权。被告人若想获得刑罚上的轻缓,就需要通过赔偿被害人、赔礼道歉等方式得到被害人的谅解。在这一过程中,被害人的民事诉权得以满足,复仇心理也得到了消解。作为回报,被害人需要放弃其刑事诉权,向司法机关表达不追求刑事追究的主观愿望,从而使被告人获得刑罚上的豁免或从轻。被害人通过刑事诉权的退让获得了民事诉权的实现,可以说,在一定程度上,被害人的民事诉权可以消解其刑事诉权。

---

[1] 王平主编:《恢复性司法论坛》(2007年卷),中国检察出版社2007年版。
[2] 参见朱立恒:"英美刑事和解探析——以VOM模式为中心的考察",载《环球法律评论》2010年第2期。

二、大陆法系国家和地区：刑事诉权优先模式

与英美法系国家不同，在大陆法系国家和地区，被害人在刑事程序中有较多的参与权，不仅可以分割检察机关的起诉权，还能在公诉案件审理程序中占有一席之地。同时，被害人的民事诉权一般通过刑事附带民事诉讼制度来实现，也享有独立民事诉讼的选择权。而近年来兴起的刑事和解运动，更是将被害人的民事诉权与刑事诉权绑在了一起。可见，在大陆法系的刑事程序中，被害人的民事诉权与刑事诉权的关系非常紧密。

（一）刑事程序

在大陆法系国家和地区的刑事诉讼中，被害人不仅是简单证人的角色，而且是辅助检察机关公诉的刑事诉权享有者，具有当事人或准当事人的地位。被害人的刑事诉权主要表现在三点：一是对检察机关起诉权的分割，二是在公诉案件追诉过程中的参与，三是享有独立上诉权。

被害人对检察机关起诉权的分割主要包括以下三种形式[1]：一是检察官和被害人都有权利对大多数案件提起诉讼。在芬兰，对于公众的起诉权没有任何法律和官方的限制，被害人始终具有独立起诉权；在我国台湾地区，只要是个人因犯罪而直接被害者，无论犯罪种类如何，也不管是否为告诉乃论之罪，均得提起自诉。[2] 二是被害人对某些轻微犯罪案件具有起诉的私诉权，即自诉案件。在德国，对于一些不严重的犯罪，被害人可以代替公诉人提起刑事控告，例如轻伤害案件、过失伤害案件、损坏财产

---

[1] 参见魏彤："欧美国家犯罪被害人在刑事诉讼中的地位"，载《中外法学》1996年第4期。

[2] 参见林钰雄：《刑事诉讼法》（下册 各论篇），中国人民大学出版社2005年版，第120页。

第二章 被害人民事诉权与刑事诉权的关系

案件等。[1] 三是被害人在检察官不提出指控时具有辅助起诉权。在法国,"如果检察机关尚未发动公诉,受到损害的当事人通过向刑事法院提起民事诉讼,也可自动发动公诉"。[2] 在德国,对于检察机关的不起诉决定不服的,被害人有权启动强制起诉程序进行制约,通过这一程序,被害人将检察官的决定提交给中立的法院进行审查,以限制检察官的自由裁量权。[3]

被害人在公诉案件审理过程中的参与,主要表现在当检察官提起并支持公诉时,被害人有权成为辅助起诉人,共同行使指控职能。在德国,有被害人案件的审理中,除检察官外,被害人有权成为共同原告,即在案件起诉时成为正式的和积极的参与者。包括在审理时出庭的权利、不受限制查阅案卷的权利、被害人或其代理律师在案件审理时询问证人的权利等。[4]《俄罗斯联邦刑事诉讼法典》第22条规定了被害人参与刑事追究的权利,并在第42条第2款规定了被害人的具体权利,包括了解指控、作出陈述、提交证据、提出请求和申请回避、查阅案卷、在法庭辩论时发表意见等。[5]

在部分大陆法系国家和地区,被害人还享有独立的刑事上诉权。《俄罗斯联邦刑事诉讼法典》第42条第2款第19项规定,被害人有权"对法院的刑事判决、裁定和裁决提出上诉";第20项规定,被害人有权"了解刑事案件的上诉和抗诉并对它们提出答

---

[1] 参见[德]托马斯·魏根特:《德国刑事诉讼程序》,岳礼玲、温小洁译,中国政法大学出版社2004年版,第203—204页。

[2] 参见[法]卡斯东·斯特法尼等:《法国刑事诉讼法精义》(下),罗结珍译,中国政法大学出版社1999年版,第495页。

[3] 参见陈瑞华、汪贻飞:"检察权监督制约机制的域外考察",载《人民检察》2008年第5期。

[4] 参见魏彤:"欧美国家犯罪被害人在刑事诉讼中的地位",载《中外法学》1996年第4期。

[5] 参见黄道秀译:《俄罗斯联邦刑事诉讼法典》,中国人民公安大学出版社2006年版,第19、41—43页。

辩"。[1] 按照芬兰《刑事诉讼法》的规定，被害人与公诉人、被告人一样是当事人，被害人是享有上诉权的。被害人不服法院作出的一审判决时，有权向上诉法院提起上诉。[2] 当然，大多数国家和地区并没有赋予被害人上诉权，被害人只享有请求检察院抗诉的权利。

（二）附带民事诉讼程序

与英美法系不同，在大陆法系国家和地区，被害人一般通过刑事附带民事诉讼的方式实现其民事诉权，犯罪与侵权行为的同一性是刑事附带民事诉讼制度的实体基础。一方面，这使得被害人不必另行诉讼，减少了当事人的诉累和司法资源的耗费。另一方面，在刑事诉讼过程中附带解决民事赔偿避免了另行起诉所可能导致的判决冲突，有利于维护司法的权威性。

同样是附带民事诉讼制度，在具体的制度设置上，德国与法国又有很大不同。在法国，附带民事诉讼具有相当的独立性。首先，附带民事诉讼的主体范围与客体范围十分广泛，与独立的民事诉讼无异。只要被害人确实遭到犯罪行为的现时的、本人的、直接的损害，其提起的民事诉讼就能得到受理。[3] 民事诉讼不仅可以针对犯罪行为人与共犯提起，而且可以针对正犯与共犯的继承人、对正犯与共犯应当负民事责任的第三人提起，在公务员履行职务时实行犯罪的案件中，还可以对行政部门提起。[4] 在赔偿

---

〔1〕 参见黄道秀译：《俄罗斯联邦刑事诉讼法典》，中国人民公安大学出版社2006年版，第42页。

〔2〕 参见杨正万：《刑事被害人问题研究——从诉讼角度的观察》，中国人民公安大学出版社2002年版，第37页。

〔3〕 参见［法］贝尔纳·布洛克：《法国刑事诉讼法》（原书第21版），罗结珍译，中国政法大学出版社2009年版，第131页。

〔4〕 参见［法］贝尔纳·布洛克：《法国刑事诉讼法》（原书第21版），罗结珍译，中国政法大学出版社2009年版，第149页。

范围方面,法国《刑事诉讼法典》第 3 条第 2 款规定,"对因受到追诉的犯罪事实引起的物质的、身体的、精神的各种损害提起民事诉讼,均得受理。"[1] 其次,被害人享有提起附带民事诉讼或独立民事诉讼的选择权。法国《刑事诉讼法典》第 3 条规定,"民事诉讼可以与公诉同时在同一法院进行","民事诉讼也可以与公诉分开进行"。

德国的附带民事诉讼在立法中被称为"被害人补偿",规定于《德国刑事诉讼法》第 403—406 条之中。相比法国,德国附带民事诉讼的独立性较弱。首先,附带民事诉讼的主体与客体范围较窄,与一般民事诉讼有所不同。提起诉讼的主体需为犯罪行为的被害人或者他的继承人;一般仅针对刑事被告人本人提起;附带民事诉讼仅限于财产权方面的请求,不可以提起精神损害赔偿。其次,法院有权对附带民事诉讼免予裁定。当法院认为所提起的附带民事诉讼不适合在刑事诉讼中处理时,例如可能拖延刑事程序或申请不符合条件时,可以免予裁定民事诉讼;当被告人在刑事审判部分被判无罪,也未被判处矫正或保安处分时,或者法院认为提起缺乏理由时,应当免予对民事诉讼作出裁定。[2]

尽管不同国家和地区具体的制度设置不同,附带民事诉讼制度都将民事赔偿与刑事控诉置于统一程序之内予以解决,这样的制度设置给被害人民事诉权与其刑事诉权间相互影响提供了机会与平台。

(三) 独立民事诉讼程序

如前所述,虽然大陆法系国家和地区一般实行附带民事诉讼制度以实现被害人的民事诉权,但被害人同时享有独立民事诉讼

---

[1] 罗结珍译:《法国刑事诉讼法典》,中国法制出版社 2006 年版,第 11 页。
[2] 参见汪建成、甄贞主编:《外国刑事诉讼第一审程序比较研究》,法律出版社 2007 年版,第 166—168 页。

的选择权。然而，即使在独立民事诉讼中，审理程序与裁判结果仍然受到刑事诉讼的制约。

在法国，被害人有权选择提起附带民事诉讼或独立的民事诉讼。虽然被害人单独提起的民事诉讼受民事案件的管辖与程序规则的约束，但如果民事诉讼是在已经提起公诉之后，或者是在对公诉已经作出判决之后才提起，或者在此之后才进行判决，那么与民事利益有关的民事争议之部分，无论是从其顺序，还是从其判决，都将处于服从刑事诉讼的地位。因此，一方面，只要刑事法院是在民事法院对民事诉讼尚未作出判决之前已受理了案件，或者在民事诉讼进行过程中受理了案件，在刑事法院本身尚未对公诉作出审理裁判时，民事诉讼应暂缓判决。这就是"刑事致民事原状等待"之规则。另一方面，在刑事法院就公诉作出判决之后，对民事诉讼进行审理裁判的民事法院，在一定的程度上应当遵守刑事法官已经作出的裁判决定。民事法官不能将自身置于与刑事法院相矛盾的地位。这就是"刑事既判事由对民事具有权威效力"的法院判例原则。[1] 在德国，被害人可主动选择独立民事诉讼，或者在刑事法院对附带民事诉讼免予裁定的情况下提出单独的民事诉讼，只是该民事诉讼仍需受刑事诉讼判决的制约，一般在刑事诉讼终结后进行。

可见，即使在被害人提起独立民事诉讼的情况下，仍需在裁判时间与结果上受到刑事诉讼的影响与制约，反映了民事赔偿与刑事裁判之间的密切联系，这也体现出被害人民事诉权与刑事诉权之间的内在关联性。

（四）刑事和解程序

刑事和解最初在英美法系国家出现，随着恢复性司法理念的

---

[1] 参见［法］卡斯东·斯特法尼等：《法国刑事诉讼法精义》（上），罗结珍译，中国政法大学出版社1999年版，第260—261页。

广为传播，刑事和解等恢复性司法实践也在大陆法系国家和地区逐渐流行起来，成为世界各国和地区传统刑事司法的重要补充。而且，不少大陆法系国家和地区在立法中明确将刑事和解作为从宽量刑情节，给予刑事和解法律地位，而损害赔偿则是刑事和解的重要内容。

《德国刑法典》第46条（量刑的基本原则）第2款规定："法院在量刑时，应权衡对犯罪人有利和不利的情况。特别应注意下列事项……犯罪后的态度，尤其是为了补救损害所做的努力。"第46条a（犯罪人—被害人和解，损害赔偿）规定："行为人具备下列情形之一的，法院可依第49条第1款减轻其刑罚，或者，如果可能判处的刑罚不超过1年自由刑或360日单位日额罚金之附加刑的，免除其刑罚：①努力与被害人达成和解（犯罪人—被害人和解），其行为全部或者大部得到补偿，或努力致力于对其行为进行补偿的，或②被害人的补偿要求全部或者大部得到实现的。"[1]可见，被告人对被害人的损害赔偿、刑事和解已经成为被告人减轻刑罚甚至免除刑罚的法定情节。

同样，《俄罗斯联邦刑法》第75条（因积极悔过而免除刑事责任）第1款规定："初次实施轻罪的人，如果在犯罪之后主动自首，赔偿所造成的损失或者以其他方式弥补犯罪所造成的损害，则可以被免除刑事责任。"第76条（因与受害人和解而免除刑事责任）规定："初次实施轻罪的人，如果他与受害人和解并弥补给受害人造成的损害，则可以被免除刑事责任。"[2]因此，赔偿损失与刑事和解已经成为法定的免除刑事责任事由。

---

[1] 徐久生主编：《德国刑法典》，徐久生、庄敬华译，中国法制出版社2000年版，第57页。

[2] 俄罗斯联邦总检察院编：《俄罗斯联邦刑法典释义》（上册），黄道秀译，中国政法大学出版社2000年版，第191页。

在法国，刑事和解指的是检察官在提起公诉之前与被告人就公诉进行交易的一种特别程序，而我们所称的刑事和解则被称为刑事调解，是指"在第三人的主导下，让犯罪行为人与受害人接触，以便就有关赔偿的各项条件达成协议并修复关系，尽可能地创造不再重新犯罪的条件，即使各方当事人往后仍将见面"。对于是否实行刑事调解，检察院享有决定权。适用刑事调解的往往都是一些对社会危害程度不太严重的轻微犯罪，在任何情况下，严重的犯罪行为都不能适用刑事调解。如果刑事调解成功，检察官将作出案件"归档不究"或"不予立案"决定。[1]

综上，大陆法系国家和地区通过将损害赔偿、刑事和解作为量刑情节纳入立法，正视被害人民事诉权的实现对于其刑事诉权的抵消作用，直接影响到被告人的刑事责任。

第三节 被害人民事诉权与刑事诉权关系的一般理论

通过考察各国的刑事被害人在刑事及民事程序中的地位、权利及具体的制度安排，尤其是被害人损害赔偿的获得方式，我们可以看到，被害人的民事诉权与刑事诉权之间并非并行不悖，而是有着微妙而复杂的关系。

一、被害人民事诉权相对于刑事诉权的优先性

被害人的民事诉权在于通过获得损害赔偿以弥补其因犯罪而导致的伤害，其刑事诉权在于让加害人获得惩罚以满足报复心理。

---

[1] 参见罗结珍："法国刑事诉讼法中的刑事调解与刑事和解"，载《法学杂志》2008年第3期。

第二章 被害人民事诉权与刑事诉权的关系

但两者并非并列关系,而是彼此交叉融合。相比刑事诉权,被害人的民事诉权具有优先性,在实现时应优先予以考虑。这不仅是被害人民事诉权的特殊性所决定的,也是从被告人、被害人利益出发的结果。

首先,刑法的谦抑性决定了对刑法手段应当限制运用。刑法的谦抑性,又称刑法的补充性,陈兴良教授认为,"谦抑,是指缩减或压缩。刑法的谦抑性,是指立法者应当力求以最小的支出——少用甚至不用刑罚(而用其他替代措施),获取最大的社会效益——有效地预防和控制犯罪。"[1]一般认为,刑法的谦抑性主要是针对立法者而言的,体现在刑法的制定过程之中,而在司法阶段更需要的是遵循罪刑法定、罪刑均衡等原则。但如果将刑法的谦抑性作为一种理念广义理解,应当承认,在刑法的适用过程中,同样需要贯彻刑法谦抑的精神。毕竟,刑法只有在刑事诉讼程序中具体适用才能真正发挥作用。因此,在被害人既想获得损害赔偿,又希望对被告人加以刑罚惩处的情况下,应当优先满足被害人的损害赔偿要求。正如有些学者所说:"在这一纷争中,加害人与被害人之间的纷争是第一次纷争,加害人和社会之间的纷争是第二次纷争,国家和加害人之间的纷争是第三次纷争。所以,如果纷争在第一次或者第二次被解决了的话,国家刑罚也就退而备之了。"[2]通过赔偿被害人,被告人部分地弥补了由于自己的行为给被害人个人及社会造成的伤害,其主观恶性和客观的社会危害性得以降低,或者没有必要再对其施加刑罚处罚,或者只要处以较轻的刑罚,即可达到预防和控制犯罪的效果。而这也使得被害人与加害人之间的仇恨不会继续或者恶化,有利于社会秩序的恢

---

[1] 陈兴良:《刑法的价值构造》,中国人民大学出版社1998年版,第353页。
[2] 田思源:《犯罪被害人的权利与救济》,法律出版社2008年版,第48页。

复和加害人复归社会。

其次,从被告人利益出发,应当减少刑罚的适用。优先保护被害人的民事诉权,与其说这是对被害人利益的尊重,不如说这是保护被告人权利。对被告人来说,如果有希望通过民事赔偿获得刑罚上的从轻甚至是出罪处理,这无疑是大好机会。这也是为什么在英国向被害人赔偿是被告人的一项权利,被告人因其赔偿可能会被免除其他刑罚,可能会处以缓刑,或者是宽缓的刑罚。[1]因此,罪犯在关于其赔偿能力方面有作出夸大承诺以期避免或减少羁押刑罚的趋势,辩护律师被要求有义务调查任何关于赔偿的提议,并且只有在确信罪犯提供的关于偿付能力的消息是正确的情况下方可提供给法院。[2]可见,优先进行损害赔偿有利于被告人的利益。我国在司法实践中,侧重于对被告人科以重刑,在刑罚较重的情况下,不再判处民事赔偿或者只是处以很少的赔偿,也就是"打了不罚"。这不仅有损于被害人的民事权益,同样不利于被告人。

最后,损害赔偿之于被害人比刑罚之于国家更为重要。这在损害赔偿与罚金的对比中体现得最为明显。很多国家在立法中明确规定,在对被害人的损害赔偿与罚金发生冲突的情况下,优先赔偿被害人。边沁指出:"相比之下,个人的利益应当高于国家财政利益。给予被害人的公款补偿应当优先于国家所获得的罚金。这并非世俗法律的规定,而是理性的选择。个人的损害是能够感受到的恶,而国家的这笔收入是没有人感觉到的利益。对罪犯的罚金只是一种惩罚,别无其他效用。由罪犯交纳补偿费用,则既

---

[1] 参见汪建成、甄贞主编:《外国刑事诉讼第一审程序比较研究》,法律出版社2007年版,第94页。

[2] 参见[英]约翰·斯普莱克:《英国刑事诉讼程序》,徐美君、杨立涛译,中国人民大学出版社2006年版,第582页。

第二章　被害人民事诉权与刑事诉权的关系

是一种更为严厉的惩罚,又是对被害人的补偿。某人向国家交纳罚金,是出于无可辩驳的原因,他感受到的只是仿佛将相同数目的钱款掉入井中一样的懊恼;他被迫用自己的钱向对方支付补偿费,而对方正是他所希望对其造成损害的人。这会使他蒙受一定程度的耻辱,产生相应的惩罚效果。"[1] 同理,罚金以外的其他刑罚也是如此。刑罚只能起到单纯的惩罚作用,对国家和被害人的意义是抽象的,而损害赔偿是在惩罚被告人的同时补偿了被害人,切实解决了被害人在被犯罪行为侵害之后的窘境,同时也有平复其仇恨心理的作用。

当然,被害人民事诉权的优先性以被害人同时主张其民刑双重诉权为前提,被害人也可能主动放弃其民事诉权,只求对被告人予以严厉的刑罚处罚,在这种情况下,也就无所谓民事诉权优先了。

二、被害人民事诉权的实现对刑事诉权的消减

传统观点认为,被告人因其犯罪行为同时触犯民事法与刑事法,应承担民事责任与刑事责任,两者是并列关系,因此,被害人的民事诉权与刑事诉权两者也是并行不悖的。但是,实践证明并非如此。尤其是刑事和解制度的出现,明确显示出被告人对被害人的损害赔偿将导致其刑事责任的减轻。可见,被害人民事诉权的实现对其刑事诉权具有消减的作用。

首先,被害人的民事诉权的满足可以弱化其复仇的心理。被害人在权益被犯罪行为侵害后,首先面临的是如何恢复被犯罪行为所打乱的原本正常的生活状态,在此基础上才是对犯罪人施以

---

[1] 参见 [英] 杰里米·边沁:《立法理论——刑法典原理》,孙力等译,中国人民公安大学出版社1993年版,第64—65页。

惩罚，以平复内心的仇恨与愤怒。如果被害人的损害，包括物质损害和精神损害，一直不能得到赔偿，甚至影响到了日常生活的维系，那么其对犯罪人的仇恨情绪将会大大加深，自然要求对犯罪人加以严惩。如果被害人得到了犯罪人的赔偿，其物质损失得以弥补，精神上也得到了慰藉，生活恢复到犯罪以前的状态，那么被害人的心情也会得到平复，不再执着于通过刑罚进行复仇，而是更加愿意谅解被告人。在这种情况下，对被告人施以宽缓的刑罚就成为可能。应该说刑罚的轻缓化是社会发展的潮流，相比西方国家，我国的刑罚制度仍然属于重刑结构，司法实践中也有重刑化倾向，这与我国被害人的民事诉权往往得不到实现是有一定关系的。在民事诉权基本得不到满足的情况下，被害人乃至社会很难用宽恕的态度来对待犯罪人，而这是通过完善被害人的民事诉权实现方式可以得到改善的，也是我国实现轻刑化的必由之路。

其次，被害人的民事诉权的满足可以降低犯罪行为的社会危害性。传统观点认为，犯罪行为完成即告结束，社会危害性已经形成。之后行为人的悔过表现不能改变犯罪的性质及其社会危害性的大小。整个刑法思维以过去行为为导向，而不重视未来。这在以报应主义或功利主义为中心的时代是合适的，它们所关心的是通过对犯罪行为施加惩罚以彰显正义或预防犯罪。但是恢复正义理论与此不同，它所关注的是加害人与被害人之间的关系的修复，从而恢复因犯罪行为所破坏的社会关系，最终加害人与被害人能够回归社会。为了恢复加害人与被害人之间的关系，积极向被害人提供损害赔偿无疑是最好的方式。通过损害赔偿，被害人的损失得以弥补，加害人为自己的错误行为部分地承担了责任，表达了其正视错误、真诚改正的态度，这为被害人和加害人摆脱犯罪行为所导致的困扰、积极复归社会创造了条件，从而使犯罪所破坏的社会关系得到了部分的恢复。如果将解决纠纷、恢复秩序作为刑事司法的目标，那么加害人积极赔偿被害人无疑使目标的达成更近了一步，从这个角度看，被害人的民事诉权的满足实际上降低了犯罪行为的社会危害性。

最后，满足被害人的民事诉权显示出被告人较好的认罪态度和较低的人身危险性。虽然传统刑事司法将犯罪后行为与犯罪行为两者相互分离，但同样认可行为人在犯罪后的态度与表现是重要的量刑情节。被告人积极赔偿被害人的行为表现了被害人的认罪、悔罪的意识，这在我国也是法定的从宽处罚的量刑情节。无可置疑，与拒不赔偿的被告人相比，积极赔偿被害人的被告人显示出了其较低的人身危险性，在这种情况下，对其施以相对轻缓的刑罚是合理的。在德国、俄罗斯等国家，赔偿是法定从宽量刑情节。我国最高法司法解释也一再肯定赔偿对量刑的积极影响，2012年《刑事诉讼法》虽然没有直接将赔偿作为量刑情节予以明确规定，但在当事人和解的公诉案件诉讼程序的规定中，肯定了赔偿、和解与刑罚之间的关联。实际上，司法实践中法官一直将被告人的积极赔偿作为从宽量刑情节予以适用。

三、被害人的刑事诉权的享有对民事诉权实现的保障

依照传统理论，被害人的民事诉权与刑事诉权相互独立，通过民事诉讼与刑事诉讼分别实现，但实际上，即使在宣称通过独立民事诉讼实现损害赔偿的英美法系国家，与大陆法系国家一样，都开始尝试在刑事诉讼过程之中进行损害赔偿，而这被认为是对被害人民事诉权的更好的保障。

首先，被害人刑事诉权的实现是对被害人民事诉权实现的保障。在刑事诉讼过程中通过附带民事诉讼或者赔偿令的方式实现被害人的民事诉权，相比刑事诉讼终结后再行提起独立的民事诉

讼，其好处在于：其一，避免了被害人的双重诉累，被害人不需要在参与完刑事诉讼程序之后再为民事诉讼的启动与审理而奔波，同时也使得赔偿更为迅速快捷。其二，如果被害人在侦查阶段就表达了要求获得赔偿的意愿，其可以借助侦查机关的力量为其收集证据，尤其是对于犯罪造成损失方面的证据，否则被害人只能自行收集，这对不谙法律的被害人来说是困难的。其三，在很多国家，附带民事诉讼的提起是不需要缴纳诉讼费的，赔偿令则更不需要，而独立提起民事诉讼则不享有这种优待，对遭受严重犯罪行为侵害的被害人来说，该笔费用无异于雪上加霜。其四，至少法院判处的赔偿令是由国家强制力保障执行的，而不需要被害人的申请，不少大陆法系国家的附带民事诉讼也在尝试取得国家强制力的保障，这与独立民事诉讼的判决执行不同。根据英国学者约翰·斯普莱克的观点，赔偿令是为被害人提供在罪犯明显有能力偿付赔偿金时避免诉诸民事诉讼费用的一种方便和快速的方式，被害人可以通过刑事诉讼迅速且没有任何费用地获得否则必须通过民事诉讼才能获取的救济。[1]

其次，被害人行使刑事诉权的潜在威慑是加害人积极赔偿的动力。实践中，很多犯罪人其实是没有财产的，他们或因贫穷而犯罪，或在犯罪后将所得很快挥霍一空。因此，如果通过独立的民事诉讼来实现损害赔偿，被害人即使获得了胜诉的判决，也基本难以执行。即使是有财产的犯罪人，如果已经被处以刑事惩罚，或者赔偿损害与其将要被判处刑罚无关，也就没有动力去赔偿，而是想方设法隐匿财产逃避赔偿。但如果被害人享有刑事诉权，有机会影响到被告人的定罪量刑，那么就拥有了与被告人进行博

---

[1] 参见［英］约翰·斯普莱克：《英国刑事诉讼程序》，徐美君、杨立涛译，中国人民大学出版社2006年版，第580页。

弈的资本,被告人在考虑是否赔偿被害人时也将有所忌惮。即使被告人本人没有财产,其家属为了被告人得到轻缓的处理也会努力帮助其偿还,这对被害人自然是有利的。这就要求将被告人的损害赔偿与定罪量刑两者相互关联,这在刑事诉讼与民事诉讼并行的程序中是无法实现的。因此,一般情况下,被害人民事诉权的实现应置于刑事诉讼过程之中。

最后,独立民事诉讼同样需要借助刑事诉讼中的成果。当然,并不是所有有被害人的案件都能将民事赔偿纳入刑事诉讼中。如果被告人的指控罪名不成立,或者因被告人在逃不能继续刑事程序,又或者有新的损害结果出现需要被告人继续赔偿,被害人只能通过独立的民事诉讼实现其民事诉权。但是,即使在独立的民事诉讼中,被害人同样需要借助于刑事诉讼的成果,这样可省却很多的重复工作。如果刑事诉讼已经判定所指控的犯罪事实成立,但因为欠缺有责性而没有被定罪,被害人也可以将刑事判决呈交民庭,而不需另举其他证据,就可证明侵权事实的存在。如果刑事诉讼没有认定犯罪事实成立,被害人也可以将刑事追诉中公诉机关所获取的证据提交民庭,虽然该部分证据不能证明犯罪行为的成立,但由于刑事诉讼与民事诉讼的证明标准不同,因此并不代表侵权行为不成立,这大大减轻了被害人的举证负担。可见,刑事诉讼的成果对于被害人民事诉权的实现能够起到支持作用。

四、被害人对于实现民事诉权或刑事诉权的影响权

由于被害人的民事诉权与刑事诉权在实现的过程中会相互影响,两者难以同时完满实现。因此,在两者可能产生冲突的时候,被害人作为主动一方,享有一定的就实现民事诉权或刑事诉权进行选择的权利,而不应完全由司法机关决定。当然,被害人对民刑诉权的选择或说对民刑诉权实现的影响,是以不损害被告人的

诉权为前提的。

首先，被害人可以选择实现民事诉权，不再积极行使刑事诉权，对公诉权加以牵掣。对被害人来说，很多情况下，获得更多的损害赔偿可能要比被告人受到严厉的刑事制裁更为重要。传统观点认为，被害人没有为了经济利益而放弃对被告人进行刑事追究的权利，因为是否对被告人进行刑事追究是国家的权力所在。在法秩序被犯罪人藐视并破坏之后，国家具有惩罚犯罪人从而彰显其统治权威的主观愿望，由于被害人的一己私利而放弃刑事追究是国家所不希望的。因此，在我国的司法实践中，对不少所谓的穷凶极恶的犯罪，司法机关积极将被告人处以极刑，同时象征性地判处甚至免除其对被害人的赔偿。可见，相比被害人的损害赔偿，我国司法机关对于打击犯罪更为重视。但是，从国家责任的视角出发，被害人遭到犯罪行为侵害本就是国家的失职，虽然我们不能要求国家保障每一位个体的安全，但是在犯罪发生之后，通过制度性的安排让被害人更好地恢复到之前的生活状态，应当是国家不可推卸的责任。如果被害人认为获得足够的赔偿能够使其更好地走出犯罪，那么应当尊重被害人的选择。同时，这也是给被告人得以赎罪的机会。当然，被害人对其刑事诉权的放弃并不必然导致被告人免于刑罚，因为还有公诉权的存在，但是被害人的这一态度通常会减轻被告人的刑罚。另外，如前所述，被害人只要表达出对民事诉权的要求，就应给民事诉权以优先地位，而不论被害人是否放弃其刑事诉权的行使。

其次，被害人可以选择放弃民事诉权，积极追求刑事诉权的实现。被害人也可能并不介意民事上的损害赔偿，而要让犯罪人为自己的行为付出刑罚的代价，从而实现复仇的心愿。但是，这将导致被告人失去通过民事赔偿获得宽缓刑罚的机会。因此，对于是否给予被害人这一权利，实践中有所争议。在实行附带民事

第二章 被害人民事诉权与刑事诉权的关系

诉讼制度的国家,被害人的请求是程序启动的前提,在被害人放弃诉权的情况下,被告人一般也就失去了在刑事程序中赔偿的机会。但在实行赔偿令制度的国家,判处赔偿令被认为是法官的权力,而与被害人无关,即使被害人明确表示不接受赔偿,也不能阻止赔偿令的判处,该赔偿金将可能被交给一些被害人基金。我国的司法实践中,如果被害人拒绝赔偿,被告人则失去了赔偿机会。在被害人受到犯罪行为侵害后,如何才能修复其身心的创伤,恐怕只有被害人最为清楚。如果被害人认为损害赔偿对其是没有意义的,那么我们没有权力要求其接受。而犯罪人虽然也有通过各种方式积极恢复其破坏的社会关系的权利,并通过其行为表达悔过自新的态度,但这应以被害人愿意接受为前提。当然,如果被害人在刑事追诉过程中明确放弃了其民事诉权,则不能在被告人被定罪处刑之后重新提出损害赔偿的要求,否则对被告人是不公平的。

1984年5月21日,世界被害人学学会召开了一个关于被害人权利的国际研讨会,为了向预计在次年召开的联合国预防犯罪和罪犯待遇大会提出关于被害人权利的世界被害人学学会的提案,该研讨会在各国最著名的被害人学者的参加下展开了非常热烈的讨论。其提案中指出:"关于刑事罚和民事罚的运用顺序、刑事罚的求刑程度、接受加害者的被害恢复的援助等事宜,应在考虑被害人意见的基础上决定。"[1]可见,被害人学界早就意识到了,对加害人优先加以刑事处罚还是民事处罚,被害人应当享有一定的影响权。

---

[1] 田思源:《犯罪被害人的权利与救济》,法律出版社2008年版,第29页。

第四节 被害人民事诉权与相关权力(利)的关系

由于被害人民事诉权与刑事诉权间相互影响,而其刑事诉权又与公诉权、刑事审判权、被告人诉权间关系密切,被害人的民事诉权也就与后者产生了间接但重要的联系。

一、被害人民事诉权与被告人诉权的冲突与契合

与被害人的民事诉权、刑事诉权相对应,被告人诉权也包括刑事诉权与民事诉权,这是由诉权的对等性决定的。传统上,我们更关注被告人的刑事诉权,对其民事诉权的关注不多。被害人的民事诉权与被告人诉权的关系可以分为两部分,即被害人民事诉权与被告人民事诉权的关系,以及被害人民事诉权与被告人刑事诉权的关系。

被害人民事诉权与被告人民事诉权是相互对应的一对诉权,两者针锋相对。根据诉权理论,诉权是双方当事人所平等享有的,这是诉讼中两造平等对抗的前提。如果仅从民事诉权角度来看两者关系,更多的是冲突与对立,因为被害人民事诉权的实现则意味着被告人的失败。具体说来,侵害行为是否存在、侵害行为与损害结果之间是否具有因果关系、实际损失的金额多少、彼此责任如何分担、举证责任如何分配等,这些都是双方对立、此消彼长的问题。但如果将被告人刑事诉权也纳入考虑,情况则不同了。

应当说,被害人民事诉权与被告人刑事诉权两者间并没有直接的联系,但被害人刑事诉权的存在,使两者的关联成为可能。虽然被害人民事诉权的实现会造成被告人的经济利益损失,但是由此而导致的被害人刑事诉权的弱化则会给被告人刑事诉权以很

大支持，被告人可能因此而获得刑罚上的宽缓，甚至出罪处理。相反，在被害人拒绝行使其民事诉权而仅行使刑事诉权的情况下，被告人则可能被处以较为严重的刑罚。从这个角度来说，被害人民事诉权的实现反倒有助于被告人刑事诉权的行使，两者具有正的相关性。

综上，如果认可对被告人来说部分情况下其刑事诉权相比民事诉权更为重要，那么被害人民事诉权与被告人诉权间是存在一定契合性的。因此，在刑事诉讼过程中强调被害人的民事诉权，给被告人带来的不一定是负担，反而可能是机会。当然，这也不能无视被害人民事诉权与被告人民事诉权之间的对抗性，这是在设计刑事附带程序时需要考虑的重要问题。

二、被害人民事诉权对公诉权行使的牵掣

被害人民事诉权与检察机关的公诉权没有直接的关系，但是被害人刑事诉权相对公诉权具有独立性，其会对公诉权的行使形成一定的制衡。在向来由公诉权占绝对主导地位的刑事诉讼领域，为了使国家利益与被害人利益获得平衡，通过被害人刑事诉权对公诉权加以制约是问题的关键。

公诉权由检察官代表国家利益行使，而检察官在行使职权时享有一定的自由裁量权，在这一过程中可能会存在权力的滥用或是疏忽，而国家是一个抽象的概念，无法对公诉权的行使进行有效监督。为了使被害人个体化的利益在刑事追诉中有所表现，同时对公诉权的不当行使进行限制，被害人需要有制约公诉权行使的具体途径。首先，在起诉权问题上，对于检察机关决定不起诉的案件，被害人如果认为检察官的决定是错误的，有权将案件提交法院，由检察机关及被害人以外的中立机构进行判断是否应当起诉，比如德国的强制起诉制度、日本的准起诉制度以及我国的

公诉转自诉制度。其次，在公诉过程中，如果被害人与公诉人对案件有不同理解，如认为被告人涉嫌罪名比指控罪名更为严重，或者不同意公诉人提出的量刑建议，可以就涉嫌罪名提出自己的观点，并在量刑建议之外提出自己的量刑意见。最后，在上诉权问题上，即便顾虑给予被害人独立的上诉权可能危及被告人的上诉不加刑原则，也至少应当明确被害人申请检察院抗诉时，符合何种条件则检察院必须抗诉，而不是完全由检察机关自行衡量，并给予被害人在检察院驳回抗诉申请的情况下请求法院重新审查从而决定是否启动二审程序的机会。

由于被害人刑事诉权对公诉权存在制约，而被害人的民事诉权的实现与否直接影响到其刑事诉权的态度，那么可以说，被害人的民事诉权对于公诉权有着间接的牵掣。当被害人的民事诉权得到实现并且其明确放弃刑事诉权的情况下，给予公诉权以消极行使的机会，或者在公诉权积极行使时进行牵掣，与被告人站在一边；在被害人积极行使刑事诉权的情况下，与公诉权形成合力共同控诉犯罪，或者对公诉权的消极行使加以限制。

三、被害人民事诉权对刑事审判权的制约

被害人民事诉权与刑事审判权的关系同样通过其刑事诉权而实现。作为刑事诉权的享有者，被害人也是刑事诉讼的主体，有权向法庭陈述其意见，居中裁判的法官须在听取其意见的基础上作出最终裁决。

根据陈瑞华教授的观点，程序正义的关键要素即程序的参与性与裁判者的中立性，所有利害关系人应当参加审判过程并提出自己的主张，反驳不利于自己的证据和观点，而裁判者应当平等对待每一方当事人，并使自己的判决建立在所有当事人提出的证据和主张之上。被害人作为当事人的一方，其刑事诉权的行使自

然会对审判造成制约。被害人的意见可分为消解性的意见与追诉性的意见。前者是指被害人因被告人的赔偿、道歉等原因愿意对被告人加以谅解,则会提出相比公诉意见更为宽缓的罪名与量刑意见,甚至明确表示不予追究,这将在很大程度上影响法官的决定,被告人一般会得到较公诉意见轻缓的量刑。后者是指被害人无法谅解被告人,决意对其严加惩罚,可能提出相比公诉意见更为严厉的罪名与量刑意见,那么法官将有可能在公诉意见之上来定罪与量刑,这在没有被害人意见的情况下是不被允许的,否则有违不告不理原则。

当然,如前所述,被害人的民事诉权的实现与否决定了其提出消解性的意见还是追诉性的意见,从而间接影响到了刑事审判的结局,对审判权构成制约。

第三章

被害人民事诉权实现方式的设置原则

前面我们讨论了被害人民事诉权的基础理论与被害人民事诉权与刑事诉权的关系,这为接下来被害人民事诉权实现方式的探讨奠定了理论基础。本章从不同法系国家被害人民事诉权实现方式的比较考察入手,对具体实现方式进行优劣比较,着重探讨被害人民事诉权实现方式的制约因素及设置原则。

第一节 被害人民事诉权实现方式的比较考察

关于被害人民事诉权的实现方式,大陆法系与英美法系国家有着各自的模式设置。随着被害人保护运动在世界范围内的广泛兴起和价值理念的彼此交融,近年来不同法系国家在被害人民事诉权实现方式的设置上出现了相互借鉴的趋势。

第三章 被害人民事诉权实现方式的设置原则

一、英美法系国家的刑事赔偿令主导模式

在英美法系国家，被害人的民事诉权的实现方式经历了从平行诉讼模式到以赔偿令为中心、以独立民事诉讼和刑事和解为补充的多元化诉讼模式的演变。

传统观点认为，对于被害人民事诉权的实现方式，英美法系国家多采用平行诉讼模式。这种模式将民事诉讼与刑事诉讼完全分离，民事赔偿问题原则上由民事诉讼程序予以解决，而不附带于刑事诉讼，两者表现为一种纯粹的平行关系。这种绝对地将刑事诉讼与民事诉讼分开的做法，无疑是以强调两者各自的特殊性为出发点的。[1] 在英国，被害人可以提起独立的民事诉讼，要求刑事案件的被告人赔偿损失。受理该案的民事法院将完全按照民事案件的审判程序对案件进行审判，与刑事诉讼不发生任何联系。[2] 在美国，一直以来依靠独立的民事诉讼为被害人提供赔偿的机会。[3] 此时的伤害作为一种民事性质的侵权行为，以民事诉讼的方式进行，适用民事诉讼的程序规定和相关的证据规则，与刑事诉讼没有任何联系。[4] 日本曾经效仿法国实行刑事附带民事诉讼制度来解决被害人的损害赔偿问题，二战以后受到美国法的影响，抛弃了该制度，采取了在刑事诉讼审理终结后，通过民事诉讼程序来解决刑事损害赔偿问题的办法。其理由在于，民事诉讼与刑事诉

---

[1] 参见奚玮、叶良芳："刑事附带民事诉讼制度的反思"，载《安徽师范大学学报（人文社会科学版）》2003年第1期。

[2] 参见汪建成、甄贞主编：《外国刑事诉讼第一审程序比较研究》，法律出版社2007年版，第94—95页。

[3] 参见[美]爱伦·豪切斯泰勒·斯黛丽、南希·弗兰克：《美国刑事法院诉讼程序》，陈卫东、徐美君译，中国人民大学出版社2009年版，第504页。

[4] 参见汪建成、甄贞主编：《外国刑事诉讼第一审程序比较研究》，法律出版社2007年版，第320页。

讼的诉讼程序及证据规则不同，合并审理会造成混乱。[1]

但是，从二十世纪六七十年代开始，刑事赔偿令和刑事和解制度开始成为英美法系国家被害人民事诉权的重要实现方式，独立民事诉讼程序不再是被害人的首选，逐渐形成了以赔偿令为主导，独立民事诉讼和刑事和解为补充的制度体系。

赔偿令程序是现阶段英美法系国家实现被害人民事诉权的主要方式。在美国，自二十世纪七十年代开始，许多法院开始尝试把赔偿作为刑罚的一种，八十年代以后颁发赔偿令赔偿被害人受到许多管辖区的欢迎。[2]大多数法官在量刑时能够指令赔偿，一些管辖区法官可能命令支付赔偿金作为缓刑的条件，如果没能支付赔偿金则撤销缓刑；一些管辖区将赔偿与劳动释放或监狱劳动项目结合在一起，罪犯收入的一部分将自动寄给被害人作为赔偿。另一种做法是要求被告人支付给被害人赔偿基金，该基金被用来赔偿一些暴力和财产犯罪的被害人。[3]在英国，1972年《刑事司法法》规定了命令罪犯向被害人赔偿的权力，法院因一项罪行处理罪犯时，可以作出命令要求他就该项罪行或任何考虑在内的其他罪行造成的"个人伤害、损失或损害"作出赔偿。赔偿令可以取代或附加于对罪犯因犯罪而作出的其他任何形式的惩罚。如果有权力作出赔偿令的法院选择不作出命令，它必须给出理由。赔偿令的科处比罚金具有法定的优先权。[4]如果刑事法院拒绝作出

---

[1] 参见陈光中主编：《外国刑事诉讼程序比较研究》，法律出版社1988年版，第395—400页。

[2] 参见[美]爱伦·豪切斯泰勒·斯黛丽、南希·弗兰克：《美国刑事法院诉讼程序》，陈卫东、徐美君译，中国人民大学出版社2009年版，第504页。

[3] 参见[美]爱伦·豪切斯泰勒·斯黛丽、南希·弗兰克：《美国刑事法院诉讼程序》，陈卫东、徐美君译，中国人民大学出版社2009年版，第516页。

[4] 参见[英]约翰·斯普莱克：《英国刑事诉讼程序》，徐美君、杨立涛译，中国人民大学出版社2006年版，第579—580页。

第三章 被害人民事诉权实现方式的设置原则

赔偿令或者作出了少于损失总额的赔偿令，被害人可以就其实际损失高出赔偿令的部分提起民事程序。[1]因此，赔偿令程序的适用并不排斥被害人通过独立民事诉讼以实现其民事诉权。根据相关联合国宣言和欧洲议会法案，刑事赔偿令作为独立刑罚须优先适用，法官必须应被害人诉求而制作赔偿令，否则须作出解释。[2]

刑事和解作为被害人民事诉权的实现方式在英美法系国家得到了广泛适用。作为恢复性司法重要形式的刑事和解制度发端于二十世纪六七十年代，其建立在恢复性司法理念基础之上，以实现罪犯与被害人的对话为主要目标，在实践中取得了较好的效果。[3]在英美法系国家，刑事和解模式在发展的初期阶段，通常仅适用于未成年人案件以及轻罪案件，后来才逐渐发展至适用于成年人案件与重罪案件。并且，刑事和解模式可以适用于从起诉前至判刑后的各个诉讼阶段，通常在定罪前适用于未成年人案件与轻罪案件，在定罪后则适用于成年人案件与严重犯罪案件。在每个诉讼阶段，和解所发挥的作用也有所不同。如在美国，适用于起诉前的刑事和解项目通常是作为起诉的一项分流措施；适用于起诉后指控尚未解决前的刑事和解项目，是作为在辩诉交易中帮助控诉者与律师的方法；在有罪答辩或有罪判决之后，法庭将罪犯提交和解则通常是作为量刑或缓刑期的组成部分。[4]随着恢复性司

---

[1] 参见［英］约翰·斯普莱克：《英国刑事诉讼程序》，徐美君、杨立涛译，中国人民大学出版社2006年版，第582—583页。

[2] 参见贾彬："引入刑事赔偿令可以更有效保障被害人权益"，载《检察日报》2011年4月13日，第3版。

[3] 参见朱立恒："英美刑事和解探析——以VOM模式为中心的考察"，载《环球法律评论》2010年第2期。

[4] 参见朱立恒："英美刑事和解探析——以VOM模式为中心的考察"，载《环球法律评论》2010年第2期。

法理念的广为传播，人们逐渐认识到恢复被犯罪所打乱的社会关系具有较惩治犯罪或预防犯罪更为重要的价值。因此，建立在加害人与被害人间赔偿和解基础上的刑事和解制度成为传统刑事司法制度的重要补充，并得到优先适用。

综上，英美法系国家被害人民事诉权的实现是通过以赔偿令为主导，独立民事诉讼和刑事和解为补充的制度体系。一般情况下，赔偿令程序优先于独立民事诉讼程序，而刑事和解程序优先于赔偿令程序。

二、大陆法系国家的附带民事诉讼主导模式

在大陆法系国家，被害人民事诉权的实现方式也经历了从附带诉讼模式到以附带民事诉讼为中心、以独立民事诉讼和刑事和解为补充的多元化诉讼模式的演变。相比英美法系国家，两者主要区别在于附带民事诉讼制度与刑事赔偿令制度的不同。近年来，部分大陆法系国家也开始尝试在刑事附带民事诉讼中引入赔偿令制度的理念，将损害赔偿作为刑事责任的承担方式，以方便被害人民事诉权的实现。

传统观点认为，大陆法系国家多采用附带诉讼模式，即刑事附带民事诉讼制度来实现被害人的民事诉权。相比平行模式来说，附带模式中对被害人民事诉权的独立性保障较为欠缺，而刑民程序的彼此交叉顾及了被害人民事诉权的刑事性的一面及其与刑事诉权间的关联。附带模式有法国式和德国式之分。法国立法在鼓励被害人通过刑事诉讼程序提出民事赔偿救济的同时，兼顾了民事诉讼的独立性，其主体范围与客体范围与独立民事诉讼无异，并且被害人完全享有提起附带民事诉讼或独立民事诉讼的选择权。相比之下，德国的附带民事诉讼制度有着较多限制，独立性较弱。不仅民事赔偿请求权的范围较窄，而且刑事法官享有对民事部分裁判与否的酌定权。[1]日本虽然在二战以后仿效美国利用独立民事诉讼制度实现被害人的民事诉权，但在2007年也建立了刑事程序中的损害赔偿命令制度，被认为类似于旧《刑事诉讼法》中的附带民事诉讼。[2]

附带民事诉讼制度与赔偿令制度同样设立于刑事诉讼程序之中，均承认在刑事程序中可请求损害赔偿。两者的区别在于，附带民事诉讼虽然附属于刑事程序，但仍然具有民事性质，有相对独立的启动程序、审理过程及裁判结果，而赔偿令作为广义刑罚的一种，则是完全建立在刑事审理的基础之上，并由国家强制力保障实施。但是，近些年来，部分大陆法系国家开始仿效赔偿令由国家强制力保障执行的特点，附带民事诉讼判决也开始得到国家强制力的保障。有学者认为，大陆法系国家，是在刑事附带民事诉讼中适用刑事赔偿令制度。[3]笔者认为，虽然大陆法系国家的附带民事诉讼制度有借鉴赔偿令制度的趋势，但两者仍属不同制度，主要区别在于是否有相对独立的民事诉讼程序的设置。

随着恢复性司法理念的传播，刑事和解制度在大陆法系国家也普遍得到适用，而附带诉讼模式也没有剥夺被害人提起独立民事诉讼的权利，目前大陆法系国家在被害人民事诉权实现方面形成了以附带民事诉讼为主导，独立民事诉讼和刑事和解为补充的制度体系。

虽然大陆法系国家鼓励被害人通过附带民事诉讼来实现其民事诉权，但通常会给予被害人提起独立民事诉讼的选择权。在被

---

[1] 参见奚玮、叶良芳："刑事附带民事诉讼制度的反思"，载《安徽师范大学学报（人文社会科学版）》2003年第1期。

[2] 参见[日]田口守一：《刑事诉讼法》（第5版），张凌、于秀峰译，中国政法大学出版社2010年版，第44页。

[3] 参见贾彬："引入刑事赔偿令可以更有效保障被害人权益"，载《检察日报》2011年4月13日，第3版。

害人不欲通过附带民事诉讼方式实现损害赔偿的情况下,可选择提起独立的民事诉讼,且不必等到刑事诉讼终结后再行提起。在法国,根据《法国刑事诉讼法典》的规定,"民事诉讼可以与公诉同时在同一法院进行","民事诉讼也可以与公诉分开进行"。被害人一旦在民事法院与刑事法院之间作出选择,这一选择便是一种最终确定的不可撤销的选择。[1]但是,"选择不可撤销"规则被认为是一项有利于被告人的待遇,因此在被害人首先选择民事途径时才予适用。[2]在德国,被害人同样享有独立提起民事诉讼的选择权。并且,当被告人在刑事审判阶段被判无罪,也未被判处矫正或保安处分时,或者法院认为附带民事诉讼的提起缺乏理由时,应当免予对民事诉讼部分作出裁定,对于未被认可的请求权部分,可以另行提出。也就是说,被害人及继承人还可以单独另行提起独立的民事诉讼或者刑事附带民事诉讼。[3]可以说,在不同的制度设置中,独立民事诉讼通常是被害人享有的最后救济手段。

刑事和解制度虽然最初产生于英美法系国家,但随着恢复性司法理念的传播,也在大陆法系国家流行起来。很多大陆法系国家在刑事立法中明确将刑事和解作为从宽量刑情节,给予刑事和解制度以法律地位。根据《德国刑法典》第46条a(犯罪人—被害人和解,损害赔偿)规定,被告人对被害人的损害赔偿及刑事和解已经成为被告人减轻刑罚甚至免除刑罚的法定情节。[4]同

---

[1] 参见[法]卡斯东·斯特法尼等:《法国刑事诉讼法精义》(上),罗结珍译,中国政法大学出版社1999年版,第231页。

[2] 参见[法]卡斯东·斯特法尼等:《法国刑事诉讼法精义》(上),罗结珍译,中国政法大学出版社1999年版,第242—243页。

[3] 参见汪建成、甄贞主编:《外国刑事诉讼第一审程序比较研究》,法律出版社2007年版,第168页。

[4] 徐久生主编:《德国刑法典》,徐久生、庄敬华译,中国法制出版社2000年版,第57页。

样,《俄罗斯联邦刑法》第76条（因与受害人和解而免除刑事责任）也规定了轻罪案件和解可以免除刑事责任。[1] 相比英美法系国家,大陆法系国家的刑事和解一般限于轻罪案件,而不涉及重罪,适用范围相对较窄。

三、被害人民事诉权具体实现方式的比较

通过对英美法系及大陆法系国家被害人民事诉权实现方式的比较考察,我们发现,目前被害人的民事诉权实现方式主要包括附带民事诉讼制度、刑事赔偿令制度、独立民事诉讼制度及刑事和解制度,下面对这些制度的优劣情形进行比较。

（一）附带民事诉讼制度

附带民事诉讼制度是大陆法系国家实现被害人民事诉权的主要方式,通过与其他制度相比较,我们可以看出附带民事诉讼制度本身的优势与不足。

附带民事诉讼制度的主要优势在于:第一,通过附带民事诉讼实现被害人的民事诉权,相比另行提起独立民事诉讼更具效率,不仅对被害人等当事人更为便利,也有利于节约司法资源。第二,在刑事程序中附带解决被害人的损害赔偿问题,使得被告人有机会通过积极赔偿来获取较轻的刑罚,而被害人也可能通过其刑事诉权对被告人是否赔偿形成威慑。第三,附带民事诉讼的判处是在定罪判决之后进行,这就避免了独立民事诉讼中先行裁判可能出现的与刑事判决结果的实质冲突。第四,相比刑事赔偿令,附带民事诉讼具有相对独立的民事裁判程序,可适用于大部分损害赔偿案件。

---

[1] 俄罗斯联邦总检察院编:《俄罗斯联邦刑法典释义》（上册）,黄道秀译,中国政法大学出版社2000年版,第191页。

附带民事诉讼制度的不足在于：第一，相比独立民事诉讼，附带民事诉讼制度存在于刑事程序之中，无可避免会受到刑事程序的制约，因此难以完全依照民事诉讼的实体规则、证据规则与程序规则来运行。第二，在刑事追诉无法启动、因故中止、终结或判决无罪的情况下，由于刑事诉讼无法存续，那么附带民事诉讼也就失去了依据，因此附带民事诉讼不能单独作为被害人实现民事诉权的方式，必须有独立民事诉讼作为补充。

(二) 刑事赔偿令制度

刑事赔偿令制度是英美法系国家实现被害人民事诉权的主要方式，相比其他制度，刑事赔偿令制度的优势和不足主要在于：

刑事赔偿令制度的优势在于：第一，刑事赔偿令是在刑事裁判的结果上直接作出，不需要单独的民事裁判程序，相比独立民事诉讼和附带民事诉讼，是最为便捷的实现被害人民事诉权的方式。第二，刑事赔偿令作为刑事责任的一种承担方式，可以替代或部分替代刑罚，也可以与刑罚配合适用，有利于被告人的从宽量刑，也给被告人在判决之后积极执行提供了动力。第三，刑事赔偿令是刑事裁判结果的一部分，这也避免了独立民事诉讼中先行裁决可能出现的与刑事判决结果的实质冲突。第四，刑事赔偿令由国家公权力保障执行，避免了附带民事诉讼或者独立民事诉讼中执行难的尴尬。第五，与单独审理损害赔偿相比，由同一法庭通过同一程序来审理更加有利于合理地协调基于损害赔偿的制裁与其他刑罚的制裁之间的关系，避免二重处罚，有利于罪刑均衡。[1]

刑事赔偿令制度的不足在于：第一，刑事赔偿令的判处没有

---

〔1〕 参见 [日] 佐伯仁志：《制裁论》，丁胜明译，北京大学出版社 2018 年版，第 175 页。

单独的民事裁判程序，只能适用于刑事裁判过程中已对因犯罪行为而导致的损害赔偿数额作出明确判断的案件，或者赔偿令只能对刑事裁判中已经明确的部分损失数额进行赔偿，须配合独立民事诉讼共同适用，如果像民事诉讼那样对损害额进行严格的认定，可能引发刑事诉讼的迟滞等问题。[1]第二，刑事赔偿令作为刑事责任的承担方式，只能在刑事诉讼进展顺利且判决罪名成立的情况下才能适用，在刑事追诉无法启动、因故中止、终止或判决无罪的情况下均无法适用，因此不能单独作为被害人民事诉权的实现方式，必须有独立民事诉讼作为补充。第三，从刑事赔偿令的特别预防效果出发，为了有利于被告人的社会复归，需要考虑被告人的经济能力，如果被告人没有资力，即便科处了赔偿令，也无法实质性地实现被害恢复。[2]

(三) 独立民事诉讼制度

独立民事诉讼制度是大陆法系和英美法系国家所共有的制度，无论是以附带民事诉讼制度还是以刑事赔偿令制度为主导的制度体系中，独立民事诉讼都是重要的制度补充。

独立民事诉讼制度的优势在于：第一，相比在刑事程序中附带实现被害人的民事诉权，独立民事诉讼中才可能完全适用民事实体规则、证据规则、程序规则，真正保障当事人的民事诉讼权利。第二，独立民事诉讼不必依附于刑事程序，因此无论刑事诉讼是否存续，被害人都可以通过该方式来实现民事诉权。

独立民事诉讼制度的不足在于：第一，将刑事程序与民事程序完全分开，也就割裂了被害人的民事诉权与刑事诉权之间的关

---

[1] 参见［日］佐伯仁志：《制裁论》，丁胜明译，北京大学出版社2018年版，第196页。

[2] 参见［日］佐伯仁志：《制裁论》，丁胜明译，北京大学出版社2018年版，第176—196页。

联，被告人无法通过赔偿损害获取较轻的刑罚，也就失去了积极赔偿的动力，因此民事判决很可能难以执行。第二，通过独立民事诉讼实现民事诉权，被害人需要参与两个诉讼，对于损害结果、因果关系及赔偿数额须自行承担举证责任，这增加了所有诉讼参与人的讼累，同时耗费国家的司法资源。第三，除非明确规定民事诉讼须在刑事诉讼终结后进行裁判，否则可能出现民事裁判与刑事裁判产生实质冲突的现象。

（四）刑事和解制度

刑事和解制度是英美法系和大陆法系国家近年来所兴起的运动，已经成为被害人实现民事诉权的重要途径。

刑事和解制度的主要优势在于：第一，刑事和解过程中，被告人通过积极赔偿被害人来获得谅解，法律对于赔偿数额不作限制，绝大部分被害人都能够获得高额的赔偿，且能即时兑付，有利于被害人获得及时、充分的赔偿。第二，刑事和解后被告人可能摆脱刑事追诉，或者获得宽缓的刑罚，这对被告人来说是重要的机会。第三，被告人与被害人和解，双方矛盾得以化解，被犯罪所破坏的社会关系得以修复，有利于社会秩序的稳定。

刑事和解制度的不足在于：第一，刑事和解仅用于被告人认罪的案件，在被告人不认罪的情况下，没有达成和解的前提。第二，刑事和解需要被害人在得到被告人的道歉、赔偿之后谅解被告人，在被害人亟需赔偿而其他途径的损害赔偿保障不足的情况下，其可能为了获得赔偿而违心地谅解被告人，而不是建立在被告人真诚悔罪的基础上。第三，被害人利用被告人希望获得刑事和解的心理，可能提出过高的赔偿要求，基于内心悔罪和谅解的和解变成了赤裸裸的金钱交易，沦为花钱买刑。

第二节 被害人民事诉权实现方式适用的制约因素

与普通民事诉权相同,被害人民事诉权同样具有可处分性,只是在具体表现上有所不同。被害人以何种方式实现其民事诉权,除了其自身的程序选择权,还存在一系列制约因素。

一、可供选择的多元化程序的设置

被害人享有民事诉权实现方式选择权的前提在于,实践中存在多元化的程序设置以供当事人选择,这是由国家立法所决定的。相比英美法系和大陆法系国家,我国被害人民事诉权实现方式较为单一,无法满足被害人的需求,导致实践中被害人在很多情况下难以获得损害赔偿。

如前文所述,国家是广义上的诉权义务主体。国家将强制力的纠纷解决权从受害人处收归其所有,理所当然要设置相应的制度以维护受害人的利益。具体到被害人的民事诉权,国家的强行介入使被害人失去了私下和解和自行救济的机会,只得寄希望于由国家立法机关设置的诉讼制度及司法机关的具体处理。除了通常所要求的独立、中立的裁判者及良好的司法环境之外,由于不同案件情形不同,当事人的需求各异,因此需要有多元化的程序设置以供当事人适用,形成完善的制度体系,从而有效保障被害人的民事诉权。

具体说来,被害人可能面临的情形包括:第一,在刑事诉讼过程中,被告人向被害人赔礼道歉并意图赔偿被害人的损失,希望能够得到刑事上的宽大处理,被害人愿意在获得损害赔偿后不再追究被告人的刑事责任,双方的矛盾可就此化解,司法机关须尊重双方当事人的意见并对被告人从宽处罚。这在由国家公权力绝对主导被告人定罪量刑的情况下是没有存在空间的，而需公权力部分地让位于私权利，给予双方当事人以一定程度的实体处分权，这就要求立法、司法机关对基于被害人及被告人双方合意的刑事和解予以支持。第二，部分刑事案件法律关系较为明确，被害人因犯罪行为所遭受的损失情况同样也是刑事诉讼中认定犯罪事实需要查明的事项，例如盗窃、诈骗、侵占等财产犯罪案件，该类案件无需对民事部分进行单独审理，根据刑事审理的结果即可确定。在这种情况下，通过附带民事诉讼或者独立民事诉讼再行审理都是没有必要的，直接由刑事法庭判决即可，这就需要设置赔偿令制度，使被害人在刑事程序中直接实现民事诉权。我国没有设置赔偿令制度，对于盗窃、诈骗等侵犯被害人财产权的案件，主要通过追缴退赔程序来返还被害人，但追缴退赔并没有强制执行的效力，除非被告人主动交出，否则没有救济的途径，而赔偿令制度由国家强制力保障执行的特点弥补了这一缺陷。第三，对于大部分刑事案件来说，被告人并没有主动赔偿的意愿，法律关系也不是很清晰，被害人希望以最少的成本投入获得被告人赔偿损失的机会，而损害赔偿最终能否实现取决于法院的判决、被告人的经济能力等多种因素，因而是不确定的。附带民事诉讼不需要被害人在刑事诉讼结束后另行提起民事诉讼，从而承担双重负担，也不需要被害人提交诉讼费，而刑事诉讼中被告人可能面临定罪判刑的氛围也给其获得赔偿增加了可能性，因此相比独立民事诉讼，附带民事诉讼是这种情况下的更优选择。第四，部分情况下，由于嫌疑人在逃或其他原因，刑事案件可能无法启动或启动后被迫中止，在这种情况下要求被害人无休止地等待是不合理的，应当给予被害人独立提起民事诉讼的选择权。有的时候，司法人员的疏忽等非被害人个人的原因导致被害人没有机会在刑

第三章　被害人民事诉权实现方式的设置原则

事诉讼过程申请赔偿的，应当给予被害人在刑事判决生效后提起独立民事诉讼的权利。又或者在刑事程序中被害人没能获得充分的赔偿或刑事判决生效后有新的损害结果出现的，被害人也应享有再次提起民事诉讼的机会。可以说，独立民事诉讼应当是被害人民事诉权实现的最后救济手段。

综上，国家至少应当设置刑事和解制度、赔偿令制度、附带民事诉讼制度及独立民事诉讼制度，并加以合理配置，给予被害人充分选择的机会，以保障其民事诉权的实现。当然，一个国家的制度设置与这个国家的法律理念、司法体系、诉讼模式等密切相关，例如在英美法系控辩对抗激烈的当事人主义诉讼模式下，通行于大陆法系国家的附带民事诉讼制度就难有存在的空间，而是更加青睐于简单便捷、不会对刑事审判构成干扰的赔偿令制度，同时由于赔偿令制度难以解决复杂的民事法律关系只能对确定部分进行判处，因此判处赔偿令后的被害人依然可以无障碍地提起独立民事诉讼。而大陆法系国家由于附带民事诉讼制度发达，被害人可以获得有效的救济，因此通常情况下不能在附带民事诉讼判决后再行提起独立民事诉讼，除非有特殊事由。又比如，刑事和解制度在英美法系国家可以适用于重罪案件，但在大陆法系国家则基本限定于轻罪，这也是由其不同的司法理念所决定的。对我国而言，被害人民事诉权实现方式的设置同样要考虑我国目前的理念基础与诉讼模式，如此才能得以长远发展。

二、程序设置的合理性及其对被害人选择权的制约

在多元化程序设置的基础上，具体程序设置的合理与否也会影响到被害人对民事诉权实现方式的选择。同时，出于对公共利益及被告人利益的考量，程序设置中应对被害人的选择加以必要制约。

刑事被害人民事诉权多元实现方式研究

程序是为被害人实现民事诉权而服务的,这要求程序设置具有科学性、合理性,否则可能为被害人所摈弃,成为纸面上的法律。以附带民事诉讼制度为例,德国1943年和1950年增加的附带民事诉讼制度存在诸多限制,如提起民事赔偿请求的范围仅限于财产损失、赔偿最高限额不得超过3000马克、刑事法官享有对民事部分裁判与否的酌定权等,从而使这一程序在实际上被虚置。[1] 我国的附带民事诉讼制度同样存在这一问题,受案范围与赔偿范围狭窄,而判决又难以执行,导致实践中部分被害人宁可选择私了的方式来了结也不愿诉诸司法,最终催生了刑事和解制度,以应对附带民事诉讼失灵的现状。而法国、俄罗斯等国家的附带民事诉讼则充分尊重了该程序的独立性,给予当事人以民事诉讼中相同的实体权利,受案范围、主体范围、赔偿范围也与民事诉讼保持一致,因此得到被害人的青睐。

同时,程序设置的合理性还体现在整个制度体系中不同程序之间的衔接。这些程序的适用范围需涵盖被害人可能遇到的所有情形,不应出现疏漏,否则被害人可能失去获得司法救济的机会。例如,对于占有处置类财产犯罪中被害人的民事诉权,英美法系国家采用赔偿令制度,不足时由独立民事诉讼来补充,而大陆法系国家则通过附带民事诉讼制度来保障。在我国,该类案件不属于附带民事诉讼的受案范围,只能等待法院的追缴退赔,但追缴退赔并非刑罚,不能被申请强制执行,而民庭对于此类情况也基本上不愿受理,因此被害人在很多情况下难以获得赔偿。

另外,由于被害人民事诉权的可处分性与普通民事诉权不同,具有有限性,因而在制度设置时应当对被害人的程序选择权加以

---

[1] 参见奚玮、叶良芳:"刑事附带民事诉讼制度的反思",载《安徽师范大学学报(人文社会科学版)》2003年第1期。

必要限制，否则可能伤害到被告人利益或公共利益，例如被害人对刑事附带民事诉讼还是独立民事诉讼方式的选择权。实行附带民事诉讼的大陆法系国家一般都规定了被害人有权选择独立民事诉讼方式实现其民事诉权，以充分尊重被害人。而在英美法系国家，赔偿令的判处并不需要被害人的请求，而是法官主动裁决的结果，如果法官不予判处赔偿令还需说明理由，甚至在被害人表示不愿接受的情况下同样如此。可见，在这一问题上，不同国家的处理方式存在分歧。考虑到被告人在刑事程序中进行损害赔偿一般将导致其刑事责任的宽缓，这其实也是被告人的一项权利，同时刑事程序中附带解决民事赔偿可以节约司法资源、提高司法效率，因此被害人故意不在刑事程序中提起附带民事诉讼而是留待刑事判决生效后再行向民庭提起，有伤害被告人利益和公共利益之嫌，应当对此有所限制。

因此，被害人民事诉权的实现方式的设置不仅应当多元化，而且具体制度及制度之间的衔接应当科学合理，并对被害人的选择权加以制约，这些因素都会影响到实践中被害人的现实选择。

三、被害人刑事诉权是否存续

被害人民事诉权的实现方式之所以不同于普通民事诉权，关键在于被害人同时享有民事诉权与刑事诉权且两者关系密切，因此民事诉权的实现无法彻底脱离刑事诉权的影响。但是，在被害人刑事诉权行使不能或无以为继，或者被告人被判处无罪的情况下，其民事诉权也就恢复了独立性，只能通过民事诉讼的方式加以实现。

赔偿令、附带民事诉讼、刑事和解等在刑事程序中实现被害人民事诉权的制度设计，均要求以刑事诉讼的正常运行为前提，如果刑事诉讼无法启动或运行过程中因故中止或终止，又或者刑事诉讼因判决被告人无罪而终结,那么刑事诉讼不再运行,被害人民事诉权也就无法在刑事诉讼中附带实现。因此,在被害人刑事诉权实现途径受阻的情况下,其民事诉权只得自行实现。正因为此,不管是在实行赔偿令的英美法系国家,还是在实行刑事附带民事诉讼的大陆法系国家,独立的民事诉讼都是被害人享有的救济手段。[1]

四、不同案件被害人的程序选择倾向

上述影响因素属于外在的客观因素,是具体案件中当事人所无法控制的。在客观因素不变的情况下,被害人的程序选择倾向对于其适用何种方式就很关键了。不同案件中,被害人受损害情况不同、经济状况不同、与被告人关系不同、追求利益不同,这些都将导致其对不同程序的选择。

第一,被害人倾向于选择刑事和解。由于被害人所遭受的损害不是特别严重或损害较易恢复,且与被告人之间没有深刻矛盾,犯罪的发生具有偶然性,在被告人积极赔偿的情况下可恢复到犯罪以前的生活状态,或者被害人与被告人之间有较为密切的关系,如夫妻或恋人关系、亲属关系、朋友关系、邻里关系等,日常生活中的一些纠纷导致了犯罪行为的发生,处以被告人严重的刑罚处罚并不是被害人所追求的结果,反而会将双方矛盾激化,导致仇恨情绪的蔓延,不利于社会关系的稳定,又或者被害人因为犯罪而使其经济状况严重恶化,亟需拿到被告人的损害赔偿以维持生计,无暇顾及刑罚的轻重,如被害人受伤严重需要资金住院治疗,这在尚未建立国家补偿制度的国家尤为突出。在上述三种情

---

[1] 参见吴江、张旭辉:"美国刑事赔偿令的立法和司法实践",载《中国刑事法杂志》2011年第3期。

第三章 被害人民事诉权实现方式的设置原则

况之下,被害人并不积极追求对被告人进行刑罚惩罚,而更加希望解决纠纷,恢复犯罪之前的生活状态,因此被害人会希望进行刑事和解,此时被告人的经济赔偿与认罪悔罪就变得非常重要。

第二,被害人倾向于选择赔偿令或附带民事诉讼。赔偿令的优点在于其基于刑事审判的基础附带解决被害人的损害赔偿,且判决会有国家强制力保障执行,因此被害人没有额外负担。相比之下,附带民事诉讼则稍显复杂,需要在刑事程序中展开相对独立的民事程序,虽然该程序与普通民事诉讼相比较为粗疏,但是这依然要求被害人主动提起并积极参与,因此被害人仍有一定的负担。如果被害人并无和解意愿,但又不愿为了严惩被告人而放弃赔偿,那么基于便捷性的考虑,赔偿令将是他的首要选择。但由于赔偿令仅适用于法律关系简单、赔偿数额明确的案件,如果案件的法律关系较为复杂,损害赔偿需要另行审查,那么被害人只能选择附带民事诉讼。

第三,被害人倾向于选择独立民事诉讼。出于对被害人利益和公共利益的考虑,被害人对独立民事诉讼的选择有着一定的限制,不能无故在刑事程序中不申请赔偿而等到刑事判决生效后另行提起民事诉讼。因此,独立民事诉讼更多的是作为其他方式实现不能时的补充。被害人选择独立民事诉讼的情况包括:其一,刑事程序因故无法启动或中止,被害人可以选择继续等待或者诉诸民事法庭。如果被告人身份明确且了解其财产信息,不必借助于刑事程序才能证明损害事实,被害人可直接提起民事诉讼。否则,被害人只得寄希望于刑事程序的再行启动。其二,刑事程序因故终止或被告人被判处无罪,没有对损害赔偿作出处理的,被害人可向民庭提起民事诉讼。其三,刑事程序中所判处的损害赔偿不充分或者之后又有新的损害结果出现时,被害人如果发现被告人尚有财产,会倾向于向民庭再次起诉。由于该起诉需要缴纳诉讼费，在明知被告人没有足够财产或者对其财产状况不了解的情况下，被害人通常不会选择再次起诉。

五、被告人的态度与赔偿能力

虽然被害人对于选择何种民事诉权实现方式更有主动权，但被告人的认罪态度、赔偿意愿与赔偿能力同样会在很大程度上影响到实现方式的适用。

第一，被告人是否认罪直接决定了刑事和解有无适用的可能。刑事和解的前提在于被告人积极悔罪并主动赔偿，在被告人拒不认罪的情况下，也就没有了和解的机会。当然，实践中的确存在被告人不愿认罪但迫于形势又希望能够早日脱身，以规避接受庭审所可能带来的风险。这与辩诉交易中被告人出于对庭审结果的恐惧而选择承认较轻罪名的情形相类似。在美国，被告人可以作无争论答辩或阿尔弗德答辩，放弃审判权的同时又不承认犯罪，以避免对将来的民事诉讼的消极影响。[1] 但与辩诉交易中被告人放弃审判权不同的是，刑事和解制度设置的初衷是加害人主动为自己的行为承担责任，通过沟通、赔偿弥补其对被害人造成的损害，修复双方的关系及被犯罪破坏的社会关系，这在被告人不承认自己是加害人的情况下是无法实现的。在英美法系国家，刑事和解也可以在定罪之后适用于量刑程序，因此即使被告人否认犯罪，仍然可能在被法庭定罪之后与被害人进行和解。但是，在定罪与量刑程序没有真正分离的我国刑事诉讼中，这一方式难以得到适用。目前来看，被告人认罪仍是适用刑事和解的基本前提。

第二，被告人的赔偿意愿与赔偿能力也在很大程度上影响到

---

[1] 参见［美］爱伦·豪切斯泰勒·斯黛丽、南希·弗兰克：《美国刑事法院诉讼程序》，陈卫东、徐美君译，中国人民大学出版社2009年版，第410—411页。

刑事和解的适用。被害人认罪悔罪是适用刑事和解的必要条件，而非充分条件。在绝大部分情况下，被害人不仅需要加害人的道歉以得到心理上的慰藉，而且需要充分的损害赔偿以弥补因犯罪行为所造成的伤害，才能原谅加害人，不再要求对其处以刑罚，因此被告人的赔偿意愿与赔偿能力就成为关键。首先是被告人的赔偿态度。相比言语上的认罪与道歉，愿意倾其所有进行赔偿更能反映被告人真诚悔罪的态度。很多情况下，面对无可抵赖的指控证据，为了获得刑罚的宽缓，加害人出于理性考虑会同意认罪甚至道歉，但是要其心甘情愿地将犯罪所得甚至是自己辛勤劳作所获得的财产交出则是困难的。正因为此，加害人主动赔偿被害人的损失才能显示出其对之前错误行为的认识以及改过自新的决心，而这样才能获得被害人的谅解。其次是被告人的赔偿能力。被告人能否满足被害人损害赔偿的要求取决于赔偿意愿，同时取决于其赔偿能力。在赔偿能力不足的情况下，即使被告人有赔偿意愿，客观上也无法满足被害人的需求。当然，这一限制因素不是绝对的。一是被告人的家属、亲友可以代替被告人进行赔偿，弥补被告人赔偿能力的不足。二是被告人积极赔偿的意愿与为赔偿所做的努力可能感动被害人，使其即使无法获得足额赔偿但仍然给予谅解。三是通过设置灵活的赔偿方案，如为被害人提供服务或分期偿付可以部分解决一次性赔偿不能的情况。

第三节 被害人民事诉权实现方式的设置原则

通过考察不同法系国家被害人民事诉权的实现方式，并对制约实现方式适用的相关因素进行分析，我们发现，科学设置被害人民事诉权的制度体系需要遵循一系列的基本原则，这对有效维护被害人的民事权益，同时兼顾被告人利益及公共利益至关重要。

一、通常情况下刑事程序附带解决原则

被害人民事诉权的刑事属性及其与刑事诉权间的关系决定了，在一般情况下，被害人民事诉权应当在刑事程序中实现。这才能给被害人民事诉权获得刑事诉权的支持，或给刑事诉权的消解留下空间，而被告人也才享有通过民事责任的承担获得宽缓刑罚的机会。

关于被害人的民事诉权应当附带实现还是独立实现，一直以来存在争议。有学者提出应当仿效英美法系的平行诉讼模式，通过独立民事诉讼来解决被害人的损害赔偿，以解决刑事诉讼与民事诉讼间及附带民事诉讼与普通民事诉讼间的重重矛盾，废止现行附带民事诉讼制度。[1] 更多学者及实务界人士认为，应当完善现行的附带民事诉讼制度而不是废弃，同时给予被害人自由选择提起独立民事诉讼的权利。[2] 还有学者提出，应当改现行附带民事诉讼为申请刑事径行判决制度与提起民事诉讼并行的模式，该制度无需进行民事程序审理而是在刑事审理基础上判决，类似于英美法系国家的赔偿令制度。[3] 上述观点虽然有所不同，但均认为被害人应当有提起独立民事诉讼的机会。

赞成应通过独立民事诉讼方式来实现被害人民事诉权的理由主要在于：第一，刑事诉讼与民事诉讼的性质、目的不同。刑事

---

[1] 参见谢佑平、江涌："质疑与废止：刑事附带民事诉讼"，载《法学论坛》2006年第2期。

[2] 参见刘沛谞："刑事附带民事诉讼的价值评析与制度完善"，载《中国刑事法杂志》2006年第6期；奚玮、叶良芳："刑事附带民事诉讼制度的反思"，载《安徽师范大学学报（人文社会科学版）》2003年第1期；肖建华："刑事附带民事诉讼制度的内在冲突与协调"，载《法学研究》2001年第6期。

[3] 参见谌鸿伟、贾伟杰："我国刑事附带民事诉讼制度的设计缺陷及重构"，载《法学评论》2006年第2期。

第三章 被害人民事诉权实现方式的设置原则

诉讼解决的是国家与个人之间的纠纷，目的在于保护人权，防止刑事活动错伤无辜；民事诉讼解决的是民事主体之间的纠纷，目的在于实现个人私法权利和妥当地解决纠纷。这些性质、目的上的区别，直接决定了刑事诉讼与民事诉讼制度设计上的差异。[1]因此，刑事诉讼与民事诉讼不适宜合并审理。第二，附带民事诉讼制度有着内部冲突，与普通民事诉讼间矛盾重重，独立性得不到保障，被害人民事诉权也难以实现。主要问题包括：首先，附带民事诉讼的主体范围、受案范围、赔偿范围与赔偿标准等均与普通民事诉讼不同。其次，附带民事诉讼审理程序粗疏，民事诉讼很多规则难以在该程序中得到适用，包括第三人问题、被告人能否提起反诉问题等。[2]最后，附带民事诉讼中财产保全或先予执行措施不力，导致附带民事判决的执行率低，绝大部分判决成为空判。以上问题导致受到犯罪行为侵害的被害人的民事诉权得不到实现，当事人的诉讼权利难以保障。第三，实践中，附带民事诉讼中被告人的赔偿成为量刑时考虑的重要情节，这使民事责任与刑事责任相互吸收，强化了"打了不罚、罚了不打"的错误观念，而独立民事诉讼则有利于克服这种以罚代刑的现象。[3]第四，附带民事诉讼制度破坏了控辩平衡，公诉方的公权力与被害人的私权利联手，共同对付被告人，使其处于更加弱势的境地。[4]第五，附带民事诉讼具有依附性，同时又与刑事诉讼存在一定的不

---

[1] 参见谢佑平、江涌："质疑与废止：刑事附带民事诉讼"，载《法学论坛》2006年第2期。

[2] 参见肖建华："刑事附带民事诉讼制度的内在冲突与协调"，载《法学研究》2001年第6期。

[3] 参见奚玮、叶良芳："刑事附带民事诉讼制度的反思"，载《安徽师范大学学报（人文社会科学版）》2003年第1期。

[4] 参见谢佑平、江涌："质疑与废止：刑事附带民事诉讼"，载《法学论坛》2006年第2期。

可同步性,当刑事诉讼因故中止或终结的情况下,因民事诉讼所要依附的刑事诉讼不复存在,民事诉讼失去了存在的基础和前提,被害人的民事诉权也就难以实现。[1]第六,集资、证券、环境、资源、权利质押、信用、内幕交易、知识产权、产品专利等新型犯罪案件不断出现,这些案件专业性强、涉及人员多、程序复杂,难以在附带民事诉讼中得到有效审理。[2]第七,根据域外考察,英美法系国家的刑民分诉是制度的主流,是发展的趋势,而附带民事诉讼则是一种没落的边缘化的制度,濒临被淘汰的境地。在日本,该制度被明确废除;在德国,也成了不具实效的"书面规则"。即使在法国,"对附带民事诉讼的厌烦在日益增加"。[3]根据上述理由,应当鼓励被害人采取独立民事诉讼方式实现民事诉权而不是在刑事程序中附带实现。

我们先来探讨一下赞成独立民事诉讼的上述理由是否成立。首先,需要分清哪些理由能够说明在刑事程序中实现被害人民事诉权本身不具有合理性,哪些理由只是说明当前我国的附带民事诉讼制度设计不合理,但有可能改进。对于后一种情况,不能证明附带民事诉讼制度的不合理,理由在于:其一,国际社会中存在设计合理的附带民事诉讼制度,充分保障了被害人民事诉权的独立性,如法国,通过我国附带民事诉讼制度设计的不合理来论证整个附带民事诉讼制度的不合理有偷梁换柱之嫌。其二,在刑事程序中实现被害人民事诉权的方式不只附带民事诉讼一种,还包括赔偿令制度、刑事和解制度等,我们所提倡的通常情况下在

---

[1] 参见陈瑞华:"刑事附带民事诉讼的三种模式",载《法学研究》2009年第1期。
[2] 参见谌鸿伟、贾伟杰:"我国刑事附带民事诉讼制度的设计缺陷及重构",载《法学评论》2006年第2期。
[3] 参见谢佑平、江涌:"质疑与废止:刑事附带民事诉讼",载《法学论坛》2006年第2期。

第三章 被害人民事诉权实现方式的设置原则

刑事程序中解决被害人民事诉权的原则包含了这三种制度在内。其三,通常情况下在刑事程序中实现被害人民事诉权原则并不排斥独立民事诉讼的适用,只是后者应有条件限制。赞成独立民事诉讼的理由中属于该范围的包括:第二条,认为附带民事诉讼的独立性得不到保障,与普通民事诉讼间存在矛盾,可以考虑在附带民事诉讼中适用民事实体法的规定,扩大主体范围、客体范围及赔偿范围,在案件复杂且和解无法达成的情况下,还可作部分判决或原因判决,将其他赔偿事宜转交民庭处理。同样,第六条所指出的各类新型案件也可以在双方无法达成刑事和解的前提下作部分判决或原因判决,其他赔偿事宜转交民庭通过民事诉讼处理,但直接提起独立民事诉讼则剥夺了双方刑事和解的机会,同时,知识产权类、环境类等专业性强的案件实践中已经开始建立专门法庭,可由其同时处理刑事、民事案件。第五条认为附带民事诉讼在刑事诉讼因故中止或终结的情况下将难以继续,是建立在绝对否认独立民事诉讼的前提下得出的,若认可在刑事诉讼无法继续的情况下,被害人享有提起独立民事诉讼的权利,则不成为问题。第七条称域外考察发现英美法系的刑民分诉是制度的主流,附带民事诉讼已然没落是不客观的。前面我们进行了被害人民事诉权实现方式的域外考察,独立民事诉讼已经不是英美法系被害人实现被害人民事诉权的主流方式,在刑事程序中实现民事诉权的赔偿令制度及刑事和解制度已经全面展开,其因方便快捷而受到青睐。

接下来我们再来探讨认为刑事程序中实现被害人民事诉权不具有合理性的真正理由。第一条理由认为刑事诉讼与民事诉讼的性质、目的不同,不应合并审理,第三条理由则认为附带民事诉讼造成的刑事责任与民事责任两者相互吸收是错误的,这些观点涉及对刑事诉讼与民事诉讼的关系,以及刑事责任与民事责任的关系的认识问题。我们在第一章被害人民事诉权特殊性的理论基础中曾经论述，犯罪本身是从侵权中分离而来，其本身具备社会危害性与私人侵权性双重属性，因此犯罪与侵权并非绝对分离的关系，而刑事诉讼与民事诉讼也并非完全不同，刑事诉讼已经出现了民诉化的倾向，部分民事诉讼所特有的处分原则、和解制度等开始进入刑事诉讼领域。并且，两者都源于同一犯罪行为，关系密切，因此两者合并审理并非不可能。而刑事责任与民事责任间也并非并行不悖、互不干涉，而是存在交叉与融合。被告人对民事责任的承担弥补了被害人的损失，同时显示了其认罪态度和较低的人身危险性，理应获得刑罚的宽缓。根据现代刑事理念，被告人的积极赔偿反映了其悔罪态度，应当作为从宽处罚的量刑情节。其实，很多国家都把被告人是否损害赔偿作为重要的量刑情节，甚至有不少国家将赔偿作为刑事责任的承担方式。第四条理由认为附带民事诉讼制度破坏了控辩平衡，导致被告人处于更加弱势的境地。无可否认，被告人与被害人在部分诉讼权利上的确存在冲突，但是作为享有私权的当事人，两者同样存在争取私权利、限制公权力的共同利益，双方在刑事和解制度中共同把握案件的实体处理就是一个很好的例证。同时，被害人的存在使得被告人享有通过赔偿损害获得刑事宽缓的可能，对被告人来说反而是机会。

在反驳了支持独立民事诉讼制度的学者的观点之后，从实务的角度分析，独立民事诉讼是否真的能够改变目前附带民事诉讼失灵的现状，有效实现被害人的民事诉权呢？有学者对此提出了质疑。[1]首先，在民事诉讼自身存在判决执行难问题没有解决的情况下，被害人独立提起民事诉讼同样无法摆脱这一困境，并且，失去了通过"赔偿折抵刑期"的机会，被告人更加没有动力积极

---

[1] 参见陈瑞华："刑事附带民事诉讼的三种模式"，载《法学研究》2009年第1期。

赔偿。其次，法官将在适用缓刑、假释、减刑等宽大处罚方面，失去一种有效约束犯罪人并督促其改过自新的激励机制。最后，若允许被害人在刑事诉讼启动之前提起民事诉讼将可能导致民事判决与刑事判决的矛盾，也将使民事判决处于不确定的状态。

综上，被害人民事诉权在一般情况下应当在刑事程序中通过附带民事诉讼、赔偿令或者刑事和解制度实现，同时赋予被害人在特定条件下提起独立民事诉讼的权利。

二、责任承担上先民后刑裁判原则

在通常情况下，被害人民事诉权应在刑事程序中附带解决，但是这并不意味着诉权实现过程中需要遵循刑主民从的原则，也不意味着责任承担上的先刑后民，相反要坚持先民事责任后刑罚处罚的裁判原则，这是由刑民责任的关系所决定的。所谓"责任承担上先民后刑裁判原则"，不仅包括实体责任承担上的先民后刑，还包括责任认定程序上的先民后刑。

关于刑事责任与民事责任的关系，我们在第一章中已经作了详细论述。从理论层面来讲，因同一行为产生刑民两种责任、导致责任的竞合时，两者不应简单相加。"禁止双重危险"已经成为国际公认的原则，应从实质而非形式上理解和适用这一原则，否则可能有违罪刑均衡。由于私法具有公法化的倾向，私法中也存在公法目的的惩罚性制裁措施，于是，私法所规定的制裁措施可能与刑法规定的制裁措施的目的完全一致。事实上，在一些国家，禁止双重危险，并不仅限于禁止双重适用刑法的危险，而是要禁止双重适用惩罚措施的危险。[1] 当民事法律的制裁措施能够实现

---

[1] 参见张明楷："实体上的刑民关系"，载《人民法院报》2006年5月17日，第B01版。

刑法目的时，就不应再施加刑罚。由于"刑罚同时具有积极作用和消极作用，如果适用面过宽，则不仅削弱刑罚的效果，而且有害于国家与公民"。[1]因此，根据刑法的谦抑性原则，只有在其他责任制裁仍显不足时，才由刑罚进行制裁，刑罚是最后的手段。因此，被告人主动进行损害赔偿在弥补被害人损失的同时，还减轻了犯罪行为所导致的社会危害性，修复了因犯罪所损害的社会关系，可以在一定程度上消减甚至替代刑罚处罚。从实践层面来讲，一方面由于财产保全、先予执行等相关措施的不理想，被告人普遍隐匿、转移财产导致附带民事判决无法执行，一方面由于大多数被告人都处于社会的底层，经济条件差，个人财产的确难以弥补被害人的损失，因此如何鼓励被告人及其家属积极赔偿被害人是实践中的难题，这在定罪判刑之后再行解决民事责任的情况下是难以实现的。因此，需要设立相应的裁判机制，以保障被告人可在定罪或量刑之前先行赔付，从而有机会对之后的定罪或量刑施加影响。

在我国及其他各国的立法及司法实践中，其实都在有意无意地践行着先民后刑的责任承担原则，只是理论上对此提炼不足。我国现行《刑法》第36条第2款规定："承担民事赔偿责任的犯罪分子，同时被判处罚金，其财产不足以全部支付的，或者被判处没收财产的，应当先承担对被害人的民事赔偿责任。"也就是说，相比罚金这一刑罚处罚，损害赔偿这一民事责任的履行具有优先性。同样，在英国，赔偿令的科处比罚金具有法定的优先权。实际上，这意味着赔偿金能支付的情况下罚金应当减少或必要时，完全取消。[2]并且，赔偿令的判处被大力提倡，如果有权力作出

---

[1] 参见张明楷：《刑法的基础观念》，中国检察出版社1995年版，第24页。
[2] 参见[英]约翰·斯普莱克：《英国刑事诉讼程序》，徐美君、杨立涛译，中国人民大学出版社2006年版，第580页。

第三章 被害人民事诉权实现方式的设置原则

赔偿令的法院选择不作出命令，它必须给出理由。[1]考虑到赔偿令总是伴随着对其他刑罚的取代或者是宽缓，英国法律对法官拒绝判处赔偿令的限制也充分表现了先行民事赔偿、后予刑罚惩罚的先民后刑的责任承担原则。在大陆法系国家，赔偿已经成为法定的从轻量刑情节，从而影响到刑事责任的承担。在德国，如果犯罪人满足被害人的赔偿要求，即使双方没能达成和解，仍然能成为法定的从轻量刑情节，对于轻罪甚至可以免除刑罚。也就是说，法庭在对被告人具体量刑之前，须考虑被告人赔偿被害人损失的情况，被告人对其民事责任的承担将消减其刑事责任。这是对先民后刑责任承担原则的很好的说明。

先民后刑的裁判原则不仅体现在实体责任承担上，同样体现在程序的设置上。虽然我国的附带民事诉讼的制度设计是典型的先刑后民，而实践中却与此相反。我国现行《刑事诉讼法》第104条规定："附带民事诉讼应当同刑事案件一并审判，只有为了防止刑事案件审判的过分迟延，才可以在刑事案件审判后，由同一审判组织继续审理附带民事诉讼。"这一规定确立了我国先刑后民的附带民事诉讼模式。但是，与法律规定不同，实践中实行的却是"先民后刑"模式。根据一些法官进行的调查，B区法院47件刑附民案件中，无一"先刑后民"。近五年，刑事案件都是在附带民事诉讼部分先行调解成功撤诉后再开庭审理。[2]这一现象的出现事出有因。由于附带民事判决在实践中基本无法执行，被害人又难以获得国家补偿，为了使被害人损害赔偿得以实现，以免其在

---

〔1〕 参见［英］约翰·斯普莱克：《英国刑事诉讼程序》，徐美君、杨立涛译，中国人民大学出版社2006年版，第579页。
〔2〕 参见杨新等："过程与事件：社会生活中的赔钱减刑"，载万鄂湘主编：《建设公平正义社会与刑事法律适用问题研究——全国法院第24届学术讨论会获奖论文集》（上册），人民法院出版社2012年版，第596—597页。

判决之后因不满赔偿而上诉、上访影响社会安定,法院一般都会对民事赔偿问题先行调解,然后视赔偿情况对被告人进行量刑。该过程也就是一个赔钱博弈的过程。在当前法院判决被告人赔偿受害人损失很难实现,受害人又难以得到国家补偿的情境下,赔钱博弈是不可回避的社会问题。[1] 应当说,司法实践中的"先民后刑"具有一定的合理性,但是在目前的程序设置下,只能适用于被告人认罪的情形。对于被告人不认罪的案件进行民事调解,则有违反无罪推定的嫌疑。对此,应当构建独立于定罪的量刑程序。

在被告人认罪或法院判定其行为构成犯罪的前提下,先进行被告人民事责任的处理,在对被告人民事责任是否存在、存在范围及是否履行、履行程度已经确定的基础上,再对被告人的刑罚进行判定。关键在于,应当在被告人认罪或判定被告人的行为构成犯罪的前提下,再来进行先民后刑的责任分配。我国一直以来在刑事审判中定罪量刑程序合二为一的程序设置显然不能满足这一要求。2012年《刑事诉讼法》对相对独立的量刑程序的设立为先民后刑的责任承担提供了一定的程序基础。建议在定罪程序之后、量刑程序之前适时的导入民事赔偿程序,依循"定罪——民事赔偿——量刑"的构建思路。[2] 在法国,法律允许刑事法官在特定条件下宣告被告人有罪之后,可以就民事诉讼作出裁判,虽然此时还没有宣告刑罚。[3] 但是这要求法院在定罪程序之后有明确的裁判,进行书面或者口头宣告,使得被告人是否有罪得以明

---

[1] 参见杨新等:"过程与事件:社会生活中的赔钱减刑",载万鄂湘主编:《建设公平正义社会与刑事法律适用问题研究——全国法院第24届学术讨论会获奖论文集》(上册),人民法院出版社2012年版,第595页。

[2] 参见刘少军:"论'先民后刑'刑事附带民事诉讼程序的构建——兼论《刑事诉讼法修正案》对附带民事诉讼制度的改革",载《政治与法律》2012年第11期。

[3] 参见[法]贝尔纳·布洛克:《法国刑事诉讼法》(原书第21版),罗结珍译,中国政法大学出版社2009年版,第175页。

确，否则尚不甘心认罪的被告人会担心积极地进行民事赔偿反而会成为法官认定其有罪的依据。

三、刑事程序无以为继时民事诉讼独立启动原则

在通常情况下，被害人民事诉权在刑事程序中附带解决的前提是刑事程序的存在，当刑事程序因故无法启动、启动后中止、终止或被告人被判无罪时，被害人的刑事诉权无法实现，则其有权通过民事诉讼实现其民事诉权。

刑事程序无以为继的情况包括：其一，犯罪行为发生后，公安机关未能破案或犯罪嫌疑人在逃尚未抓捕归案，因此无法启动刑事追诉程序。其二，刑事追诉过程中，案件因追诉时效等原因依法被免于追究刑事责任的，包括撤销案件、不起诉、终止审理或宣告无罪的。其三，刑事判决认定被告人行为不构成犯罪的。其四，刑事审判过程中，因故中止审理的。

对于第一种情况，如果因公安机关未能破案而无法启动刑事程序，由于加害人身份不明，被害人同样无法启动民事诉讼程序来实现其民事诉权；如果因犯罪嫌疑人在逃而无法启动刑事追诉程序，在了解犯罪嫌疑人身份并有证据证明被害人的损害结果是因嫌疑人行为导致的情况下，被害人可以向民庭起诉以实现其民事诉权。在先刑后民理念的指导下，我国法律规定若法院在民事诉讼中发现有犯罪嫌疑的案件，应将涉嫌犯罪的线索、材料转交侦查机关，在刑事案件认定事实会对民事案件审理产生影响的情况下，该民事诉讼须暂时中止审理，待刑事案件结案后再行审理。在民事诉讼中被告的侵权行为涉嫌犯罪的情况下，刑事案件的审理结果自然会对民事诉讼产生绝对的影响，属于民事诉讼应予中止的情形。然而，在大部分刑事案件没有缺席审判的情况下，这可能导致由于犯罪嫌疑人迟迟不能归案，民事诉讼被无限期地中

止。因此,被害人不仅无法通过刑事诉讼进行复仇,甚至得不到民事上的赔偿,这对被害人来说极为不公。与我国的笼统的处理方式不同,法国对于民事诉讼与刑事诉讼的关系根据不同情况有不同的处理。对于在公诉尚未发动之前就已经在民事法院进行审判的民事诉讼,其具有相对于刑事诉讼的绝对独立性,民事法官可以对这种民事诉讼立即进行审理裁判,而不需要等待提起公诉以及对公诉作出判决,民事法官有进行评判和作出判决的完全自由。如果刑事法院是在民事法院对民事诉讼尚未作出判决之前就受理了案件,或者是在民事诉讼进行过程中受理案件,在刑事法院本身尚未对公诉作出审理裁判时,民事诉讼均应暂缓判决,这就是"刑事优先民事"之规则。[1]因此,法国不存在我国的因刑事程序无法启动而令民事诉讼持续等待的情况,这有利于被害人及时获得民事赔偿,法国的这种不同情况分别处理的做法值得我国借鉴。

对于第二种情况,根据我国《刑事诉讼法》第16条规定,案件因符合下列情形将被终结刑事程序,包括撤销案件、不起诉、终止审理,或者宣告无罪:①情节显著轻微、危害不大,不认为是犯罪的;②犯罪已过追诉时效期限的;③经特赦令免除刑罚的;④依照刑法告诉才处理的犯罪,没有告诉或者撤回告诉的;⑤犯罪嫌疑人、被告人死亡的;⑥其他法律规定免予追究刑事责任的。在刑事案件被撤销、不起诉、终止审理而导致刑事程序终结的情况下,民事诉权所赖以依附的刑事程序已经不复存在,如果被害人没在刑事程序结束前获得被告人赔偿达成和解或调解,则其民事诉权一般只有通过独立民事诉讼程序来实现。在法院宣告被告人无罪的情况下,如何处理被害人的损害赔偿请求存在争议,

---

[1] 参见[法]贝尔纳·布洛克:《法国刑事诉讼法》(原书第21版),罗结珍译,中国政法大学出版社2009年版,第176页。

第三章　被害人民事诉权实现方式的设置原则

具体可在第三种情况中进行阐述。

对于第三种情况，刑事判决认定被告人不构成犯罪的，是否由被害人另行提起民事诉讼应根据不同情况分别处理。我国最高法司法解释规定，认定被告人行为不构成犯罪的公诉案件，附带民事诉讼经调解不能达成协议的，应当一并作出刑事附带民事判决。[1] 不少学者也认为，在认定被告人不构成犯罪的情况下，刑庭应将附带民事诉讼一并解决，不必再移送民庭另行处理。[2] 对于这一问题，不同国家的处理方式也不相同。在不存在附带民事诉讼的英美法系国家，由于赔偿令是作为一种刑罚处罚方式，只能在有罪判决中判处，在认定被告人不构成犯罪的情况下，被害人只能另行向民庭起诉。在德国，当被告人在刑事审判阶段被判无罪，也未被判处矫正或保安处分时，或者法院认为附带民事诉讼的提起缺乏理由时，应当免予对民事诉讼部分作出裁定，对于未被认可的请求权部分，可以另行提出。也就是说，被害人及继承人还可以单独另行提起独立的民事诉讼。[3] 在俄罗斯，根据《俄罗斯联邦刑事诉讼法典》第306条第2款的规定，在作出无罪判决或终止案件的裁决或裁定时，法院应驳回附带民事诉讼请求或对民事诉讼不予审理，但不妨碍以后通过民事诉讼程序提起和审理民事诉讼。[4] 法国的情形则较为复杂，违警罪法院与轻罪法

---

[1] 2012年司法解释第160条第1款：人民法院认定公诉案件被告人的行为不构成犯罪，对已经提起的附带民事诉讼，经调解不能达成协议，应当一并作出刑事附带民事判决。

[2] 参见张子培：《刑事诉讼法》，人民法院出版社1990年版，第108页；陈卫东、张弢：《刑事特别程序的实践与探讨》，人民法院出版社1992年版，第131页。

[3] 参见汪建成、甄贞主编：《外国刑事诉讼第一审程序比较研究》，法律出版社2007年版，第168页。

[4] 参见黄道秀译：《俄罗斯联邦刑事诉讼法典》，中国人民公安大学出版社2006年版，第253页。

院在公诉作出无罪判决的情况下，一般不再裁判民事诉讼；重罪法院在被告人被免除刑罚或宣告无罪的情况下，仍可以对民事当事人给予损害赔偿，条件是被告人有不同于"已经被法庭排除的刑事罪过"的过错，而民事处罚判决要以此为依据。[1] 我们可根据无罪原因的不同作出具体分析：第一种，在刑事判决认定证据不足而判处无罪的情况下，由于民事诉讼与刑事诉讼的证明标准不同，侵权与犯罪的构成要件亦不相同，的确存在同一行为不构成犯罪但构成侵权的情况，在这种情况下，要求被害人另行提起民事诉讼的确有增加被害人负担的问题，应当允许刑事法庭判处被告人赔偿被害人损失。但是，鉴于刑事法官对民事侵权案件审理经验不足，为了给被害人以充分的救济机会，刑事法庭无权径行驳回被害人提出的损害赔偿申请，不欲判处赔偿的情况下可由被害人另行起诉。第二种，在刑事判决认定指控事实不存在或行为非被告人所为而判处无罪的情况下，应当一并驳回被害人的损害赔偿申请，因为民事诉讼的裁决结果不能与这一刑事裁判的认定相冲突。第三种，当案件情节显著轻微等问题被免于追究刑事责任而认定无罪的情况下，因为侵害事实已经认定成立，刑事法庭可以判处赔偿被害人损失。

对于第四种情况，根据我国《刑事诉讼法》第 206 条规定，在审判过程中有下列情形之一，致使案件在较长时间内无法继续审理而中止审理，导致刑事程序暂时无法继续的：①被告人患有严重疾病，无法出庭的；②被告人脱逃的；③自诉人患有严重疾病，无法出庭，未委托诉讼代理人出庭的；④由于不能抗拒的原因。案件在审判过程中因故中止审理导致刑事程序无法继续的，

---

[1] 参见［法］贝尔纳·布洛克：《法国刑事诉讼法》（原书第 21 版），罗结珍译，中国政法大学出版社 2009 年版，第 175 页。

应当规定明确的期限,在一定期限之后庭审依然没能恢复的,应当允许被害人向民事法庭起诉来实现其民事诉权;在民事程序已经启动,为了等待刑事审判而中止的情况下,到一定期限后应当恢复审理。

四、刑事程序保障不足时民事诉讼补充启动原则

通过刑事程序附带解决民事赔偿具有高效、便利等诸多优点,但不可否认,相比独立的民事诉讼,刑事程序中的民事赔偿解决程序较为粗疏,而刑事法官对民事诉讼审理的专业性也有所不足,因此存在对被害人民事诉权保障不足的可能。另外,被害人的损害结果也有可能在刑事审理终结后继续扩大。因此,在不同的制度体系中,独立民事诉讼都是被害人在其他程序保障不足时享有的最后救济手段。考虑到被害人在刑事程序处理结束后任意再行提起民事诉讼可能造成诉讼资源的浪费,因此应当有一定的条件限制。

对于被害人通过刑事和解程序获得损害赔偿的案件,如果双方在明知且自愿的基础上对于赔偿数额等事项达成协议,在协议实际履行完毕的情况下,被害人民事诉权即告实现,纠纷得到彻底解决。即使和解协议中所约定的赔偿数额与法律规定有所不同,但当事人对于民事权益具有实体处分权,只要双方是在自愿的基础上协商一致即可。因此,对于被害人通过刑事和解实现其民事诉权的案件,一般不得另行提起独立民事诉讼,除非有证据证明和解违反自愿、合法原则,或者刑事和解程序终结后被害人又有新的损害结果出现。

对于被害人通过赔偿令程序获得损害赔偿的案件,在刑事法官只是判处部分赔偿的情况下,应当给予被害人另行提起民事诉讼补充实现民事诉权的权利。由于赔偿令程序是刑事法官在刑事

案件审理的基础上不经民事程序直接判处被告人赔偿被害人损失,无法对案件中复杂的民事法律关系进行判断,只能对其中损失数额明确的部分予以判处。赔偿令制度的目的即在于为被害人提供在罪犯明显有能力偿付赔偿金时避免诉诸民事诉讼的一种方便和快捷的方式。但是,不能使刑事法院因之卷入错综复杂的民事法问题中,因此在罪犯的赔偿责任没有任何疑问时,赔偿令才是适当的。[1]因此,刑事法院可能只能就被害人所主张的部分损害判处赔偿令,因此补充救济是必须的。例如英国,作为民事侵权损害赔偿法律制度的民事诉讼制度是刑事赔偿令的重要补充。[2]但是,在同时配置赔偿令制度和附带民事诉讼制度的情况下,赔偿令制度可能仅适用于法律关系简单、赔偿数额明确的案件,那么除非有新的损害结果出现,否则另行提起独立民事诉讼是没有必要的。

对于被害人通过附带民事诉讼获得损害赔偿的案件,只有在符合条件的情况下才可以再行提起民事诉讼,当然这是以附带民事诉讼适用民事实体法规定为前提的。即使附带民事诉讼适用民事实体法规定,从理论上讲,与独立民事诉讼对当事人的保障并无不同,但从实践角度看,相比民事诉讼,附带民事诉讼因其附属性在程序设置上难免会有些疏漏,刑事法官在审理民事案件的专业性方面也有所不足,部分民事特有制度的运行可能出现偏差,因此存在对被害人民事诉权保障不力的可能。因此,应当赋予被害人在部分情况下补充提起民事诉讼的权利,但应当有明确的限制。主要包括:非被害人自身原因未能提起附带民事诉讼的;被

---

[1] 参见[英]约翰·斯普莱克:《英国刑事诉讼程序》,徐美君、杨立涛译,中国人民大学出版社2006年版,第580页。
[2] 参见贾彬:"引入刑事赔偿令可以更有效保障被害人权益",载《检察日报》2011年4月13日,第3版。

告人以外的其他共同侵权人或责任单位未在附带民事判决中被判处赔偿损害的；附带民事判决对部分专业性强或案情复杂的案件仅对确定损失进行判决的；附带民事判决生效后有新的损害结果出现的。

五、和解化解民事诉权优先适用原则

随着恢复性司法理念的兴起，刑事和解制度已经在各国普遍适用，成为传统刑事司法制度的重要补充。对于存在具体被害人的刑事案件，如果当事人双方能够通过沟通、赔偿达成和解，则可以在一定程度上替代传统刑事司法制度中的诉讼程序，应得到优先适用。刑事和解的优先适用是国家公权力向个人私权利让步的体现，这样的制度安排不仅符合被害人、被告人利益，而且有利于当事人间纠纷的彻底解决及社会秩序的恢复，同时又节约了司法资源。

通过刑事和解化解被害人民事诉权符合被害人、被告人利益，双方利益达成契合。[1]在传统刑事司法制度中，即使刑事指控获得成功，被告人被定罪量刑，被害人也难以在附带民事判决中获得高额的经济赔偿，同时由于被告人的消极抵制态度，损害赔偿判决的执行率都很低，被害人的经济赔偿通常都难以实现。而刑事和解制度使被害人尽快获得足够的损害赔偿成为可能，同时被告人也从该制度中获得收益。对于被告人来说，由于其积极赔偿获得被害人的谅解，司法机关将不再追究其刑事责任或者得到相对宽缓得多的刑罚，其学业或工作得以保留，能够及早回归社会。因此，为了获得被害人的谅解，被告人及其亲属一般会竭尽所能向被害人提供经济赔偿，甚至不惜四处借款筹措资金。对被害人

---

[1] 陈瑞华：《刑事诉讼的中国模式》，法律出版社2010年版，第10—13页。

来说，通过刑事和解可以得到较法律规定更高的损害赔偿，这在刑事程序中赔偿范围及标准低于普通民事诉讼的情况下是非常重要的。关键在于，该制度给予了被害人和被告人以选择诉讼结局的机会，使被害人与被告人原本冲突的利益出现了契合一致的可能性。

通过刑事和解化解被害人民事诉权的做法有利于司法资源的节约。作为传统刑事司法制度重要补充的刑事和解制度，其实在一定程度上是对传统刑事司法制度的替代。在双方当事人达成和解的情况下，对于部分轻微案件，公诉机关可能作出不起诉的处理，案件在审查起诉阶段即告终止，不必进入审判程序，控辩对抗、法官裁判的程序不复存在，大大节约了司法资源。同时，被害人已经获得损害赔偿，也就没有再向民事法庭提起诉讼的需要。对于其他案件，首先，由于刑事和解以被告人的认罪悔罪为前提，因此对于达成和解的案件在定罪程序中可以大大简化。其次，量刑程序中由于当事人双方观点一致，均赞成对被告人从轻判处，也不会出现普通庭审中双方各执一词、争论不休的场面。最后，刑事和解中对于赔偿数额已经达成一致，甚至已经执行完毕，附带民事诉讼也就不再需要。另外，由于刑事和解在一定程度上减少了短期自由刑的使用，不仅减少了监所的工作压力和人财物的大量投入，也避免了因短期自由刑造成的交叉感染和重新犯罪问题，有利于整体上节约司法资源。[1]

通过刑事和解化解被害人民事诉权有利于当事人间纠纷的彻底解决，被害人、被告人能够早日回归社会，有利于被犯罪损害的社会秩序的恢复。传统观点认为，刑事诉讼的目的是控制犯罪与保障人权。但是，诉讼是解决不同主体间纠纷的制度，刑事诉讼也不例外。如果刑事诉讼程序不能真正解决纠纷，甚至制造了

---

[1] 参见宋英辉等："我国刑事和解实证分析"，载《中国法学》2008年第5期。

第三章　被害人民事诉权实现方式的设置原则

更大的矛盾，不能说该程序已经达到了设置的目的。对被害人与被告人来说，简单的定罪量刑远远不能化解双方的矛盾，因定罪而失去人身自由的被告人与得不到足够损害赔偿的被害人都会对刑事审判产生不满，双方也陷入更为严重的矛盾之中，甚至成为世敌，这在当事人双方相互熟识的情况下更为明显。如棚濑孝雄教授所言："在人们不断接触并处于维持生活的需要相互合作的小规模社会里，深刻的纠纷或剧烈冲突必须尽量避免，即使纠纷已经发生，也需要以尽量不留下后遗症的方式来妥善解决。"[1]在刑事和解程序中，被害人与被告人进行面对面的交流，被害人获得了被告人真诚的道歉，也获得了高额的损害赔偿，物质和精神上的损害都得以弥补，而被告人也得到了被害人的谅解，卸下了愧疚的心理包袱，同时得以出罪或仅承担宽缓的刑罚，对被害人又会存有感激之情，双方的矛盾得以真正化解。

---

[1] [日] 棚濑孝雄：《纠纷的解决与审判制度》，王亚新译，中国政法大学出版社2004年版，第182页。

第四章
附带实现方式：附带民事诉讼制度

第一节 附带民事诉讼制度的比较考察

附带民事诉讼制度是实行职权主义诉讼模式的大陆法系国家和地区所特有的制度设置，英美法系国家控辩双方对抗激烈的当事人主义诉讼模式决定了其对被告人权利高度关注，无法接受被害人介入对审判程序的干扰，近年来流行于英美法系国家的赔偿令制度也是在刑事审判结果的基础上进行的，并不真正介入庭审过程。但是，即使是在实行附带民事诉讼的国家和地区，由于其司法理念与体制环境的不同，在具体的制度设置上也有所区别。

一、相对独立模式

在法国等部分大陆法系国家和地区，附带民

第四章 附带实现方式：附带民事诉讼制度

事诉讼程序虽然附属于刑事诉讼，但同时兼顾了民事诉讼的独立性，并赋予被害人选择独立民事诉讼的权利，以保障被害人民事诉权的实现。这根源于以罗马法为核心的西方法律文化中以私权保护为中心的法律体系。[1]该模式的代表国家和地区有法国、俄罗斯及我国台湾地区等。

（一）法国

现代意义上的附带民事诉讼制度，最早出现于1808年《法国刑事诉讼法典》。该法第一次以刑事诉讼法典的形式把它固定下来，称为"私诉"。但与罗马法的分类不同，法国刑事诉讼法所规定的公诉是实行公法上的刑罚权的公诉，而私诉指的是在刑事诉讼中提起私法上请求权的民事诉讼。[2]2000年6月15日修订的《法国刑事诉讼法典》将"公诉与民事诉讼"作为序编的标题，各卷各编中都分别对民事诉讼在各个方面作了特殊的规定，可见对于民事诉讼的重视。其中第2条规定："对重罪、轻罪或者违警罪造成之损害请求赔偿的民事诉讼，属于本人遭受犯罪直接造成之损害的人。"

法国的立法在鼓励被害人通过刑事诉讼程序提出民事赔偿救济的同时，兼顾了民事诉讼的独立性。

首先，附带民事诉讼所适用的主体范围与客体范围十分宽泛，与民法所规定的因侵权而引起的赔偿责任主体和赔偿范围相一致。只要被害人确实遭到犯罪行为的现时的、本人的、直接的损害，其提起的民事诉讼就能得到受理。[3]同时，作为损害赔偿之诉，

---

[1] 参见高向武："附带民事诉讼研究"，中国政法大学2007年博士学位论文。
[2] 参见邵世星、刘选：《刑事附带民事诉讼疑难问题研究》，中国检察出版社2002年版，第10页。
[3] 参见[法]贝尔纳·布洛克：《法国刑事诉讼法》（原书第21版），罗结珍译，中国政法大学出版社2009年版，第131页。

此种民事诉讼实际上属于被害人的"财产"。被害人死亡之后其继承人，被害人生前通过转让途径受让权利的第三人，或者被害人本人不行使其诉权情况下其债权人，都可以提起附带民事诉讼。[1] 民事诉讼不仅可以针对犯罪行为人与共犯提起，而且可以针对正犯与共犯的继承人、对正犯与共犯应当负民事责任的第三人提起，在公务员履行职务时实行犯罪的案件中，还可以对行政部门提起。[2] 在赔偿范围方面，《法国刑事诉讼法典》第3条第2款规定："对因受到追诉的犯罪事实引起的物质的、身体的、精神的各种损害提起民事诉讼，均得受理。"[3]

其次，被害人享有提起附带民事诉讼或独立民事诉讼的选择权。民事诉讼作为一种对私人损害给予赔偿的诉讼，可以像一切赔偿诉讼一样，在民事法院提起并进行，也可以由被害人在刑事法院提起并进行。其法律依据在于《法国刑事诉讼法典》第3条规定："民事诉讼可以与公诉同时在同一法院进行"，"民事诉讼也可以与公诉分开进行"。被害人一旦在民事法院与刑事法院之间做出选择，原则上便是一种最终确定的、不得撤销的选择。[4] 但是，这一规则在执行上也包含有多项限制条件。只有当受到损害的当事人首先是选择民事途径时，其做出的这一选择才不可撤销（《法国刑事诉讼法典》第5条）。而当受到损害的当事人首先选择刑事途径进行民事诉讼时，其作出的选择仍然可以撤销。因为"选择不可撤销"之规则是一项有利于被告人的规则，受到损害的

---

[1] 参见［法］卡斯东·斯特法尼等：《法国刑事诉讼法精义》（上），罗结珍译，中国政法大学出版社1999年版，第179—180页。

[2] 参见［法］贝尔纳·布洛克：《法国刑事诉讼法》（原书第21版），罗结珍译，中国政法大学出版社2009年版，第149页。

[3] 罗结珍译：《法国刑事诉讼法典》，中国法制出版社2006年版，第11页。

[4] 参见［法］贝尔纳·布洛克：《法国刑事诉讼法》（原书第21版），罗结珍译，中国政法大学出版社2009年版，第158页。

第四章 附带实现方式：附带民事诉讼制度

当事人不能以其所为来取消给予被告人的这一优惠待遇。法院判例认为，民事途径对于被告人较为有利，而刑事途径对被告人则比较严厉。[1]

再次，刑事案件因犯罪严重程度不同而适用不同的审判程序。《法国刑事诉讼法典》根据刑事案件犯罪严重程度不同将犯罪行为分为违警罪、轻罪、重罪三种。普通法院也相应分为违警罪法院、轻罪法院、重罪法院。与此相适应，附带民事诉讼的审判程序也有所区别。虽然违警罪案件、轻罪案件和重罪案件的受害人都可以提起附带民事诉讼，但重罪案件的附带民事诉讼是在重罪法庭就公诉作出裁判以后，在无陪审团出席的情况下，听取当事人和检察院的意见后作出裁决。至于违警罪案件和轻罪案件的附带民事诉讼，则由同一法庭按照刑事诉讼程序一并审理，用同一判决宣判。[2] 在被告人被宣告无罪或被宣告释放的情况下，重罪法院可以对民事当事人给予损害赔偿，但条件是，应当具体认定，之所以对被告人作出民事性惩罚，是依据该被告人有不同于已被排除的刑事罪过的过错。[3] 轻罪法院或违警罪法院不得再就民事诉讼作出裁决，因而不能给予民事当事人损害赔偿，因为轻罪法院与违警罪法院不得独立于公诉受理民事诉讼。但民事诉讼并不由此而消灭。[4]

最后，刑事诉讼对于民事诉讼的优先地位。在附带民事诉讼

---

[1] 参见［法］贝尔纳·布洛克：《法国刑事诉讼法》（原书第21版），罗结珍译，中国政法大学出版社2009年版，第165页。

[2] 参见刘金友、奚玮：《附带民事诉讼原理与实务》，法律出版社2005年版，第17页。

[3] 参见［法］卡斯东·斯特法尼等：《法国刑事诉讼法精义》（上），罗结珍译，中国政法大学出版社1999年版，第259—260页。

[4] 参见［法］卡斯东·斯特法尼等：《法国刑事诉讼法精义》（上），罗结珍译，中国政法大学出版社1999年版，第279页。

的情况下，刑事法院只能附带于公诉对民事诉讼进行审理、裁判，并且不能与有关公诉的裁判决定相互矛盾。[1] 在民事法院进行民事诉讼的情况下，虽然这时民事诉讼受有关民事案件的管辖权与程序规则的约束，但仍不是一种完全独立的民事诉讼，除非在公诉尚未发动之前就已经在民事法院进行审判。如果民事诉讼是在已经提起公诉之后，或者是在对公诉已经作出判决之后才提起，或者在此后才进行判决，则与民事利益有关的民事争议部分，无论是从其顺序还是从其判决，将处于服从刑事诉讼的地位。因此，一方面，只要刑事法院是在民事法院对民事诉讼尚未作出判决之前已受理了案件，或者在民事诉讼进行过程中受理了案件，在刑事法院本身尚未对公诉作出审理裁判时，民事诉讼均应暂缓判决，即"刑事致民事原状等待"之规则。另一方面，在刑事判决作出之后，民事审判在一定的程序上应当遵守刑事法院已经作出的裁判决定，而不能与刑事裁判相矛盾。这就是"刑事既判事由对民事具有权威效力"的法院判例原则。[2] 但是，在被告人被宣告无罪的情况下，民事法院仍然可能受理被害人的赔偿之诉并给予损害赔偿，其依据是与刑事罪过有区别的民事过错，而不得以刑事罪过或类似于刑事罪过的民事过错为原因。[3]

　　法国对附带民事诉讼的重视，源于对私权保障的重视以及对民法典至高无上地位的推崇。法国的附带民事诉讼制度兼顾了附带民事诉讼的依附性与独立性，充分保持了附带民事诉讼的民事

---

[1] 参见［法］卡斯东·斯特法尼等：《法国刑事诉讼法精义》（上），罗结珍译，中国政法大学出版社1999年版，第258页。

[2] 参见［法］卡斯东·斯特法尼等：《法国刑事诉讼法精义》（上），罗结珍译，中国政法大学出版社1999年版，第260—261页。

[3] 参见［法］卡斯东·斯特法尼等：《法国刑事诉讼法精义》（上），罗结珍译，中国政法大学出版社1999年版，第281页。

第四章 附带实现方式：附带民事诉讼制度

诉讼特性。[1]可见，法国的附带民事诉讼制度更多的是出于保障私权的角度考虑而非效率。由于受到损害的当事人请求附带民事诉讼救济的便利性，造成刑事法院压力巨大，刑事法院要花费额外的时间和较多的精力来处理附带民事诉讼，因而对附带民事诉讼的厌烦日益增加。

（二）其他国家和地区

除了法国，俄罗斯、意大利以及我国台湾地区的附带民事诉讼制度也同样保持了其相对独立性，在刑事诉讼过程中有效保障被害人的民事诉权。

在俄罗斯，自苏联时期开始即规定了附带民事诉讼制度。苏联的附带民事诉讼具有两个突出的特点：一是作为一般原则，赔偿犯罪损害问题要由法院与刑事案件一并审理。二是国家积极干预附带民事诉讼。[2]现行俄罗斯《联邦刑事诉讼法典》也规定了附带民事诉讼制度，与苏联时期有所不同的是其具有更大的独立性。首先，民事当事人的范围广泛。《俄罗斯联邦刑事诉讼法典》第44条第1款、第3款规定，民事原告人是在有根据认为损害系由犯罪行为直接造成时提出财产损害赔偿要求的自然人或法人。为维护未成年人、依照民事诉讼立法规定的程序被认定为无行为能力人或限制行为能力人的人、因其他理由不能亲自维护自己权利和合法利益的人的利益，民事诉讼可以由他们的法定代理人或由检察长提起，而为维护国家利益，民事诉讼可以由检察长提起。根据《俄罗斯联邦刑事诉讼法典》第54条第1款规定，民事被告人是依照《俄罗斯联邦民法典》对犯罪行为所造成损害应承担责

---

[1] 参见刘金友、奚玮：《附带民事诉讼原理与实务》，法律出版社2005年版，第17页。
[2] 参见汪建成、甄贞主编：《外国刑事诉讼第一审程序比较研究》，法律出版社2007年版，第281页。

任的自然人或法人。其次，附带民事诉讼的赔偿范围广泛，包括精神损害赔偿。根据《俄罗斯联邦刑事诉讼法典》第44条的规定，民事原告人可以提起民事诉讼要求用财产赔偿精神损害，这与苏联时期仅赔偿物质损害的规定不同。再次，民事原告人被赋予广泛的诉讼权利，有利于保障其民事诉权的实现。根据《俄罗斯联邦刑事诉讼法典》第44条第4款规定，民事原告人有权支持民事诉讼、提交证据、提出申请和申请回避、聘请代理人、了解在他参与下实施的侦查行为的笔录、经侦查员或调查人员许可参加根据他或他的代理人的申请实施的侦查行为，放弃民事诉讼请求，在调查结束时了解刑事案件中与他所提出的民事诉讼有关的材料、对刑事裁判中涉及民事诉讼的部分提出上诉等。[1]最后，根据《俄罗斯联邦刑事诉讼法典》第306条第2款的规定，在作出无罪判决或终止案件的裁决或裁定时，法院应驳回附带民事诉讼请求或对民事诉讼不予审理，但不妨碍以后通过民事诉讼程序提起和审理民事诉讼。[2]

我国台湾地区也实行附带民事诉讼制度，该地区"刑事诉讼法"第九编对附带民事诉讼作了专门规定，从第487条至512条共26个条文，对附带民事诉讼当事人、请求范围、提起期间、管辖法院、适用法律的准据、提起程序、诉状的送达、审理的时期、证据调查方法、事实认定、裁判及二三审程序都作了详细的规定，具有较强的独立性。首先，附带民事诉讼的当事人及请求范围均依民法之规定，范围极为广泛。该地区"刑事诉讼法"第487条规定："因犯罪而受损害之人，于刑事诉讼程序得附带提起民事诉

---

[1] 参见黄道秀译：《俄罗斯联邦刑事诉讼法典》，中国人民公安大学出版社2006年版，第253页。

[2] 参见黄道秀译：《俄罗斯联邦刑事诉讼法典》，中国人民公安大学出版社2006年版，第253页。

讼，对于被告及依民法负赔偿责任之人，请求回复其损害。前项请求之范围，依民法之规定。"其次，附带民事诉讼的大部分程序性事项依"民事诉讼法"的规定。根据该地区"刑事诉讼法"第491条的规定，当事人能力及诉讼能力、共同诉讼、诉讼参加、诉讼代理人及辅佐人、和解、本于舍弃之判决等，均依"民事诉讼法"的规定。最后，被害人享有提起附带民事诉讼或独立民事诉讼的选择权，但若法院认为附带民事诉讼确系繁杂，非经长久时日不能终结其审判者，得以合议裁定移送该法院之民事庭，其因不足法定人数不能合议者，由院长裁定之。如蔡墩铭教授所言，"同一犯罪行为每具备二种不同之行为性质，即在公法上属于得科刑罚之行为，在私法上属于侵权行为；前者发生刑事责任，而后者则发生民事责任。此二种不同之责任既因同一行为而生，为免程序之繁复、时间与费用之虚耗，使其适用于同一程序，以期同时予以解决，于公于私，皆不无裨益"。[1]

二、附属模式

在德国等部分大陆法系国家，附带民事诉讼程序的独立性则相对较弱，受刑事程序的影响较大，但被害人同样享有选择独立民事诉讼的权利。代表国家包括德国、苏联等。

（一）德国

1877年《德国刑事诉讼法典》没有采取"公诉""私诉"并列、"私诉"附带于"公诉"的制度，而是在该法第五编设立"补偿被害人"专章，规定被害人或者他的继承人在刑事诉讼中，可以向被告人提出因犯罪行为而产生的包括财产权在内的要求权，但设置的限制条件较多。1943年和1950年刑事诉讼法修改时增加

---

[1] 蔡墩铭：《刑事诉讼法概要》，三民书局1998年版，第343—344页。

了刑事附带民事诉讼程序,但也有许多限制,如提起民事赔偿请求的范围仅限于财产损失、赔偿最高限额不得超过3000马克、刑事法官享有对民事部分裁判与否的酌定权等,从而使这一程序实际上已被虚置。[1]

1986年制定的《被害人保护法》尝试透过三种修正,希望提高附带民事诉讼实际上的重要性。首先,向区法院所提出的损害赔偿请求权已不再受诉讼标的的价额的限制。其次,对提出申请的被害人规定了诉讼费用补助的可能性。最后,声明许可对民法上的损害赔偿请求权为原因判决或部分判决。[2]德国于2004年6月24日通过了《被害人权利改革法》,根据该法,受害人有一个原则上的请求权:请求刑事庭对他针对被告人在民法上造成的损失的诉愿以可执行的方式作出判决,除非考虑到受害人自己的利益,他的请求不适于在刑事诉讼程序中作出判决。尤其是因为,该请求可能严重地拖延诉讼程序(《德国刑事诉讼法》第406条第1款)。与原来不同的是,在刑事诉讼中如果法院驳回受害人要求对民法上权利进行判决的诉求,受害人可以借助立即提出异议进行救济(《德国刑事诉讼法》第406条a第1款)。[3]

但是,即便如此,德国的附带民事诉讼的独立性仍然较弱。首先,附带民事诉讼的主体范围较窄,不同于民事。提起诉讼的主体为犯罪行为的被害人或者他的继承人,而被告一般限于刑事被指控人。其次,附带民事诉讼的赔偿范围较窄,仅限于财产权

---

〔1〕 参见刘金友、奚玮:《附带民事诉讼原理与实务》,法律出版社2005年版,第19—20页。

〔2〕 参见[德]克劳思·罗科信:《刑事诉讼法》(第24版),吴丽琪译,法律出版社2003年版,第590页。

〔3〕 参见[德]托马斯·魏根特:"德国刑事诉讼程序的改革:趋势和冲突领域",樊文译,载陈光中主编:《21世纪域外刑事诉讼立法最新发展》,中国政法大学出版社2004年版,第241页。

第四章 附带实现方式：附带民事诉讼制度

方面的请求，例如因犯罪行为所产生的金钱上的损害赔偿请求，要求取回被盗窃或被抢劫的财物的请求权等，但未规定可以提起精神损害赔偿。最后，法院有权对附带民事诉讼免予裁定。当法院认为所提起的附带民事诉讼不适合在刑事诉讼中处理时，例如可能拖延刑事程序或申请不符合条件时，可以免予裁定民事诉讼；当被告人在刑事审判部分被判无罪，也未被判处矫正或保安处分时，或者法院认为提起缺乏理由时，应当免予对民事诉讼作出裁定。[1]

德国的附带民事诉讼制度存在诸多限制，对于刑事诉讼的附属性较强，但是仍有一定的独立性。首先，被害人享有选择附带民事诉讼或者独立民事诉讼的自由。虽然被害人选择附带民事诉讼遭到法院的限制，但被害人选择独立民事诉讼则完全不受制约。也因此，被害人多通过独立民事诉讼的方式实现其民事诉权。正如美国学者约翰·H. 兰贝恩在研究了西德的刑事附带民事诉讼制度后评论说："在规定被害人提出赔偿请求的程序时，德国有一套与法国相似的成文法制度，但仅仅存在于纸上。现实中的制度与美国比较接近，被害人请求因犯罪行为而造成的损害赔偿是在刑事诉讼结束后独立的民事诉讼中进行的。"[2] 其次，根据《德国刑事诉讼法》第406条第3项的规定，对于未被附带民事诉讼认可的请求权部分，被害人可以另行提出。也就是说，被害人还可以单独另行提起独立的民事诉讼。[3] 因此，虽然德国的附带民事诉讼制度中规定法院在被告人被判无罪也未被判处矫正或保安处分

---

[1] 参见汪建成、甄贞主编：《外国刑事诉讼第一审程序比较研究》，法律出版社2007年版，第166—168页。

[2] [美] 约翰·H. 兰贝恩：《比较刑事诉讼：西德》，美国西部出版公司1977年版，第112页，转引自孙洁冰主编：《刑事诉讼行政诉讼附带民事诉讼制度研究》，重庆大学出版社1990年版，第7页。

[3] 参见汪建成、甄贞主编：《外国刑事诉讼第一审程序比较研究》，法律出版社2007年版，第168页。

时，或者认为附带民事诉讼的提起缺乏理由时可以免于对民事诉讼部分作出裁定，同时附带民事诉讼的赔偿范围受限，但被害人享有在附带民事诉讼终结后向民庭起诉以实现其民事诉权的权利。

(二) 其他国家

在德国之外，附带民事诉讼制度附属性较强的国家还包括苏联以及部分东欧国家。

苏联自十月革命胜利后，第一步刑事诉讼法典开始，到《苏联和各加盟共和国刑事诉讼纲要》《苏俄刑事诉讼法典》和各加盟共和国的刑事诉讼法典，都明确规定了刑事诉讼中的附带民事诉讼制度。这种制度规定，"因犯罪行为而受到物质损害的人，在进行刑事诉讼时，有权向被告人或对被告人行为负有物质责任的人提出民事诉讼，由法院与刑事案件一并审理"（《苏联和各加盟共和国刑事诉讼纲要》第25条，《苏俄刑事诉讼法典》第29条）。在苏联，附带民事诉讼有如下特点：首先，作为一般原则，刑事损害赔偿问题要由法院与刑事案件一并审理。作为例外，只有没有就刑事案件提出民事诉讼的人，以及其民事诉讼还没有经过审理的人，才有权依据民事诉讼程序提出民事诉讼（《苏俄刑事诉讼法典》第29条）。其次，国家积极干预附带民事诉讼，主要表现在：① 明确规定，侦查员从案件材料中看到所实施的犯罪行为对于公民、机关、企业或团体致成物质损失时，应当向他们或他们的代理人说明提起民事诉讼的权利，关于这一点要做成笔录，或者做成书面通知（《苏俄刑事诉讼法典》第137条）；② 如果为维护国家利益、社会利益或公民权利所需要，检察长有权提出民事诉讼或支持受害人所提出的民事诉讼（《苏俄刑事诉讼法典》第29条）；③ 如果没有提出民事诉讼，法院在决定刑事判决的时候，有权主动解决犯罪行为所致成的物质损害的赔偿问题（《苏俄刑事

第四章　附带实现方式：附带民事诉讼制度

诉讼法典》第 29 条）。[1] 再次，附带民事诉讼的主体及客体范围较窄。只有犯罪事实本身使财产遭受损失的人，即直接遭受犯罪侵害的被害人，才能提出赔偿损害的要求（在刑事诉讼中提起附带的民事诉讼）。[2] 被害人有权要求赔偿他已经遭受到的财产上的损害和虽然还没有遭受到但将来不可避免要遭受到的损害，但没有对精神损害作出规定。[3] 但是，当时民事诉讼中同样也没有精神损害赔偿的规定。被害人对其提出赔偿财产损失的民事被告人，通常就是刑事被告本人，在一定的条件下也可能是为其负担财产责任的个人或者组织。[4] 最后，与德国不同，凡是在刑事诉讼中提起附带民事诉讼并经过法院审理的人，不论判决结果是全部满足、部分满足或者驳回其请求，均不得再按民事诉讼程序另行起诉。原则上附带民事诉讼须与刑事案件一并审判，只有在不延期审理附带民事诉讼就不可能对赔偿请求进行精确计算的特殊情况下，刑事法庭才可以在认定附带民事原告人有权满足赔偿请求的前提下，将数额问题移送民事法庭按照民事诉讼程序加以审理。[5] 可见，苏联时期的附带民事诉讼制度较强地依附于由国家所主导的刑事诉讼，缺乏独立性。但是，被害人同样享有附带民事诉讼或者独立民事诉讼的选择权。

其他东欧国家在刑事诉讼中，有关附带民事诉讼的问题也是

---

[1] 参见刘金友、奚玮：《附带民事诉讼原理与实务》，法律出版社 2005 年版，第 25—26 页。
[2] 参见［苏］库佐娃：《刑事诉讼中的附带民事诉讼》，王兆生、阎仁斌译，法律出版社 1956 年版，第 7 页。
[3] 参见［苏］库佐娃：《刑事诉讼中的附带民事诉讼》，王兆生、阎仁斌译，法律出版社 1956 年版，第 8 页。
[4] 参见［苏］库佐娃：《刑事诉讼中的附带民事诉讼》，王兆生、阎仁斌译，法律出版社 1956 年版，第 11 页。
[5] 参见孙洁冰主编：《刑事诉讼行政诉讼附带民事诉讼制度研究》，重庆大学出版社 1990 年版，第 11 页。

通过类似的程序加以解决，以苏联立法为蓝本而建立的。《南斯拉夫刑事诉讼法》第十章设专章规定"民事赔偿"问题。其中第103条规定："因刑事案件而引起的民事赔偿，如审理并不会使诉讼大为拖延时，可以根据刑事诉讼中受害人的建议进行审理。"《罗马尼亚刑事诉讼法》则在总则第二章"刑事诉讼程序中的刑事诉讼和民事诉讼"中，设"民事诉讼"专节予以规定。其中第14条规定："民事诉讼的目的在于对被告人或者对其行为负有物质责任的人追究民事责任。"[1]

三、评价

大陆法系国家的附带民事诉讼制度中，以法国为代表的相对独立模式和以德国为代表的附属性模式，两者既有区别，又有相通之处。

相对独立模式和附属性模式的主要区别在于：首先，附带民事诉讼的客体和主体范围不同。相对独立模式中，附带民事诉讼的客体和主体范围广泛，适用民事实体法规定，与民事诉讼基本相同；附属性模式中则对附带民事诉讼的客体和主体范围有所限制。其次，附带民事诉讼程序主要适用民事诉讼法还是刑事诉讼法有所不同。相对独立模式中，除刑事诉讼法有特殊规定外，一般适用民事诉讼法律；附属性模式中则主要适用刑事诉讼法律，相比普通民事诉讼特殊规定较多。最后，公权力干预附带民事诉讼的程度不同。相对独立模式中，公权力很少干预附带民事诉讼，被害人基本拥有绝对的诉权；附属性模式中，公权力较多干预附带民事诉讼，包括对被害人的选择权进行制约，在被害人不启动

---

[1] 参见刘金友、奚玮：《附带民事诉讼原理与实务》，法律出版社2005年版，第27—28页。

第四章 附带实现方式：附带民事诉讼制度

诉权的情况下通过公权力启动或由法院直接判决赔偿。

虽然相对独立模式与附属性模式的附带民事诉讼制度存在上述不同，但两者仍有相通之处。首先，被害人通常享有启动独立民事诉讼或附带民事诉讼的选择权，尽管不同模式下对被害人选择权的限制有所不同。其次，刑事诉讼相对民事诉讼享有优先地位，这不仅体现在附带民事诉讼部分刑事规则的优先性，也体现在被害人提起独立民事诉讼情况下刑事诉讼对民事诉讼的优先效力。关于这一点，法国是通过"刑事致民事原状等待"规则及"刑事既判事由对民事具有权威效力"的法院判例原则来实现的，而德国则是通过在刑事判决生效后再行提起独立民事诉讼来实现。

第二节 附带民事诉讼制度的理论正当性及面临的挑战

通过比较考察可以看出，采取附带民事诉讼程序实现被害人的民事诉权并非特例，而是不少国家长期以来的普遍做法，其产生与发展具有一定的理论正当性。目前学界及实务界对附带民事诉讼的评价不一，传统的理论基础也受到了质疑。

一、实体关联性理论

传统观点认为，在实现刑民关系的分离之后，刑事诉讼法律关系与民事诉讼法律关系被认为是两种不同性质的法律关系，前者基于追究被告人刑事责任而产生，后者则是基于损害赔偿请求而产生。而附带民事诉讼则是由于这两种诉讼法律关系指向了同一行为，被告人行为一方面构成犯罪需要被追究刑事责任，因此需启动刑事诉讼。另一方面该行为又对被害人民事权益造成了损害，被害人由此产生损害赔偿请求权，有权启动民事诉讼。在这种情况下，由同一行为所引起的刑事诉讼与民事诉讼存在实体上的关联，从而使得民事诉讼与刑事诉讼有可能相互结合。这是附带民事诉讼制度得以存在的前提。

附带民事诉讼制度虽然在不同国家的具体设置不同，但相同之处在于，有权提起该程序的须为因被告人的犯罪行为而遭受损害的人，损害结果与犯罪行为之间须存在因果关系。根据德国学者罗科信的观点："附带民事诉讼乃源于实体关联性之思想，即当因为一犯罪行为而致生财产法上之请求权时，显而易见地为了避免双重的工作负担，也为了避免产生矛盾之裁判，因而在刑事诉讼过程中即许可被害人提起补偿请求权，如此即可同时兼顾到使被害人获得迅速的补偿。"[1] 蔡墩铭教授也认为："同一犯罪行为每具备二种不同之行为性质，即在公法上属于得科刑罚之行为，在私法上属于侵权行为；前者发生刑事责任，而后者则发生民事责任。此二种不同之责任既因同一行为而生，为免程序之繁复，时间与费用之虚耗，使其适用于同一程序，以期同时予以解决，于公于私，皆不无裨益。"[2] 可见，实体关联性理论是附带民事诉讼制度得以产生的基础。正如我国学者所说，刑事责任与民事责任虽然性质不同，却根源于被告人的同一违法行为。形象地说，这两种法律责任是被告人的犯罪行为这根"藤"上同时结出来的两个"恶果"。正因为这两种法律责任根源于同一违法行为，因而有可能，而且有必要，在同一个诉讼过程中一并加以解决。[3]

传统的实体关联性理论虽然解释了刑、民两种性质不同的诉

---

[1] [德] 克劳思·罗科信：《刑事诉讼法》（第24版），吴丽琪译，法律出版社2003年版，第590页。

[2] 蔡墩铭：《刑事诉讼法概要》，三民书局1998年版，第343—344页。

[3] 参见刘金友、奚玮：《附带民事诉讼原理与实务》，法律出版社2005年版，第6页。

第四章　附带实现方式：附带民事诉讼制度

讼何以可在同一程序中进行，但却并没有详细阐释设置该制度的必要，而是将必要性归结到避免双重工作负担和产生矛盾的判决，实体关联性理论本身所体现的只是设置该制度的可能性。实践中，并非所有国家都采用附带民事诉讼制度来实现被害人的民事诉权。美国、日本等国家长期通过独立的民事诉讼来解决损害赔偿问题说明存在实体关联的刑事诉讼、民事诉讼同样可以分开进行。法国、德国等大陆法系国家之所以选择附带民事诉讼制度来实现被害人的民事诉权，被认为是为了程序的便利性和裁判的统一性。如果附带民事诉讼制度已经不能提供程序上的便利或程序的便利带来了公正的缺失，但刑民裁判结果的不同已经不成为问题，那么该制度存在的正当性恐怕就会遭到质疑。

二、程序便利性理论

附带民事诉讼程序相比独立民事诉讼的便利性，是大陆法系国家选择附带民事诉讼制度的重要理由。当今不少国家之所以保留附带民事诉讼制度，其基本的理论依据就在于附带民事诉讼所固有的效率价值。在同一程序中一并解决刑事责任与民事责任问题，自然会较两个程序分别进行要节省人力、物力和时间成本，更具效益。陈朴生就认为，附带民事诉讼之本质仍系民事诉讼，"纯为顾及因犯罪而受损害之人请求赔偿及审判上之便利，附于刑事诉讼程序中而提起"。[1]

首先，附带民事诉讼制度有利于节省司法资源。司法机关在刑事诉讼中附带解决损害赔偿，而不是让受害人另行提起民事诉讼，可以把由被告人的犯罪行为所引起的彼此密切相关的刑事、民事两种案件简化在同一个诉讼程序中进行。这对司法机关来说，

---

[1] 陈朴生：《刑事诉讼法论》（第6版），正中书局1970年版，第311页。

可以避免刑事、民事分离审理时所必然产生的调查和审理上的重复，从而大大节省人力、物力和时间。如果将损害赔偿问题留到刑事诉讼处理完结后的民事诉讼中，使同一事实的刑事诉讼与民事诉讼分开进行，是对同一行为进行两次审判。尽管两次审判认定的事实及适用的法律相异，但起码有相当一部分查明的事实会是相同的。就该相同部分的诉讼支出便是重复，这对当事人与法院均是如此。[1]

其次，附带民事诉讼制度有利于减少当事人及其他诉讼参与人的讼累。对被害人来说，在刑事程序中就损害赔偿事宜进行审理，对于刑事诉讼中已经查明的事项，包括损害行为及其与损害结果之间的关系等，民事程序中不必再行举证，而只需证明损害数额及双方责任的分担，而且避免了分离审理时，当事人参加刑事诉讼后又要参加民事诉讼的讼累。对刑事被告人来说，可以通过一个法庭的审判，同时解决两种责任，而不必因一个犯罪行为而承受不同法庭、不同诉讼程序的审判。对证人、鉴定人、法定代理人等其他诉讼参与人来说，也可以避免参与两个法庭、两种诉讼程序所带来的讼累。[2]

最后，附带民事诉讼制度有利于被害人及早、方便地获得损害赔偿。相比刑事诉讼终结后再行提起独立的民事诉讼，或者民事诉讼启动后因刑事诉讼启动而中止审理，在附带民事诉讼程序中可以更早实现被害人的民事诉权。同时，相比独立民事诉讼，被害人通过附带民事诉讼制度实现其民事诉权更为便捷。其一，被害人若在侦查阶段即提起附带民事诉讼，则侦查机关有义务在

---

[1] 参见刘金友、奚玮：《附带民事诉讼原理与实务》，法律出版社2005年版，第39页。

[2] 参见刘金友、奚玮：《附带民事诉讼原理与实务》，法律出版社2005年版，第39页。

第四章 附带实现方式：附带民事诉讼制度

侦查过程中附带调查损害情况，应被害人申请收集相关证据，检察机关也有义务附带调查有关事实情况，这就弥补了被害人在证据收集能力方面的缺失，并且避免了时过境迁后证据灭失的情况出现。其二，庭审过程中，检察机关在证明被告人刑事犯罪的过程中，已经代替被害人承担了大部分举证责任，被害人可以搭公诉之"便车"，仅需证明损失情况、损失金额及责任分担。其三，与提起独立民事诉讼不同，大部分国家提起附带民事诉讼不需要缴纳诉讼费用，这对很多遭受犯罪侵害、经济陷入困境的被害人来说意义重大。其四，由于附带民事诉讼中公安检察机关（即公安机关、人民检察院）承担了大部分证据收集及举证责任，被害人需要承担的工作较少，无需太多法律知识，因此律师的帮助不是必需的，诉讼成本较低。

但是，随着时代的发展与法律的进步，目前附带民事诉讼的程序便利性功能已经遭到了质疑。一方面，很多情况下，附带民事诉讼程序已经不能保证程序的便利。另一方面，虽然程序便利性存在，但部分情况下却失去了公正性，无法有效实现当事人的诉权。

首先，民事诉讼与刑事诉讼的性质及其诉讼规律不同，两者程序制度设计各异，若两者同时进行，一方面将造成审理的混杂，另一方面当事人的诉讼权利难以获得保障。如民事诉讼中关于诉讼时效、案件管辖、缺席审判、审前阶段的财产保全措施、反诉、和解与调解等的规定，与刑事诉讼均有不同，附带于刑事程序中的民事诉讼难以维持原有的制度安排，很多情况下要服从于刑事诉讼，当事人的诉讼权利难以获得同等保障，或者会对刑事诉讼造成消极影响。另外，刑事被告人在被采取强制措施且得不到律师协助的情况下，根本做不到与被害人在附带民事诉讼中进行平等对抗，人身自由的受限使其民事诉讼权利也难以行使。并且，德国等国家附带民事诉讼的赔偿范围亦与普通民事诉讼不同，且受到诸多限制，为人所诟病。

其次，在刑事案件因故不能启动或中止的情况下，民事案件亦不能启动，被害人的民事诉权无法保障。无论是德国、苏联国家规定的刑事案件终结后再行提起独立民事诉讼，还是法国的"刑事致民事原状等待"规则，同样需要以刑事案件生效判决为前提。但是，在刑事案件因种种事由不能启动或者中止审理的情况下，如犯罪嫌疑人在逃、被告人因精神或身体原因不宜接受庭审等情况，则被害人或者无法提起民事诉讼，或者民事诉讼被迫中止，则其民事诉权无法实现。

最后，虽然财产性犯罪中需要查清损害事实与数额，但人身性犯罪所引起的损害却不需要明确具体损失数额，而这是民事侵权诉讼所必须，其中所涉及的医疗费、误工费、赡养抚养补偿、残疾赔偿金、死亡赔偿金、丧葬费、精神损害赔偿等，数额的确定较为复杂，刑事法官不一定熟悉，在造成被害人伤害的案件中可能还需对被害人伤情进行鉴定，诉讼进程被迫中止，可能影响到刑事案件的审理。另外，近些年来众多新型民事案件出现，案情复杂，难以在附带民事诉讼中审理。例如集资犯罪、证券犯罪、网络犯罪、环境犯罪等类案件，这些案件涉及的被害人人数众多，遍及各地，同时涉及诉讼主体资格认定问题，审理起来旷日持久，将严重影响刑事案件的进程。又如知识产权类案件，案件专业性强，要求法官具有相关知识背景，刑事法庭的法官一般难以胜任。

综上，附带民事诉讼程序因其便利性而受到青睐，但随着法律制度的发展，不同性质案件的诉讼程序与证据规则日益精细，附带民事诉讼程序能否带来便利已经受到了质疑，同时，该程序所可能导致的对当事人诉讼权利的忽视和诉讼公正的缺失引起了人们的担忧。

第四章　附带实现方式：附带民事诉讼制度

三、裁判统一性理论

除了出于程序便利性的考虑，大陆法系国家之所以选择附带民事诉讼程序，还有一个重要的考量，即维护裁判的统一性。传统观点认为，由同一刑事审判法庭同时审判刑事诉讼和附带民事诉讼，有利于保证对案件事实认识的统一性，避免因不同审判组织分别进行审判可能对同一违法行为或同一案件得出不同的结论，维护法院审判工作的严肃性。[1]

因同一犯罪行为给被害人造成损害而引发刑事诉权与民事诉权，如果根据行为性质的不同而分别适用刑事诉讼与民事诉讼，由于审理案件的法官不同，具体诉讼程序与审判规则不同，呈现于法庭的证据也可能不同，因此很可能出现刑事裁决与民事裁决相互矛盾的情况。美国家喻户晓的辛普森案即是如此。虽然辛普森因证据不足被刑事法庭判处无罪，但却在民事诉讼中被宣告败诉，需承担巨额的赔偿金。这在重视司法权威和裁判稳定性的大陆法系国家是很难接受的。在附带民事诉讼程序中，由同一刑庭法官在就刑事诉讼及附带民事诉讼进行统一审理之后，一并加以判决，则有效避免了这一问题。

但是，裁判统一性理论作为附带民事诉讼程序的理论基础，其目前已经受到了广泛质疑。首先，独立民事诉讼同样可以顾及裁判的统一性。其次，在刑事诉讼与民事诉讼证明标准相差悬殊的情况下，两者裁判矛盾也属正常现象。

首先，对于刑事诉讼就犯罪行为成立所作的肯定性裁决，无论是大陆法系的附带民事诉讼，还是英美法系的独立民事诉讼，

---

〔1〕 参见叶巍：《刑事诉讼中的私有财产权保障》，法律出版社2009年版，第281页。

都具有既决效力，民事判决不能与该刑事裁判相矛盾。在大陆法系国家，如法国，只要被害人受到了犯罪行为造成的损害，并且已经认定这种损害与犯罪行为之间有因果关系，则刑事法官在对被告人作出有罪判决时，也就应当判给民事当事人损害赔偿。即使被告人得到法定的或裁判上的免除刑罚，只要裁判认定其具有"可惩罚性"，法院也应当就被告人的犯罪行为造成的损害对被害人给予损害赔偿。[1]在英美法系国家，被害人是在刑事案件终结后再行向民事法院提起民事诉讼，对于已经被认定刑事有罪的被告人，在民事诉讼中双方仅需就损失事实和赔偿数额进行探讨。实践中，大部分被刑事法院认定有罪的案件中，法官都会发布赔偿令，对于赔偿令所判处的赔偿不足的部分，被害人可向民事法院再行提起诉讼。

其次，刑事法庭基于犯罪事实不存在或非被告人所为而作出的无罪判决，在大陆法系国家的附带民事诉讼程序中同样具有既决效力。只有在无罪判决是基于被告人不存在刑事罪过或者存在无刑事责任能力等免责事由的情况下，被告人可能因构成侵权需承担民事责任。《法国刑事诉讼法典》第372条规定，在被告人经宣告无罪以及在其被免于刑罚的情况下，民事当事人得对被告人在其受到指控的犯罪事实中的过错造成的损害请求赔偿，但条件是不得与重罪作出的释放被告人的裁判决定相互发生矛盾。也就是说，刑事法官应当认定此种赔偿的基础有别于其已经排除的刑事故意罪过，例如，将此种赔偿建立在民事准侵权行为之上，或者建立于疏忽大意或不谨慎的过错之上。[2]而在英美法系国家，

---

[1] 参见［法］卡斯东·斯特法尼等：《法国刑事诉讼法精义》（上），罗结珍译，中国政法大学出版社1999年版，第279页。

[2] 参见［法］卡斯东·斯特法尼等：《法国刑事诉讼法精义》（上），罗结珍译，中国政法大学出版社1999年版，第280页。

第四章 附带实现方式：附带民事诉讼制度

由于陪审团在作出被告人是否有罪的决定后并不说明理由，因此无法像大陆法系国家对于无罪理由作出区分，而且刑事诉讼与民事诉讼的证明标准明显不同，因此刑事无罪判决一般不能对被害人之后提起的民事诉讼产生既决效力。这是由陪审团制度及证明标准不同所导致的，与附带民事诉讼还是独立民事诉讼无关。

再次，实行附带民事诉讼的大陆法系国家同样给予被害人选择独立提起民事诉讼的自由，通过独立民事诉讼实现被害人民事诉权同样可以保证裁判的统一性。在德国或者苏联，被害人在刑事诉讼中不提起附带民事诉讼的，有权在刑事案件终结后另行提起民事诉讼，刑事判决所认定的事实对于民事诉讼具有既决效力，与附带民事诉讼的情况无异。在法国，被害人可以选择在任何阶段向民事法院提起诉讼，为避免裁判不统一的问题，影响法院的威信，确立了"刑事致民事原状等待"规则和"刑事既判事由对民事具有权威效力"的法院判例原则。[1]

最后，民事诉讼与刑事诉讼的证据标准不同，民事诉讼中优势证据即可胜诉，而刑事诉讼中则需达到排除合理怀疑的程度，远高于民事诉讼证明标准。刑民合一尽管在表面上避免了裁判上的矛盾和冲突，却是以牺牲程序正义、破坏与割裂民事法律适用的统一性和确定性为代价的。刑事、民事审判证明标准不一，判决的结果有异也显属正常之事，无须刻意保持两者的统一性。[2]

综上，裁判统一性理论已经不能充分论证附带民事诉讼程序的正当性，一方面刑事诉讼与民事诉讼证明标准的分立使得两种性质各异的判决结果不同成为正常现象，另一方面独立民事诉讼

---

[1] 参见[法]卡斯东·斯特法尼等：《法国刑事诉讼法精义》（上），罗结珍译，中国政法大学出版社1999年版，第261页。

[2] 参见叶巍：《刑事诉讼中的私有财产权保障》，法律出版社2009年版，第283页。

其实同样可以做到在裁判中保持一定的统一性。

四、理论正当性亟需重构

目前看来,支撑附带民事诉讼制度的三大理论基础面临严重挑战,尤其是程序便利性理论与裁判统一性理论已经被广泛质疑,这也导致以该理论为指导而构建的附带民事诉讼的制度设置遭到诟病,因此亟需为附带民事诉讼制度寻求新的理论支撑并以此为导向重新构建科学、合理的附带民事诉讼制度。对此,被害人的民事诉权理论可以作为一次尝试。

第三节 我国附带民事诉讼制度的模式及其面临的问题

一、我国的强附属模式

我国的附带民事诉讼模式与上述大陆法系国家所确立的模式不同,较接近于德国的附属模式,但相比之下,受刑事诉讼的制约更大,附属性更强,缺乏基本的独立性,当事人也不享有附带民事诉讼或独立民事诉讼的程序选择权,甚至有学者认为其本质仍然是刑事诉讼[1]。因此,我们称之为强附属模式。

(一)被害人程序选择权缺失

在大陆法系国家,虽然附带民事诉讼程序的设置模式不同,但是均赋予被害人对于独立民事诉讼程序的选择权。在我国,附带民事诉讼长期以来是我国被害人主要的民事诉权实现方式,其独立提起民事诉讼的权利没有立法保障。

---

[1] 参见武延平主编:《论刑事附带民事诉讼》,中国政法大学出版社1994年版,第2页。

第四章 附带实现方式：附带民事诉讼制度

首先，我国的刑事诉讼法和民事诉讼法未对被害人能否就其损害赔偿独立提起民事诉讼作出明文规定。根据现行的司法解释，被害人或者其法定代理人、近亲属在刑事诉讼过程中未提起附带民事诉讼，另行提起民事诉讼的，人民法院可以进行调解，或者根据物质损失情况作出判决，[1]其中所规定的是"可以"而非"应当"。

其次，根据现行司法解释规定，部分情况下被害人不得提起独立民事诉讼。主要包括：第一，被害人不得因精神损害赔偿提起独立民事诉讼。2012年司法解释第138条第2款规定："因受到犯罪侵犯，提起附带民事诉讼或者单独提起民事诉讼要求赔偿精神损失的，人民法院不予受理。"第二，犯罪分子非法占有、处置被害人财产经追缴退赔仍不能弥补损失的，不得提起附带民事诉讼，也无另行提起独立民事诉讼的依据。最高人民法院2000年12月13日发布的《最高人民法院关于刑事附带民事诉讼范围问题的规定》（已失效）（以下简称"2000年司法解释"）第5条规定，犯罪分子非法占有、处置被害人财产而使其遭受物质损失的，人民法院应当依法予以追缴或者责令退赔，经过追缴或者退赔仍不能弥补损失，被害人向人民法院民庭另行提起民事诉讼的，人民法院可以受理。根据该规定，因财产被犯罪分子非法占有、处置而遭受物质损失的被害人有望通过独立民事诉讼补充获得救济。但是2012年司法解释第139条将该部分内容删除。因此，被害人失去了追缴退赔之外的救济途径。可见，不属于附带民事诉讼范围的案件同样不能通过向民庭提起民事诉讼而获得救济。

最后，实践中，被害人通过独立民事诉讼实现其民事诉权的情况较为少见。主要原因在于：一方面，被害人很少主动选择提

---

[1] 2012年司法解释第164条规定。

起独立民事诉讼。一是提起附带民事诉讼无需缴纳诉讼费，而单独提起民事诉讼则需由原告先行缴纳诉讼费，在被害人败诉或被告无赔偿能力的情况下，原告只能自行承担。二是独立民事诉讼同样不支持精神损害赔偿，与附带民事诉讼的赔偿范围相当，被害人没有提起独立民事诉讼的动力。三是我国的民事诉讼强制执行情况一直不乐观，被害人希望利用刑事诉讼中公诉人指控、法庭审理的打击犯罪的氛围，借助刑事诉讼中国家的干预力量获得赔偿，相比凭借一己之力启动并支持民事诉讼，认为主张附带民事诉讼更为有利。[1]另一方面，法院的刑庭及民庭通常都不愿受理被害人单独提起的民事诉讼请求。一是单独受理民事案件意味着诉讼成本的增加，法官们对这种过于棘手的民事赔偿问题避之唯恐不及。[2]二是认为附带民事诉讼问题在刑事诉讼中都难以解决，由被害人另行提起民事诉讼也无济于事。[3]

（二）附带民事诉讼的独立性弱

与大陆法系国家积极保障附带民事诉讼的独立性不同，我国的附带民事诉讼较多地依附于刑事诉讼，独立性弱。

第一，实体法规定与民事法不一致。

首先，受案范围窄。我国《刑法》第36条明确规定，由于犯罪行为而使被害人遭受经济损失的，对犯罪分子除依法给予刑事处罚外，并应根据情况判处赔偿经济损失。而我国《刑事诉讼法》第101条则将附带民事诉讼的受案范围确定为因犯罪行为而遭受的物质损失，相比经济损失，其范围缩小。2012年司法解释第138

---

[1] 参见肖建华："刑事附带民事诉讼制度的内在冲突与协调"，载《法学研究》2001年第6期。

[2] 参见陈瑞华："刑事附带民事诉讼的三种模式"，载《法学研究》2009年第1期。

[3] 参见刘青峰："何以刑事附带民事判决几乎不能执行?"，载《法制资讯》2008年第2期。

第四章 附带实现方式：附带民事诉讼制度

条第1款更是作出规定，"被害人因人身权利受到犯罪侵犯或者财物被犯罪分子毁坏而遭受物质损失的，有权在刑事诉讼过程中提起附带民事诉讼"，第139条规定，"被告人非法占有、处置被害人财产的，应当依法予以追缴或者责令退赔。被害人提起附带民事诉讼的，人民法院不予受理。"因此，只有因犯罪行为而使被害人遭受物质损失的才可以提起附带民事诉讼，且大量的财产类犯罪，如盗窃、诈骗、抢劫、侵占等犯罪，因被告人非法占有、处置被害人财产而使其遭受损失的，也被排除出附带民事诉讼的范围。实践中，附带民事诉讼多运用在人身类犯罪案件中，范围狭窄。

其次，当事人范围较小。一是，附带民事诉讼中没有普通民事诉讼中第三人的制度设置。二是，实践中，民事被告的范围主要限于刑事被告人本人，很少扩展到其他责任人员。虽然2012年司法解释第143条中对民事被告的范围作了广泛的规定，将未被追究刑事责任的其他共同侵害人、刑事被告人的监护人、死刑罪犯的遗产继承人、共同犯罪案件中案件审结前死亡的被告人的遗产继承人，以及对被害人的物质损失依法应当承担赔偿责任的其他单位和个人纳入其中，但由于将刑事被告人以外的其他人列入附带民事诉讼的被告审理，难免会造成诉讼的复杂与拖延，因此这一规定在实践中很少被贯彻执行。同时，由于我国刑事诉讼中不存在缺席审判，因此即使犯罪证据确凿，在逃的被告人仍然无法成为附带民事诉讼的被告。

最后，赔偿范围窄。2012年《刑事诉讼法》没有对被害人因犯罪而遭受的精神损害是否应予赔偿作出正面规定，而2012年司法解释第138条第2款规定，"因受到犯罪侵犯，提起附带民事诉讼或者单独提起民事诉讼要求赔偿精神损失的，人民法院不予受理。"因此精神损害赔偿被排除在赔偿范围之外。并且，该司法解释第155条第2款还规定，"犯罪行为造成被害人人身损害的，应当赔偿医疗费、护理费、交通费等为治疗和康复支付的合理费用，以及因误工减少的收入。造成被害人残疾的，还应当赔偿残疾生活辅助具费等费用；造成被害人死亡的，还应当赔偿丧葬费等费用。"但没有规定死亡赔偿金、伤残赔偿金，与民事法的规定相矛盾。实践中法院判决附带民事诉讼被告承担赔偿责任时，还要考虑刑事被告人的赔偿能力。如果被告人没有赔偿能力，赔偿无法进行，法院可能判决免除被告人的赔偿责任。[1] 另外，交通肇事罪案件与普通刑事案件有所不同，其赔偿范围依据《中华人民共和国道路交通安全法》，一般包含残疾赔偿金、死亡赔偿金及精神损害赔偿金。

第二，程序上受刑事诉讼较多制约。

首先，管辖与审限。由于附带民事诉讼依附于刑事诉讼进行，而刑事诉讼的管辖制度及审限规定不同于民事诉讼，为了与刑事诉讼保持一致，民事诉讼关于案件管辖及审限的规定就无法得到适用。只有为了防止刑事案件审判的过分迟延，才可以在刑事案件审判后，由同一审判组织继续审理附带民事诉讼。

其次，反诉。对于公诉案件中附带民事诉讼中能否提出反诉，我国刑事诉讼法没有作出明确规定，仅规定告诉才处理和被害人有证据证明的轻微刑事案件的被告人或者其法定代理人可以对自诉人提起反诉。虽然最高法司法解释中作了原则性规定，人民法院审理附带民事诉讼案件，除刑法、刑事诉讼法以及刑事司法解释已有规定的以外，适用民事法律的有关规定，但是由于缺少在附带民事诉讼中适用反诉的具体操作规则，实践中应对公诉案件附带民事诉讼被告提出的反诉请求的做法不一。有的法院允许提

---

[1] 参见肖建华：“刑事附带民事诉讼制度的内在冲突与协调”，载《法学研究》2001年第6期。

第四章 附带实现方式：附带民事诉讼制度

起反诉，对附带民事诉讼的本诉与反诉一并作出判决；有的法院则不允许提出反诉，告知被告人待刑事案件审结后另行提起民事诉讼；[1] 还有的法院对于被害人确实给被告人造成损害、应当予以赔偿的，会结合案情认定被害人是否构成过错，如果属实，那么在对被告人的量刑上，可以酌情从轻处罚，并在附带民事诉讼中，对被害人的责任予以分配，以减轻被告人民事部分的赔偿。[2]

再次，辩论原则。辩论原则是我国民事诉讼法的一项基本原则，但是在附带民事诉讼中无法得到切实贯彻。原因在于：一方面，附带民事诉讼与刑事诉讼一并进行，而法官在查明损害赔偿事实的同时，还要判断刑事责任问题，因此被告人需要在庭审中低调配合以给法官留下积极认罪的好印象，从而得到刑罚的从轻，这导致被告人无法在损害赔偿问题上与被害人进行针锋相对的辩论，以免被法官作为拒不悔罪的表现。另一方面，绝大部分被告人身陷囹圄，其中大部分又没有律师的帮助，因此无法进行调查取证，也不具备法律知识，很难与得到公诉人支持的被害人进行平等的辩论。

最后，财产保全、先予执行措施。为了保障民事判决将来得到有效执行及紧急情况下解决权利人的生活、生产所需，民事诉讼中规定了财产保全、先予执行措施。附带民事诉讼中，被害人同样面临被告人及其近亲属转移、隐匿财产导致判决难以执行，或者被害人遭受犯罪行为侵害导致生活无以为继、需要尽快赔偿的情况。但是，我国刑事诉讼法及相关的司法解释没有对附带民

---

[1] 参见吴政："刑事附带民事诉讼若干问题探析"，载 http://www.chinacourt.org/article/detail/2004/10/id/136212.shtml，访问日期：2019年6月17日。

[2] 参见李琳萍："刑附民案件被告人能否对侵害人提起反诉"，载 http://www.chinacourt.org/article/detail/2013/06/id/1018896.shtml，访问日期：2019年6月17日。

事诉讼的先予执行作出规定，虽然最高法司法解释中有在刑事法律不作规定的情况下适用民事法律的概括性规定，对于被害人提出先予执行申请的可依据民事诉讼法裁定先予执行或驳回申请，但是由于缺少具体的操作规范，实践中很少得到适用。同时，诉前财产保全缺失。由于之前的刑事诉讼法规定仅能在案件起诉后才能向法院申请保全，而此时距案件立案侦查已经过了较长时间，被告人及其家属早已将财产转移或隐匿，起不到保障民事判决执行的效果。2012年刑事诉讼法及司法解释对此作出了修改，赋予被害人在案件起诉前向法院提起财产保全的权利，但没有对申请人是否需要提供担保、保全错误的责任承担、保全程序等作出明确规定，具体适用情况有待考察。

第三，民事证据规则难以得到适用。

由于民事诉讼在刑事程序中进行，刑事诉讼中已经对犯罪事实有所认定，且被告人作为民事被告通常不享有人身自由，诸多因素导致部分民事证据规则难以在附带民事诉讼中适用。我国学者就指出："法院乃不受附带民事诉讼当事人所主张之事实，及其所提出的之证据拘束，而应依据于原来之刑事诉讼所认定之事实，判断附带民事诉讼当事人之诉求是否妥当。"[1] 同时，"支配民事诉讼之证据法则，原则上，于附带民事诉讼不适用"。[2]

首先，民事诉讼中一方当事人对另一方当事人陈述的案件事实明确表示承认的，一般情况下另一方当事人无需举证。但在附带民事诉讼中，由于刑事诉讼中只有被告人口供、没有其他证据的不能定罪，因此被害人作为民事原告，不能由于被告的自认而自动获得胜诉判决。

---

[1] 黄东熊、吴景芳：《刑事诉讼法论》，三民书局2002年版，第716页。
[2] 黄东熊、吴景芳：《刑事诉讼法论》，三民书局2002年版，第711页。

第四章 附带实现方式：附带民事诉讼制度

其次，民事诉讼中设有举证期限，在无特殊情况的时候，双方当事人须在限期内举证，否则视为放弃举证权利，双方当事人还可在开庭前相互交换证据。但在附带民事诉讼中，一般不会设定具体举证期限，也不会组织双方当事人进行证据交换。

再次，举证责任方面，刑事诉讼中控方承担举证责任，被告人没有义务证明自己无罪，而民事诉讼中虽然以"谁主张、谁举证"为一般原则，但在特殊领域的侵权纠纷，如环境污染、医疗事故、产品责任、高度危险作业等，却实行举证责任倒置。[1]但在附带民事诉讼中，法官很难对不同的举证责任分配进行区分，一般会服从于刑事诉讼中举证责任的要求。

最后，证明标准方面，我国刑事诉讼对证明标准的要求是证据确实、充分，排除合理怀疑，但民事诉讼中则确立了证据明显优势的证明标准，而附带民事诉讼中适用何种证明标准则没有明确规定。实践中，法官在因证据不足作出无罪判决的情况下，即使依据民事诉讼的证明标准被害人的损害赔偿请求成立，为了维护裁判的统一性，法官也会考虑适用刑事诉讼的证明标准。

二、我国附带民事诉讼制度面临的问题

由于我国附带民事诉讼过于依附刑事诉讼，缺乏基本的独立性，实践中问题重重，无法有效实现被害人的民事诉权，为学界及实务界所诟病。这导致附带民事诉讼制度被广泛规避，被害人转而寻求其他解决路径，该制度已陷入困境。

（一）很多被害人遭受损害无法启动程序

由于附带民事诉讼的受案范围狭窄，很多案件的被害人即使

---

[1] 参见刘金友、奚玮：《附带民事诉讼原理与实务》，法律出版社2005年版，第240页。

因犯罪行为遭受损害亦无法提起附带民事诉讼。根据 2012 年司法解释的规定，被告人非法占有、处置被害人财产的，被害人无权提起附带民事诉讼，只能待司法机关予以追缴或者责令退赔。而追缴与责令退赔是司法机关依职权而采取的司法强制措施，被害人无法主动申请，在被告人及其家属不主动履行的情况下，实践中被害人也难以申请强制执行。在追缴、退赔仍不能赔偿被害人损失的情况下，被害人是否可以以诉权的方式获得司法救济呢？根据 2000 年司法解释第 5 条第 2 款的规定，在追缴或者退赔仍不能弥补损失的情况下，被害人可向法院民庭另行提起民事诉讼，但是 2012 年司法解释第 139 条将该内容删除，被害人申请司法救济失去依据。实践中，大量的财产类犯罪，如盗窃、诈骗、抢劫、侵占等犯罪，因被告人非法占有、处置被害人财产而使其遭受损失的，无法获得司法救济。

（二）被害人无法在该程序中获得充分的赔偿

现行刑事诉讼法将被害人有权提起附带民事诉讼的范围限定为因犯罪行为而遭受的物质损失，2012 年司法解释第 138 条第 2 款则明确规定，"因受到犯罪侵犯，提起附带民事诉讼或者单独提起民事诉讼要求赔偿精神损失的，人民法院不予受理。"因此，精神损害被明确排除出附带民事诉讼的赔偿范围。这与民事法中明确规定的精神损害赔偿相矛盾，为学界所诟病。根据《侵权责任法》第 4 条第 1 款及第 22 条的规定，"侵权人因同一行为应当承担行政责任或者刑事责任的，不影响依法承担侵权责任。""侵害他人人身权益，造成他人严重精神损害的，被侵权人可以请求精神损害赔偿。"最高人民法院的司法解释公然违背了法律的规定。这导致，若受害人因侵权行为导致较轻伤害的情况下可以获得精神损害赔偿，但在因犯罪行为遭致严重伤害的情况下却失去了获取精神损害赔偿的机会，这对被害人来说明显不公。

第四章　附带实现方式：附带民事诉讼制度

并且，2012年司法解释关于赔偿范围部分没有规定死亡赔偿金、伤残赔偿金，而这在民事诉讼中往往是受害人所获得赔偿的绝大部分，这与民事法及司法解释的规定完全矛盾。在该解释出台之前，由于刑事诉讼法规定不明，被害人提出的上述请求还有望获得法院的支持，陕西省高级人民法院2009年发布的《陕西省高级人民法院关于审理刑事附带民事诉讼案件的指导意见（试行）》中第4条第2款即明确规定，"残疾赔偿金、死亡补偿金是财产性损失，故对残疾赔偿金、死亡补偿金的请求，应予支持。"2012年司法解释的该项规定被认为是历史的倒退。此外，如果被告人没有赔偿能力，法院可能判决免除被告人的赔偿责任。法院出于避免空判、防止被害人申诉、上访的考虑，却背离了基本的侵权归责原则，等于为了某种功利性因素的考量而公开放弃对民法正义的追求，而这种做法是否能达到令被害人息诉服判的效果却非常令人怀疑。[1] 另外，交通肇事罪案件的赔偿范围一般包含残疾赔偿金、死亡赔偿金及精神损害赔偿金，而其他更为严重的刑事犯罪中，却对上述三项不予赔偿，导致同样的损害事实仅因犯罪性质不同而赔偿迥异的现象，显属不公。

因此，被害人即使提起附带民事诉讼，仍然无法得到充分的损害赔偿，这是附带民事诉讼程序陷入困境的重要原因之一。

（三）刑事案件受阻则损害赔偿无限期拖延

由于附带民事诉讼程序依附于刑事诉讼，而独立民事诉讼的提起也须待刑事诉讼终结之后，因此在刑事诉讼因客观原因无法启动或因故中止、终止或终结的情况下，附带民事诉讼就失去了存在的基础，而独立民事诉讼也无从启动，被害人的损害赔偿无法获得救济。例如，在犯罪嫌疑人在逃的情况下，刑事案件则无

---

[1] 参见陈瑞华：《刑事诉讼的中国模式》，法律出版社2010年版，第110页。

法依正常程序启动，附带民事诉讼也无从提出。即使被害人向民庭提起独立民事诉讼，由于案件涉嫌刑事犯罪也会中止审理，将案件转交侦查机关；在被告人脱逃或患有严重疾病无法出庭的情况下，由于我国刑事诉讼中不存在缺席审判制度而无法继续，附带民事诉讼也只能无限期等待。在上述情况下，被害人即使有证据证明其所受损害系被告人所为，且被告人有财产可供执行，也无法继续附带民事诉讼或启动独立民事诉讼，这严重阻碍了被害人民事诉权的实现。

（四）因程序粗疏导致当事人诉讼权利得不到保障

由于传统的重刑轻民思想的影响及制度设置的缺陷，附带民事诉讼审理程序甚为粗疏，诸多民事诉讼制度在其中无法得到适用，当事人的诉讼权利得不到有力保障。首先，我国刑事诉讼法及司法解释中均未对附带民事诉讼的审理程序及其与刑事程序的协调作出具体规定，虽然司法解释中有关于刑事法律未作规定的适用民事法律的原则性规定，但由于缺乏操作规范，实践中并没有严格适用民诉法的程序进行审理。其次，与普通的民事诉讼不同，附带民事诉讼处于整个刑事程序之中，法庭将其主要精力致力于被告人是否有罪、罪名的认定及其量刑，附带民事诉讼没有得到足够的重视，仅在刑事程序审理结束后稍带、快速地加以处理，导致整个程序简单粗糙，没有给被害人和被告人行使其诉讼权利以充分的保障。

（五）附带民事诉讼裁判执行率低

目前，附带民事诉讼案件"空判"现象非常严重，已经成为附带民事诉讼制度面临的最大危机。据一位长期从事刑事案件审判的法官说："刑事附带民事诉讼赔偿是长期困扰法院刑事审判工作的突出问题，也是全国性尚未解决的难题。目前，刑事附带民事诉讼，民事赔偿执行率不足10%。"[1]以北京市通州区人民法院近五年的附带民事案件的执行情况为例，从结案方式来看，执行完毕的比例为9.6%，强制执行占1.2%，和解占4.8%，自动执行为49%，终结本次执行程序为33.5%，其他结案方式占1.9%。实际执结率和标的到位率均为15.5%。[2]而在秦皇岛市海港区人民法院，2009年至2011年，该院共受理刑事附带民事执行案件35件，标的436.3万元，结案4件，执结到位37.5万元，执结率11.4%。[3]从以上数据可以看出，绝大部分被害人即使获得附带民事诉讼的胜诉判决，仍然无法得到赔偿。这不仅严重损害了法律权威和司法的公信力，而且很多被害人由于得不到赔偿而申诉、上访，影响到了社会的稳定。

附带民事诉讼判决执行率低的主要原因在于：一是大多数被告人为低收入人士或者无业人士，经济赔偿能力不足。二是被告人是否依判决予以赔偿与其刑事责任的承担无关，此时定罪量刑已然确定，而被告人是否赔偿也并非减刑、假释等的考虑因素，因此被告人没有积极赔偿的动力。三是因为缺乏有力的财产保全措施，被告人及其近亲属有机会从容地转移或隐匿财产，使得附带民事判决无法得到执行。

（六）"打了不罚、罚了不打"的现象

目前，在附带民事诉讼审理中存在一种"打了不罚、罚了不打"的现象，造成刑民责任的相互吸收，为许多学者所诟病。实

---

[1] 南京晨报："刑事附带民事赔偿执行率不到一成"，载http://news.sina.com.cn/s/l/2008-02-25/071015013012.shtml，访问日期：2019年6月17日。

[2] 参见于素娟："刑事附带民事诉讼案件执行难的原因及对策"，载http://www.chinacourt.org/article/detail/2013/12/id/1160302.shtml，访问日期：2019年6月17日。

[3] 参见李澄："刑事附带民事执行调研报告"，载http://qhdhgqty.hebeicourt.gov.cn/public/detail.php?id=421，访问日期：2019年6月17日。

践中，如果被告人在判决前主动向被害人提供了赔偿，则法官一般会对其刑事责任作从轻判处，若案件性质不严重，可能会判以缓刑；如果被告人声称没有赔偿能力或者拒绝赔偿，则法官会从严判处其刑罚；在被告人被判处死刑的情况下，法官一般不会再对其处以民事赔偿，而是动员被害人撤回附带民事诉讼，即使判处也仅是象征性的赔偿。

在被告人积极赔偿被害人的情况下，作为从宽量刑情节对被告人从轻处理，这是很多国家的通例，我国司法解释中也规定赔偿损失情况应作为悔罪表现在量刑时予以考虑。但是在被告人不作赔偿的情况下对其从重处罚，或者因被告人被判重刑而免除民事责任的承担，则没有合理依据。首先，被告人不赔偿并非法定的从重量刑情节，且仅根据这一事实也不能认定被告人拒绝悔罪，导致被告人不予赔偿的原因很多，可能是没有赔偿的经济能力，也可能是认为自己没有构成犯罪，前种情况下从重判刑则等于惩罚穷人，违背法律面前人人平等的理念；后种情况下从重判刑则等于辩护从严，侵犯了被告人的辩护权。其次，被告人刑民责任虽然融合交错，被告人对民事责任的承担还可能消解其刑事责任，但绝不能反过来通过严厉的刑罚处罚来规避民事责任的判处。这一方面是因为刑法的补充性，只有在其他法律制裁之后仍显不足的，才可动用刑罚。另一方面，被害人是犯罪行为的直接受害者，相比刑罚这一抽象的责任承担，对被害人的损害赔偿更为具体、更为重要，不能为了抽象的国家利益而将被害人个体置之不顾。

（七）有违无罪推定原则

在附带民事诉讼中，鉴于附带民事判决执行困难，而且可能由于当事人不满而引发上诉、上访，法官在审判过程中一般会先行就赔偿问题对双方当事人进行调解，这在普通民事诉讼中无可非议，但是在刑事诉讼与民事诉讼交织进行的情况下却可能对刑事审理产生影响,有违无罪推定的基本原则,尤其是在被告人不认罪的情况下。在庭审尚未开始或庭审结束之前,案件的基本事实尚未查清,被告人是否实施了所指控的犯罪行为还未确定,此时法官积极就赔偿问题在被害人与被告人之间进行调解,无疑会给被告人带来压力与误导,认为法官在庭审还未完成的情况下即认定其有罪,会使其产生不公之感,甚至因此而放弃无罪辩解的努力,以迎合法官。

第四节 被害人民事诉权理论导向下附带民事诉讼制度的构建

一、被害人民事诉权理论导向下附带民事诉讼制度的正当性

如前文所述,程序便利性理论与裁判统一性理论作为附带民事诉讼制度的理论基础,已经遭到了挑战与质疑,而实体关联性理论只能说明附带民事诉讼制度设置的可能性,而不能说明其必要性。因此,很多学者认为,由于缺乏理论正当性且该制度实践中出现的诸多问题,应当废除附带民事诉讼制度。但是,如果能够重新确立附带民事诉讼制度的理论正当性,为该制度的合理设置提供理论上的指引,那么应当对附带民事诉讼进行重构而不是废除。

鉴于附带民事诉讼制度设置的直接目的即实现被害人的民事诉权,因此被害人民事诉权本身的性质决定了其实现方式的设置。如前文所述,被害人民事诉权本身具备刑民双重属性,又与其刑事诉权间存在相互并存又彼此影响的复杂关系,因此一般情况下,被害人民事诉权与刑事诉权应当在同一程序中加以实现,这样才能使被害人民事诉权获得刑事诉权的支持,也给刑事诉权通过实现民事诉权得以消解留下空间,也就是"通常情况下刑事程序附

带解决原则"。虽然被害人的民事诉权系由被告人的犯罪行为所引起,但考虑到大部分情况下根据刑事诉讼审理的结果并不能直接对损害赔偿问题作出判断,而是需要就损失情况、赔偿数额、责任分担等问题另行查明,因此须有相对独立的程序对损害赔偿问题进行另外审理,而不能完全依附于刑事诉讼。至于是刑事附带民事诉讼还是民事附带刑事诉讼,鉴于刑事诉讼涉及国家利益及社会公共利益,检察机关在行使职权时受到诸多限制,而民事诉讼完全依当事人意志,因此刑事诉讼的启动相比民事诉讼而言,具有更多的可预测性和固定性,故让民事诉讼融入刑事诉讼程序比反向融入更具现实性和可操作性。同时,保护人权及打击犯罪的两面性,使得刑事诉讼有更多的法定性特征,而民事诉讼的灵活性可以主动去适应这种法定性,反过来却行不通。[1]

鉴于被害人民事诉权的刑民双重属性,一般情况下被害人应当通过附带民事诉讼程序来加以实现。虽然目前对于附带民事诉讼制度还存在诸多质疑,但多出于对该制度强附属性设置的不满,认为应当赋予其更多的独立性。一方面,应当扩大附带民事诉讼的适用范围,将其作为被害人实现民事诉权的主要制度。另一方面,从被害人民事诉权的民事属性出发,应当对附带民事诉讼制度的实体法、程序法设置进行制度完善。

二、被害人民事诉权理论导向下附带民事诉讼制度适用范围的完善

若将附带民事诉讼制度构建为被害人实现民事诉权的主要方式,则须彻底扩大该制度的适用范围,与民事诉讼保持一致。也

---

[1] 参见张珺:"刑事附带民事诉讼的合理性探讨",载《法律适用(国家法官学院学报)》2002年第6期。

就是说，所有因被告人犯罪行为而遭受损害的被害人均可提起附带民事诉讼。只是在特殊情况下，法庭无法对附带民事诉讼作出判决。

我国 2012 年《刑事诉讼法》及司法解释中，将占有处置类财产犯罪案件和精神损害赔偿案件均排除于附带民事诉讼的范围之外，导致被害人的损害赔偿无法实现。其实，大陆法系国家关于附带民事诉讼的受案范围通常没有其他限制，各类犯罪中被害人遭受人身损害或财产损害，均有权提起附带民事诉讼。为了改变我国这一现状，应当在立法中明确规定，附带民事诉讼的受案范围与民事诉讼相同，不作物质损失或精神损失、财产犯罪或人身犯罪的区分。只是，在部分特殊情况下，被害人无法提起附带民事诉讼，或已提起的附带民事诉讼无法对损害赔偿作出裁判，被害人只能提起独立民事诉讼，主要包括：第一，刑事诉讼中被告人被判处无罪或终止审理，且法庭无法对附带民事诉讼作出赔偿判决因而不予判处的，被害人只得另行提起独立民事诉讼。第二，自被害人遭受犯罪行为侵害起超过一定期限刑事程序仍未启动，或者刑事诉讼因故中止超过时限没能重新启动，则被害人有权启动独立的民事诉讼加以解决。第三，非因被害人原因，得知损害结果欲提起附带民事诉讼时刑事诉讼已经终结，或刑事诉讼终结后有新的损害结果出现的。

对于部分专业性较强的刑事案件，包括知识产权类、环境类等案件，由于该类案件要求法官具有相关知识背景，因此由刑事法庭审理这类案件的附带民事诉讼被认为难于胜任。其实，我国不少地区已经出现了知识产权法院、知识产权法庭、环境保护法庭等，这些法庭不仅处理相关民商事案件，还同时处理相关行政案件、刑事案件，很好地解决了法官的专业性问题，这是应对专业性较强的刑事案件的很好思路。对于部分案情复杂、涉及人员众多的集资犯罪、证券犯罪、网络犯罪案件，附带民事诉讼中对损害赔偿进行彻底审理的确存在困难，可以考虑在附带民事诉讼中作出原因判决或部分判决，即只对被告人是否应承担赔偿责任作出判决，或只对附带民事诉讼中能够确定的部分损害进行赔偿，其余部分另行提起民事诉讼。

在法律关系简单、赔偿数额明确的财产类刑事案件中，被害人也可选择以赔偿令方式实现其民事诉权，同时保有选择附带民事诉讼方式的自由。

三、被害人民事诉权理论导向下附带民事诉讼实体规则的完善

被害人民事诉权的民事属性决定了，附带民事诉讼中关于被害人的损害赔偿的实体法规定应当尽可能与民事法规定相一致。

第一，附带民事诉讼的主体范围应当与民事诉讼相一致，否则该程序无法彻底解决被害人的损害赔偿问题。根据各个国家及地区的通例，凡因犯罪而遭受损害或损失的人，只要依法在刑事诉讼中提出赔偿要求，就可以成为民事原告人。而关于被告人的范围，各国的规定有所不同。法国、俄罗斯、我国台湾地区等实行相对独立模式附带民事诉讼的国家和地区，均明确其主体范围依民事法规定，而未加以限制。德国等实行附属性模式的国家，则一般将被告局限于刑事被告人，而将其他依法应当承担民事责任的主体排除在外，同时不允许第三人的介入。我国也是如此。虽然我国司法解释规定，附带民事诉讼的被告包括被告人及其他依法应当承担赔偿责任的个人及单位，但实践中，由于缺乏具体的操作规范，且其他责任人员的审理对于刑事诉讼无益，一般仍只将刑事被告人作为民事被告。附带民事诉讼中对于民事被告范围的限制和第三人的缺失导致被害人的民事诉权无法完全实现，他们只得另行寻求救济，这无疑增加了被害人获得损害赔偿的难

第四章 附带实现方式：附带民事诉讼制度

度。关于我国附带民事诉讼中检察机关的诉权问题，鉴于民事诉权的私法属性，权利人对于诉权行使与否有其处分权，司法机关无权干涉，即使是国家财产、集体财产遭受损害，同样应由国家财产、集体财产的管理机构决定是否提起诉讼，而不是由国家公权机关介入。

第二，附带民事诉讼的赔偿范围应当与民事诉讼相一致，否则被害人将设法规避该程序，最终导致该程序被虚置。在法国、俄罗斯、我国台湾地区等实行相对独立模式附带民事诉讼的国家和地区，均明确其客体范围依民事法规定，而未加以限制。德国附带民事诉讼的附属性较强，对于赔偿范围有所限制，仅限于财产权方面的请求，同时也规定，对于未被附带民事诉讼认可的请求权部分，被害人可以另行提出，给了被害人以另行救济的机会。我国附带民事诉讼中同样规定仅赔偿被害人的物质损失，对于精神损失请求不予受理，并且规定被害人单独提起民事诉讼要求赔偿精神损失的，同样不予受理。这就杜绝了被害人受到犯罪行为侵害后获得精神损害赔偿的可能。这也是我国附带民事诉讼被广为诟病的一个重要原因。在这种情况下，被害人只得通过其他方式来维护自己的民事权益，于是出现了私下和解以及之后被司法及立法认可的刑事和解制度，附带民事诉讼制度被遗弃。

四、被害人民事诉权理论导向下附带民事诉讼程序规则的完善

被害人民事诉权的民事属性决定了，附带民事诉讼中关于被害人的损害赔偿的程序法规范应在不扰乱刑事诉讼审理的基础上尽可能维持其民事诉讼的本色。我国的附带民事诉讼的程序规则过于迁就刑事诉讼规则，导致民事当事人的诉讼权利得不到有效维护，民事诉讼无法得到切实、有效的审理。

第一，管辖制度的完善。附带民事诉讼在程序上是民事附带于刑事,因此管辖问题上一般应与刑事诉讼保持一致,这无可非议。然而部分特殊类型的民事案件,如知识产权类案件、海事案件,由于其专业性与复杂性,普通民事法官都难以进行审理,因此设立专门的法庭或法院对该类案件进行审理。在这种情况下,刑事法官由于其专业性限制,更难审理该类案件,也应由专门法院或法庭进行。我国就正在进行这方面的改革与探索。2014年8月31日,第十二届全国人大常委会第十次会议就表决通过了《全国人大常委会关于在北京、上海、广州设立知识产权法院的决定》,将民事、行政、刑事问题合并审理。而早在2012年2月,浙江省常山县人民法院交通巡回法庭即正式成立,探索实践"刑民一体"审判模式,既审理交通肇事、醉驾等刑事案件,又审理交通事故赔偿等民事案件。[1]

第二,审限制度的完善。在审限问题上,刑事诉讼由于其特殊性,审理期限短于普通民事诉讼,尤其是在被告人被羁押的情况下,有一定合理性。但是,考虑到附带民事诉讼中法官需同时审刑事与民事诉讼,情况更为复杂,为了避免对附带民事诉讼审理得粗疏草率、损害当事人的诉讼权利,应当适当延长有附带民事诉讼案件的刑事案件审限。我国2012年《刑事诉讼法》规定,对于附带民事诉讼等有特殊情形的案件的审限可以延长至六个月,就是基于这一考量。

第三,反诉制度的确立。民事诉讼中,被告有权以本诉中的原告为被告,提出与本诉的诉讼标的有牵连的,旨在保护被告的民事权益的独立诉讼请求。鉴于被害人民事诉权的民事属性,刑事被告人作为民事诉讼的被告应同样享有反诉权。但是,考虑到

---

[1] 参见余建华、孟焕良:"常山刑民一体模式实现'三无'目标",载 http://www.chinacourt.org/article/detail/2014/03/id/1262179.shtml,访问日期:2019年6月17日。

第四章　附带实现方式：附带民事诉讼制度

附带民事诉讼本身是基于被告人的犯罪行为，被告的反诉也应基于该犯罪事实。因此，附带民事诉讼中反诉适用的案件类型应是被害人也有过错的刑事案件。如被告人因与被害人争吵被其打成轻微伤，随即将被害人打成重伤。在该案中，被害人自身也存在过错，附带民事诉讼中被告人有权向其提出反诉要求就轻微伤损害进行赔偿。同时，关于被害人过错情况的查明也是刑事案件中合理判定被告人的刑事责任的重要因素。

第四，贯彻辩论原则的保障。虽然附带民事诉讼是保障被害人民事诉权的制度设置，但是根据诉权平等原则，被告人的民事诉权同样需要得到保障，而辩论原则在附带民事诉讼中无法切实贯彻正是被告人民事诉权保障不利的表现。这导致实践中很多被害人存在过错的案件中，被告人仍稀里糊涂地承担了全部赔偿责任。为了切实贯彻辩论原则，一方面需要法官端正认识，不应对被告人存有偏见，给予其充分辩论的机会，并在需要时给予引导，尤其是在被害人有诉讼代理人而被告人没有律师的情况下。另一方面需要改变我国目前羁押率畸高的局面，改羁押原则为羁押例外，使得被告人有机会为维护自己的民事诉权而努力。

第五，证据规则的完善。由于民事诉讼附带于刑事诉讼当中，刑事法官要在适用刑事证据规则的同时兼顾民事证据规则的特殊性，殊为不易。但考虑到证据规则的适用直接影响到附带民事诉讼对损害赔偿的判定，应当对其特别关注。首先，关于举证期限等对于附带民事诉讼事实认定不产生直接影响的规则，出于使刑事诉讼顺利进行的考虑，可不对附带民事诉讼作强制要求，由法官根据案件情况具体裁断。其次，关于证据交换问题。为了保障双方当事人在庭审中有针对性地举证、质证，原被告双方有必要进行庭前证据交换。再次，关于举证责任的规定。部分特殊类型的民事案件实行举证责任倒置，由被告承担证明责任，而刑事诉讼中由控方证明被告人犯罪行为成立，这其实是免除了被告一方的证明责任。若法院最终判定刑事犯罪成立，无疑则侵权行为成立，无需考虑举证责任问题；若法院判定刑事犯罪不成立，却不能因此认定侵权行为不成立，因为侵权行为成立与否取决于被告的举证，对此可交由民庭再行判断。最后，关于证明标准问题。如何避免刑民不同的证明标准给法官造成的判断难题，法官在因证据不足按照疑罪从无的规则作出无罪判决的情况下，对于侵权行为成立与否也可交由民庭再行判断。

第六，财产保全、先予执行措施的完善。附带民事诉讼判决的极低的执行率是附带民事诉讼程序失灵的关键因素，而建立完善的财产保全措施是保障判决执行的重要保障。首先，诉前的财产保全制度需具体完善。考虑到由公安检察机关采取查封、扣押措施进行财产保全存在侵犯被告人利益的风险，应由中立的法院依申请或依职权进行诉前财产保全。我国 2012 年《刑事诉讼法》及司法解释已经规定了由法院决定的诉前财产保全措施，这需要法院改变一直以来从不介入审前阶段进行司法审查的惯例。另外，由于被害人一般经济能力较弱，如依民事诉讼中规定申请诉前财产保全必须提供等额担保，则大部分被害人恐怕没有能力提出财产保全申请。因此，在附带民事诉讼中，法官可根据案件具体情况要求被害人提供部分担保，或者不要求担保。其次，先予执行制度应予明确规定。在国家补偿制度尚未确立的情况下，先予执行制度对面临紧急情况的被害人来说意义重大。我国《刑事诉讼法》及相关规定中应当明确附带民事诉讼程序中适用先予执行措施，并对具体操作程序进行规范。

第五章
刑民合一的实现方式：刑事赔偿令制度

第一节 刑事赔偿令制度的比较考察

与大陆法系国家普遍实行附带民事诉讼制度不同，刑事赔偿令制度是英美法系国家被害人实现其民事诉权的通常方式，两者同样是在刑事程序中实现被害人的民事诉权，具有便利和高效的特点。不同之处在于，刑事赔偿令的判处完全建立在刑事审判的基础上，无需单独程序进行审理，这就避免了当事人主义诉讼模式下被害人介入刑事审理而造成的对控辩平衡的干扰。近年来大陆法系的部分国家也仿效英美等国，开始尝试借鉴刑事赔偿令制度。

刑事赔偿令也可称为刑事补偿令，它是指刑事法庭应刑事被害人诉求或依职权而作出由刑被告人支付赔偿金的判决的一种罪犯赔偿形式。根据相关联合国宣言和欧洲议会法案，刑事赔偿令可为独立刑罚，并须优先适用，其可与缓刑或监禁刑折抵；刑庭法官必须应被害人诉求而制作赔偿令，否则须作出解释。第二次世界大战后，西方一些国家犯罪被害人学创立，并开展大规模的刑事犯罪被害人权利保护运动。刑事赔偿领域开始确立刑事被害人的正式刑事诉讼法律地位。为保护刑事被害人获得赔偿权，国家补偿制度和刑事赔偿令制度在各西方国家应运而生，二十世纪八十年代起纷纷实行刑事赔偿令制度。[1]

一、英国的刑事赔偿令制度

在英国，刑事赔偿令是被害人实现民事诉权的重要方式。包括治安法院和刑事法院在内的所有审理刑事案件的法院都可以在对罪犯判处刑罚的同时，发布赔偿令，要求罪犯对因其犯罪行为所造成的任何人身伤害、财产损失或其他损害作出赔偿。[2]1972年《刑事司法法》规定了命令罪犯向被害人赔偿的权力，现在被包含在PCC（S）A2000第130条及其他相关法律规定中。下面我们对英国目前的赔偿令制度进行介绍。

第一，刑事赔偿令的适用。被害人不必亲自出庭并亲自提出申请赔偿令，通常可在警方的陈述中指出其损失的范围以及获赔愿望。此外，皇家检控署文档中可包括一份表格，列明索赔的数额和主张人的姓名地址，递交给法院。有了这些材料，在有罪答辩时，检察官在总结事实结束时就可以请求适当数额的赔偿。如

---

〔1〕 参见贾彬："引入刑事赔偿令可以更有效保障被害人权益"，载《检察日报》2011年4月13日，第3版。

〔2〕 参见汪建成、甄贞主编：《外国刑事诉讼第一审程序比较研究》，法律出版社2007年版，第94页。

第五章 刑民合一的实现方式：刑事赔偿令制度

果答辩无罪，与赔偿有关的证据会出现在审判过程中。只有赔偿得到承认或是被充分证明时，才可作出赔偿令。[1] 可以说，被害人的申请并非获取赔偿令的必要条件，法官也可依职权判令被告赔偿。但是，并非所有由犯罪造成的损失都可以通过赔偿令解决。根据法律规定，法院对因机动车交通事故造成的任何损失一般可以不发布赔偿令；对因某人死亡而给受其抚养之人带来的损失不发布赔偿令。另外，只有当损失的数额确定无疑，双方不存在争议的时候，才可以发布赔偿令，如果双方对此尚存争议，只能通过另行提起的民事诉讼解决。[2]

第二，刑事赔偿令的赔偿范围。PCC（S）A2000 第 130（1）（a）条规定了刑事赔偿令所判令赔偿的范围，即罪犯就这项罪行或任何其他有关罪行造成的"个人伤害、损失或损害"。第 130（5）条规定，刑事法庭须依法命令盗窃犯对其盗窃期间发生的财物损失向被害人给付赔偿。这表明，盗窃罪等相关侵犯财产类型犯罪也可获赔。斯普莱克指出，英国法律规定，侵害财产犯罪的刑事犯罪人需对财物在犯罪期间所产生的任何损害，包括脱离其控制期间所产生的损失，依法都承担返还与补偿责任。第 130（1）（b）条规定，刑事法庭可以针对罪犯死亡赔偿制度下达赔偿令，包括死亡赔偿费用和赔偿对象范围：当犯罪导致死亡（除道路交通事故中的死亡外），法院可以进一步命令罪犯偿付丧葬费用或抚恤费用。"关于道路交通事故中发生的损失，一般的政策是被害人应当从罪犯的保险人处获得赔偿，而不是直接从罪犯本人处获得，因此，第130（6）条规定对于'因道路上出现的机动车辆而引发

---

[1] 参见[英]约翰·斯普莱克：《英国刑事诉讼程序》，徐美君、杨立涛译，中国人民大学出版社2006年版，第582页。

[2] 汪建成、甄贞主编：《外国刑事诉讼第一审程序比较研究》，法律出版社2007年版，第94页。

的事故'造成的伤害、损失或损害,可以不作出赔偿令,除非这个丧失是罪犯因为第130(5)条造成的(被窃物品不在所有人控制之下导致的损害,概括地假定由窃贼造成),或者罪犯没有保险因而被害人无法根据《机动车保险人署计划》索赔。"[1]在苏格兰,根据最新《刑事司法和许可法案》(the Criminal Justice and Licensing Bill)规定,苏格兰不仅实行刑事赔偿令法律制度,而且其对丧亲之痛这种精神损害也可以进行赔偿。因此,精神损害赔偿至少在苏格兰是刑事赔偿令的法定赔偿范围。[2]

第三,刑事赔偿令的赔偿金额认定。1973年《刑事法院权力法》第130(4)条规定,法院负责认定赔偿事实和证据,就具体金额作出判决。[3]根据规定,在决定合适的赔偿额时,法院应当考虑任何证据和任何由/基于被告人或者控方的利益作出的陈述。当罪犯在一项或数项标本罪状基础上被定罪时,将赔偿令的价值建立在宣称源于既没有被指控也没有被考虑在内的犯罪造成损失的基础上,是违法的。对于人身伤害案件,量刑者可以从刑事伤害赔偿委员会在可比案件中支付的数额内获得有关适当赔偿的指引。治安法官协会《量刑指南(2000)》中根据伤害类别对赔偿额给出了指引,其中的数字不能视为固定的价目表,而只是一个指导性数字。[4]然而,这一过程常常十分困难,比如计算各种不同伤害所需支付的金额及其确定标准。这导致刑事法院因此而缺

---

[1] 参见贾彬:"英国刑事赔偿令法律制度",载梁慧星主编:《民商法论丛》(第48卷),法律出版社2011年版,第24页。

[2] 参见贾彬:"英国刑事赔偿令法律制度",载梁慧星主编:《民商法论丛》(第48卷),法律出版社2011年版,第38页。

[3] 参见贾彬:"英国刑事赔偿令法律制度",载梁慧星主编:《民商法论丛》(第48卷),法律出版社2011年版,第29页。

[4] 参见[英]约翰·斯普莱克:《英国刑事诉讼程序》,徐美君、杨立涛译,中国人民大学出版社2006年版,第580—582页。

第五章 刑民合一的实现方式：刑事赔偿令制度

乏制作赔偿令的积极性。[1] 不同类别的法院判令赔偿的金额权限不同。《刑事法院权利法》第 131 条规定，"在治安法院，对任何犯罪可以判处的赔偿令的最高金额是 5000 英镑""对皇室法院可以判处的赔偿令没有法定的金额限制。"[2]

第四，罪犯赔偿能力与刑事赔偿令的判处。即使罪犯作出赔偿的责任已经得到承认或者得到无可争议的证明，法院也只能作出在他合理偿付的能力范围之内的赔偿令，超出其经济能力的命令在上诉时可能被取消或者削减。因为罪犯在关于其赔偿能力方面有作出夸大承诺以期避免或减少羁押刑罚的趋势，辩方顾问和事务律师有义务调查任何关于赔偿的提议，并且只有在确信罪犯提供的关于其偿付能力的消息为正确时方可提供给法院。如果罪犯误导法院使之认为他能够偿付赔偿金，则他以后针对赔偿的上诉不会成功。他必须偿付赔偿金，或者在未能偿付时服满适当的刑期。[3]

第五，刑事赔偿令的支付。通常情况下，赔偿令不是被命令马上支付，而是可以被命令为分期付款。关于偿付期限长度需要考虑的因素与罚金的情况类似。赔偿令通常应当在十二个月内偿付，但在情况允许时可以超出达到最高三年的期限。[4]

第六，刑事赔偿令的性质及其与其他刑罚的关系。英国刑事赔偿令的法定性质是刑罚。它既是一个独立的刑种，也是其他刑

---

[1] 参见贾彬："英国刑事赔偿令法律制度"，载梁慧星主编：《民商法论丛》（第 48 卷），法律出版社 2011 年版，第 29—30 页。

[2] 参见贾彬："英国刑事赔偿令法律制度"，载梁慧星主编：《民商法论丛》（第 48 卷），法律出版社 2011 年版，第 25 页。

[3] 参见［英］约翰·斯普莱克：《英国刑事诉讼程序》，徐美君、杨立涛译，中国人民大学出版社 2006 年版，第 582 页。

[4] 参见［英］约翰·斯普莱克：《英国刑事诉讼程序》，徐美君、杨立涛译，中国人民大学出版社 2006 年版，第 582 页。

罚的替代刑,并依法优先于缓刑、监禁刑和罚金刑而适用,并可与社区刑罚、监禁刑以及监禁刑的缓期执行互抵适用。首先,刑事赔偿令被明确规定为刑罚,为法定刑种之一,它的适用方式十分灵活,可以单独适用,可以附加适用。[1]"赔偿令可以取代或附加于罪犯因犯罪而作出的其他任何形式的惩罚[第130(1)(b)条]。因此,赔偿令可以与非惩罚性的赔偿,比如社区改造令或有条件的释放相结合。它甚至可以作为一种单独的刑罚,即法院在处理罪犯时作出的唯一命令。"[2]其次,相对于罚金,刑事犯罪人刑事赔偿令具有法定的优先适用地位。因此,量刑者在罪犯经济能力有限时,应优先考虑赔偿而不是罚金。最后,刑事赔偿令可以作为缓刑条件。目前在英国,缓刑与刑事赔偿令的结合是十分典型而有效的刑事司法制度,这使罪犯赔偿在刑罚体系中、在量刑过程中占有其应有的一席之地,并因此而使其具有得到强化的刑事法律效力。[3]

第七,对不制作刑事赔偿令的限制与规范。PCC（S）A2000第130（3）条规定:"如果有权力作出赔偿令的法院选择不作出命令,它必须给出理由。"不作出赔偿则必须给出理由的要求反映了政府显而易见的忧虑,内政部部长们在无数次演讲中提到,法院应当完全地行使命令赔偿的权力。[4]英国《刑事诉讼法》的这一规定表明,制作刑事赔偿令被视作法院必须遵守的法定职责,一

---

[1] 参见贾彬:"英国刑事赔偿令法律制度",载梁慧星主编:《民商法论丛》(第48卷),法律出版社2011年版,第26—27页。
[2] 参见[英]约翰·斯普莱克:《英国刑事诉讼程序》,徐美君、杨立涛译,中国人民大学出版社2006年版,第579—580页。
[3] 参见贾彬:"英国刑事赔偿令法律制度",载梁慧星主编:《民商法论丛》(第48卷),法律出版社2011年版,第27页。
[4] 参见[英]约翰·斯普莱克:《英国刑事诉讼程序》,徐美君、杨立涛译,中国人民大学出版社2006年版,第579页。

第五章 刑民合一的实现方式：刑事赔偿令制度

般不允许违反。而如不制作，则须提出充分的理由作为根据。英国这种法院必须作出刑事赔偿令的立法无疑确保了刑事赔偿令法律制度的实施和应用。而这是一项对刑事犯罪人和刑事被害人、对社会和国家都有益处的强制命令。[1]

第八，刑事赔偿令与独立民事诉讼的关系。英美法系国家曾长期通过独立民事诉讼处理罪犯赔偿的法律问题，并实行刑事优先原则。而现在的英国，是以刑事赔偿令制度为主要的罪犯赔偿法律制度。[2]但是，如果刑事法院拒绝作出赔偿令，或者作出了少于损失总额的赔偿令，被害人的民事权利当然不会受到影响，他可以就其实际损失高出赔偿令的部分在郡法院或最高法院提起民事程序。[3]这表明，独立民事诉讼制度仍然继续有效，并仍然适用刑事优先原则。刑事法庭只对事实清楚确凿和伤害金额可以确定的索赔请求才可判处刑事赔偿令。否则，刑事法庭将不制作赔偿令，而被害人这时只有通过民事诉讼提出索赔请求。[4]由于民事诉讼中的证明标准要低于刑事诉讼，所以刑事法院的赔偿令不予支持的部分赔偿要求，在民事诉讼中很可能获得支持。但是，民事法院最终判定的赔偿数额要扣除被害人已经通过赔偿令获得的部分。[5]

第九，刑事赔偿令与其他被害人民事诉权实现方式的区别。

---

[1] 参见贾彬："英国刑事赔偿令法律制度"，载梁慧星主编：《民商法论丛》（第48卷），法律出版社2011年版，第29页。

[2] 参见贾彬："英国刑事赔偿令法律制度"，载梁慧星主编：《民商法论丛》（第48卷），法律出版社2011年版，第30页。

[3] 参见[英]约翰·斯普莱克：《英国刑事诉讼程序》，徐美君、杨立涛译，中国人民大学出版社2006年版，第583页。

[4] 参见贾彬："英国刑事赔偿令法律制度"，载梁慧星主编：《民商法论丛》（第48卷），法律出版社2011年版，第30—31页。

[5] 汪建成、甄贞主编：《外国刑事诉讼第一审程序比较研究》，法律出版社2007年版，第94—95页。

首先，赔偿令与其他刑事损害赔偿方式的基本区别在于其执行力，其他刑事损害赔偿的判决都是民事判决，被害人有责任请求执行，但赔偿令是刑罚处罚，由国家强制力保证执行。其次，赔偿令优于罚金，使被害人免受潜在的损失。[1]

第十，与刑事赔偿令配套的刑事归还令制度。PCC（S）A2000第148条规定，在物品被盗窃且罪犯就与此项盗窃相关的犯罪被定罪时（或者此犯罪被考虑在内时），法院可以命令任何拥有或控制此物品的人将其归还给有权从他这里要求归还的人。"被盗物品"包括通过诈骗或勒索获取的物品，"与盗窃相关的犯罪"包括处理被盗物品，可能还包括共谋偷窃或协助窃贼。罪犯以外的人也可能根据第148条被命令归还物品，但法院只会在最清楚的案件中才会对第三方作出命令。明显适用第148条的情形是被定罪的窃贼或赃物处理人被抓住时拥有被盗物品。如果对于真正的所有人没有疑问，法院可以在审判结束时命令将物品归还与他。第148条还存在命令将罪犯拥有的且直接或间接代表了被盗物品的财物，转移给被盗物品所有权人的权力。最后，法院可以命令对被盗物品享有所有权的人，可以从罪犯被捕时拥有的金钱中被偿付不超过物品价值的数额。不过，考虑到法院现在在PCC（S）A2000第130条规定下拥有命令赔偿的广泛权力，第148条规定的支付金钱的命令看来只有很有限的价值。[2]

英国学者认为，刑事赔偿令是为被害人提供在罪犯明显有能力偿付赔偿金时避免诉诸民事诉讼费用的一种方便和快速的方式，也就是说，被害人可以通过刑事法院迅速且没有任何费用地获得

---

[1] 参见魏彤："欧美国家犯罪被害人在刑事诉讼中的地位"，载《中外法学》1996年第4期。

[2] 参见［英］约翰·斯普莱克：《英国刑事诉讼程序》，徐美君、杨立涛译，中国人民大学出版社2006年版，第583页。

否则必须通过民事诉讼才能获取的救济。[1]因此,从诉讼效益及方便当事人的角度考虑,在案情简单、赔偿责任明确的案件中,刑事赔偿令理应得到优先的适用。

二、美国的损害赔偿制度

在美国,独立民事诉讼一直是被害人实现民事诉权的主要方式。自二十世纪七十年代开始,许多法院开始尝试把赔偿作为刑罚的一种,八十年代以后颁发赔偿令赔偿被害人受到许多管辖区的欢迎。[2]促使其发展的一个原因是对十九世纪传统的批评,那时犯罪被害人通过在民事法庭上提出侵权诉讼从侵害人那里获得补偿。对这项选择权的不知悉、被告的无力偿债以及提起诉讼的费用和烦琐,已经被作为证据证明民事补偿是不足的。其他促成因素包括,对监狱矫正罪犯能力的信任度下降和各种各样赞美损害赔偿作为刑事惩罚的价值的司法理论观点。1982年,美国国会制定了《被害人和证人保护法》,规定损害赔偿为独立的刑事惩罚并规范它的运用。之后,它经过了几次修正。1996年,《被害人强制赔偿法》对它进行了彻底修订。但是,《被害人和证人保护法》仍是损害赔偿联邦法律的中心。[3]以下是对美国现行刑事赔偿令制度的介绍。

第一,损害赔偿的适用范围。《被害人和证人保护法》授权量刑法庭命令特定犯罪的被告人向被害人进行损害赔偿。二十世纪

---

[1] 参见[英]约翰·斯普莱克:《英国刑事诉讼程序》,徐美君、杨立涛译,中国人民大学出版社2006年版,第580页。
[2] 参见[美]爱伦·豪切斯泰勒·斯黛丽、南希·弗兰克:《美国刑事法院诉讼程序》,陈卫东、徐美君译,中国人民大学出版社2009年版,第504页。
[3] 参见[美]埃米利·希尔弗曼:"美国的刑事赔偿制度(下)",刘孝敏译,载《刑法论丛》2007年第1期。

九十年代初,该法还授权法庭按照当事人在辩诉交易中同意的范围命令损害赔偿,而无论犯罪的性质。《被害人强制赔偿法》稍微扩展了损害赔偿法规的适用范围——它在《被害人和证人保护法》中列举犯罪的基础上,增加了一小部分毒品犯罪。与过去一样,可在辩诉交易的基础上命令损害赔偿。[1]

第二,损害赔偿的强制性。《被害人和证人保护法》规定法院可以独立地判处补偿被害人损害的刑罚处罚,如果法庭不选择这种处罚方法,则必须以书面形式说明其动机。[2]该法鼓励但不强迫损害赔偿令,如果运用损害赔偿令的困难超过了给任何一个被害人提供损害赔偿的需要,法院可以拒绝命令损害赔偿。按照量刑指南,这是法院决定不命令损害赔偿仅有的正当理由。如果法庭没有命令或只命令部分损害赔偿,那么应当在公开的法庭上陈述这样做的原因。《被害人强制赔偿法》对此做出了改变,根据该法,对特定的犯罪,即暴力犯罪、财产犯罪和产品缺陷的犯罪,强迫作出损害赔偿令。对这三类犯罪之外的犯罪来说,损害赔偿令不是强迫的。[3]并且,对财产犯罪的强制赔偿也存在例外,即可以确认的犯罪人数量巨大,使得赔偿不可行,或者确定与引起受害人损失的原因或者数量有关的复杂事项将使判决程序复杂或者造成拖延,以至于判决程序的负担超出了赔偿任何人的需求。[4]

第三,损害赔偿的类型。通常情况下,损害赔偿的主要方式

---

[1] 参见[美]埃米利·希尔弗曼:"美国的刑事赔偿制度(下)",刘孝敏译,载《刑法论丛》2007年第1期。

[2] 参见魏彤:"欧美国家犯罪被害人在刑事诉讼中的地位",载《中外法学》1996年第4期。

[3] 参见[美]埃米利·希尔弗曼:"美国的刑事赔偿制度(下)",刘孝敏译,载《刑法论丛》2007年第1期。

[4] 参见吴江、张旭辉:"美国刑事赔偿令的立法和司法实践",载《中国刑事法杂志》2011年第3期。

第五章 刑民合一的实现方式：刑事赔偿令制度

是由被告人向被害人支付一定数额的金钱。不过，返还财产也是《被害人和证人保护法》所授权的进行损害赔偿的方式。并且，根据《被害人强制赔偿法》，如果被害人或被害人的社区同意，还可以用服务的形式赔偿。[1]

第四，损害赔偿的范围。根据《被害人和证人保护法》，赔偿范围包括确定的被害人因犯罪行为付出的代价，如被损坏、丢失或毁坏的财产的价值，医疗费和误工费以及参与犯罪行为的调查或起诉的相关费用。如果行为导致被害人死亡，还要赔偿丧葬费以及与丧葬有关的费用。该法规没有规定痛苦与创伤的损害赔偿。因此，希望恢复其精神上痛苦和创伤的被害人必须提起独立的民事诉讼来起诉他的侵害者。[2]

第五，损害赔偿的数额。根据《被害人和证人保护法》和《被害人强制赔偿法》，证明被害人所遭受的损害数额的责任在于政府，并建立在优势证据的基础上。政府将被害人损害的意见写入判决前的案卷，根据《美国联邦刑事诉讼规则》，该损害必须包括"经济的、社会的、身体的和精神上的影响和任何犯罪侵犯的个人的损失"的估价。如果精确的数额难以确定，法庭被授权达成一个数据，"根据对被害人公平的原则确定其中的不确定部分"。如果按照《被害人和证人保护法》或《被害人强制赔偿法》计算损害数额，量刑法庭要减去已经返还给被害人的被盗财产的价值和在量刑前被告人给被害人的任何一件礼物，因为礼物"很明显将产生至少是审判前补偿的结果"，而被告给礼物的动机

---

[1] 参见［美］埃米利·希尔弗曼："美国的刑事赔偿制度（下）"，刘孝敏译，载《刑法论丛》2007年第1期。

[2] 参见［美］埃米利·希尔弗曼："美国的刑事赔偿制度（下）"，刘孝敏译，载《刑法论丛》2007年第1期。

是不相关的。[1]

第六，确定损害赔偿令金额及支付方式的影响因素。《被害人和证人保护法》要求量刑法庭在决定损害赔偿时考虑被告的经济状况。被告经济状况的举证责任属于被告。法庭还必须考虑以何种方式为贫穷的被告签发损害赔偿令及如果被告可能根本不能支付，那么是否要签发损害赔偿令这样的问题。法庭通常认为仅仅是贫穷并不能阻碍签发损害赔偿令。相反，他们相信存在这种可能性，即被告很可能将来变成能偿清债务的人。《被害人强制赔偿法》继续要求法庭在决定非强制的损害赔偿令时考虑被告的经济能力，不过在强制损害赔偿的决定上，该法明确禁止法庭考虑被告的经济能力。在确定强制赔偿支付的方式和时间上，法庭必须考虑被告的经济能力和经济负担。[2]

第七，损害赔偿令与其他刑罚。按照《被害人和证人保护法》和《被害人强制赔偿法》，一个重罪犯人可能在任何一种法定刑罚之外再被判处损害赔偿，轻罪的被告可以在其他刑罚之外判处损害赔偿或代替其他刑罚。如果被告被判处支付罚金和损害赔偿，损害赔偿令有优先权，被告支付的金钱只有在损害赔偿令达到要求之后才能用于支付罚金。[3]一些管辖区法官可能命令支付赔偿金作为缓刑的条件，如果没能支付赔偿金则撤销缓刑；一些管辖区将赔偿与劳动释放或监狱劳动项目结合在一起，罪犯收入的一部分将自动寄给被害人作为赔偿。另一种做法是要求被告人支付给被害

---

[1] 参见［美］埃米利·希尔弗曼："美国的刑事赔偿制度（下）"，刘孝敏译，载《刑法论丛》2007年第1期。

[2] 参见［美］埃米利·希尔弗曼："美国的刑事赔偿制度（下）"，刘孝敏译，载《刑法论丛》2007年第1期。

[3] 参见［美］埃米利·希尔弗曼："美国的刑事赔偿制度（下）"，刘孝敏译，载《刑法论丛》2007年第1期。

第五章 刑民合一的实现方式：刑事赔偿令制度

人赔偿基金，该基金被用来赔偿一些暴力和财产犯罪的被害人。[1]

第八，损害赔偿令的履行期限。《被害人和证人保护法》要求被告在一个特定的期限内支付损害赔偿或分期支付，但最后的支付不能迟于缓刑期满之日、被告从监狱被释放后五年内，或在其他案件中量刑后五年内。按照《被害人强制赔偿法》，这个期限结构明显提高——债务终止于判决作出后二十年内，如果被告被监禁，在被告被释放后二十年内或到其死亡。[2]

第九，损害赔偿令不履行的后果。根据《被害人和证人保护法》，法庭可以启动缓刑或监视释放，以及监禁那些遵守损害赔偿令失败的被告。此外，在做这些之前，法庭必须考虑被告有没有支付的意图。在实践中，这个规定的影响是有限的，因为为了监禁一个没有被控告的被告，政府必须认定被告没有尝试支付的诚意，并且除监禁之外，没有其他形式的刑罚足够惩罚他。《被害人强制赔偿法》保留了应当考虑被告没有遵守的意愿的需要，并明确指出，仅仅因为贫穷而导致支付失败，在任何情况下，都不可能使被告被监禁。[3]

第十，损害赔偿令的实践情况。在 1995 年度，联邦被告有 20%被判处损害赔偿，其中损害赔偿是唯一经济惩罚的占 18.2%，有 2.6%的案件同时处损害赔偿和罚金。将近 18%的被告被要求支付罚金而没有损害赔偿。其他的案件两种惩罚都没有，这些案件主要是由于法庭发现被告没有支付的能力或者因为该制裁给被告的家

---

[1] 参见［美］爱伦·豪切斯泰勒、斯黛丽、南希·弗兰克：《美国刑事法院诉讼程序》，陈卫东、徐美君译，中国人民大学出版社 2009 年版，第 516 页。
[2] 参见［美］埃米利·希尔弗曼："美国的刑事赔偿制度（下）"，刘孝敏译，载《刑法论丛》2007 年第 1 期。
[3] 参见［美］埃米利·希尔弗曼："美国的刑事赔偿制度（下）"，刘孝敏译，载《刑法论丛》2007 年第 1 期。

庭带来过重的负担。损害赔偿令在抢劫（58.5%）、纵火（53.6%）、入室盗窃（72.8%）、欺诈（61%）、侵占（70.2%）和偷盗（50.7%）中应用最为普遍。犯这些罪的罪犯中，超过40%被判损害赔偿。1992年州法院审理的所有重罪案件，16%的被告被判处损害赔偿。损害赔偿在财产犯罪中使用最频繁，暴力犯罪次之，最少使用的是毒品犯罪和持械犯罪。[1]

综上，美国在二十世纪七八十年代也确立了类似英国的赔偿令制度，但获得赔偿命令并不妨碍被害人提起独立的民事诉讼。立法上之所以有这种变化，主要是以往单纯通过民事救济的方式解决损害赔偿浪费时间和费用，效果也不理想。而在刑事程序中解决损害赔偿，利于改善因犯罪而受到破坏的犯罪人和被害人的关系，利于犯罪人回归社会。[2]

三、部分大陆法系国家的准赔偿令制度

大陆法系国家主要通过附带民事诉讼制度实现被害人的民事诉权，但是随着实践需要及人们对损害赔偿与刑事责任间关系的不断认识，被害人的损害赔偿逐渐成为减轻或免除刑事责任的量刑情节，甚至成为独立的刑事责任承担方式，形成了类似于英美法系国家刑事赔偿令的准赔偿令制度。有学者指出，刑事赔偿令制度在发展过程中，两大法系国家呈现不同的特点，英美法系国家在刑事诉讼中直接适用刑事赔偿令制度，部分大陆法系国家自二十世纪八十年代开始，陆续改革既有的刑事附带民事诉讼制度，具体做法是，将刑事赔偿令制度纳入刑事附带民事诉讼制度之中。

---

[1] 参见［美］埃米利·希尔弗曼："美国的刑事赔偿制度（下）"，刘孝敏译，载《刑法论丛》2007年第1期。

[2] 参见刘金友、奚玮：《附带民事诉讼原理与实务》，法律出版社2005年版，第23—24页。

第五章 刑民合一的实现方式：刑事赔偿令制度

在刑事附带民事诉讼程序中，刑庭直接以判决书的形式来下达罪犯赔偿命令。[1]

（一）意大利

《意大利刑法典》规定，民事制裁与刑罚、行政保安处分并列规定，属于刑事责任的一种承担方式。其中，返还和赔偿损失是民事制裁的主要方式。《意大利刑法典》第185条规定，一切犯罪均承担按照民事法律的规定实行返还的责任；一切造成财产损失或者非财产损失的犯罪均使犯罪人和按照民事法律应当为犯罪人的行为承担责任的人负有赔偿的义务。因此，刑事诉讼中可以判令被告人向被害人返还和赔偿损失。

（二）希腊

《希腊刑法典》规定，赔偿是与刑罚、保安处分相并列的独立的刑事责任承担方式，因此法官可以在刑事判决中命令被告人向被害人进行赔偿，这一判决由国家强制力保障执行。《希腊刑法典》第77条规定："如果罪犯同时被判处罚金或者科料和赔偿被害人损失，但其财产不足以同时履行两种义务的，优先偿付赔偿损失。"第78条规定："在同一犯罪中被认定有罪的正犯和共犯，对支付赔偿承担连带责任。"[2]

（三）德国

在德国，刑事损害赔偿同样不再是纯粹的民事责任，会对刑罚产生重大影响，有学者已经提出将赔偿作为刑罚、保安处分之外的第三条道路，并认为立法正处在这样一个发展的过程中，赔偿

---

[1] 参见贾彬："引入刑事赔偿令可以更有效保障被害人权益"，载《检察日报》2011年4月13日，第3版。

[2] 参见陈志军译：《希腊刑法典》，中国人民公安大学出版社2010年版，第24页。

已经逐渐融入刑法之中。[1]

根据《德国刑法典》的规定，损害赔偿可以作为减轻甚至免除刑罚的事由，以及法院在处以缓刑或刑罚保留的警告时所要求被判决人承受的负担。首先，损害赔偿作为从宽量刑情节。如《德国刑法典》第46条a关于犯罪人—被害人和解及损害赔偿的规定。其次，损害赔偿作为缓刑的负担。第56条b（负担）规定，"法院可对被判决人施加为补偿已实施的不法行为造成的损害所必需的负担"，包括"尽力补偿由其行为造成的损害"。再次，损害赔偿作为刑罚保留的警告的负担。第59条a（考验期限、负担和指示）中规定，法院可指示被告人"努力与被害人达成和解，或者对由其行为造成的损害予以补偿"。可见，赔偿已经成为刑法中影响刑事责任承担的重要因素。

德国于2004年6月24日通过了《被害人权利改革法》，根据该法，受害人有一个原则上的请求权：请求刑事庭对他针对被告人在民法上造成的损失的诉愿以可执行的方式作出判决，除非考虑到受害人自己的利益，他的请求不适于在刑事诉讼程序中作出判决。尤其是因为，该请求可能严重地拖延诉讼程序（《德国刑事诉讼法》第406条第1款）。与原来不同的是，在刑事诉讼中如果法院驳回受害人要求对民法上权利进行判决的诉求，受害人可以借助立即提出异议进行救济（《德国刑事诉讼法》第406条a第1款）。[2]应当说，该法使得损害赔偿融入刑事诉讼更近了一步。

综上，在大陆法系国家，损害赔偿也正逐步成为刑事责任的

---

〔1〕 参见［德］克劳思·罗科信：《德国刑法学总论》（第1卷），王世洲译，法律出版社2005年版，第53—55页。

〔2〕 参见［德］托马斯·魏根特："德国刑事诉讼程序的改革：趋势和冲突领域"，樊文译，载陈光中主编：《21世纪域外刑事诉讼立法最新发展》，中国政法大学出版社2004年版，第241页。

一种承担方式,在刑法典中予以规定,并由法庭在刑事判决中加以判处,这与英美法系国家的刑事赔偿令制度相类似,可称之为准赔偿令制度。但是,由于大陆法系国家仍然坚持在相对独立的民事程序中确定损害赔偿,笔者认为该制度与完全建立在刑事审判基础上的刑事赔偿令制度有着根本区别。

四、日本的损害赔偿命令制度

日本在旧刑事诉讼法时期曾仿效法国制定了刑事附带民事诉讼制度,但在二战之后由于受美国法的影响,废除了该制度,改为在刑事案件终结后在独立的民事诉讼中实现被害人的民事诉权。

2007年6月,日本在新制定的《为保护犯罪被害人等的权益而部分修改刑事诉讼法的法律》创设了损害赔偿命令制度。根据该法,在犯罪被害人等提出损害赔偿请求时,可以利用刑事程序成果。这种制度类似于旧刑事诉讼法规定过的附带民事诉讼制度。主要内容包括:①被害人等对于某些刑事案件可以请求损害赔偿命令(《犯罪被害人保护法》第17条)。损害赔偿命令,是指对该被告案件的诉因所确定的事实而实施的不法行为提出的损害赔偿请求,命令被告人对此进行赔偿;②损害赔偿命令的审判,在刑事被告案件终局裁判告知之后进行(《犯罪被害人保护法》第20条);③损害赔偿命令的审理,除了有特殊情况以外,必须在4日内审理终结(《犯罪被害人保护法》第24条第3款);④审理需要较长时间的,转变为民事诉讼程序(《犯罪被害人保护法》第32条)。[1]

根据上述规定,日本的损害赔偿命令制度与英美法系国家的刑事赔偿令制度非常相似,两者同样在刑事诉讼程序中进行,同

---

[1] 参见[日]田口守一:《刑事诉讼法》(第5版),张凌、于秀峰译,中国政法大学出版社2010年版,第191—194页。

样将结果建立在刑事程序成果的基础上，但也存在区别。与英美法系国家的赔偿令与刑罚同时判处不同，日本的损害赔偿命令的审判是在刑事被告案件终局裁判告知之后进行，因此赔偿命令的判处并不能改变被告人可能被判处的刑罚，无法起到替代或减轻刑罚的作用，因此判处赔偿命令并非被告人的权利。

五、评价

英美法系国家的刑事赔偿令制度与部分大陆法系国家适用于附带民事诉讼的准赔偿令制度，两者的理念相通，都是将被害人民事诉权的实现融入刑事诉讼当中，将损害赔偿与刑事责任相融合。首先，损害赔偿不再仅仅是民事责任，而是同时作为刑事责任的承担方式，可以单独判处或与其他刑罚相结合，并由国家强制力保障执行，改变了以往传统的刑事责任结构。其次，当损害赔偿与其他刑罚相冲突时，如罚金或没收财产，损害赔偿优先适用。最后，通常情况下，损害赔偿的判处使得被告人的传统刑罚得以减轻，符合轻刑化的趋势。

但英美法系国家的刑事赔偿令制度与部分大陆法系国家的准赔偿令制度在程序设置方面存在明显差异，主要区别在于：首先，英美法系国家的刑事赔偿令由刑庭在刑事审判的基础上所作出，无需特别程序进行审查，而部分大陆法系国家的准赔偿令制度则依附于附带民事诉讼程序。其次，在英美法系国家，刑事赔偿令可由法官依职权作出，被害人的申请并非必要条件，而在部分大陆法系国家，一般须由被害人主动启动附带民事诉讼程序。再次，在英美法系国家，刑事赔偿令的判处与否与被告人的经济能力相关，若被告人明显无赔偿可能则不予判处，而在部分大陆法系国家，损害赔偿的判处不受被告人的经济能力的影响。复次，在英美法系国家，如果刑事赔偿令不被履行，被告人将可能面临监禁的后果,而在部分大陆法系国家则没有类似的规定。最后,在英美法系国家,刑事赔偿令的判处不影响被害人另行提起独立的民事诉讼,而在部分大陆法系国家,损害赔偿已经被判决的情况下一般不得再行提起诉讼。

可见,虽然部分大陆法系国家的准赔偿令制度与英美法系国家的刑事赔偿令制度有相通之处,但由于制度的差异,尤其是诉讼程序的不同,其本质上仍然是附带民事诉讼制度。

第二节 刑事赔偿令制度的理论正当性及其修正

相比其他被害人民事诉权的实现方式,刑事赔偿令制度虽然出现的时间不长,但是一经出现就获得了普遍青睐,其理念也已由英美法系国家扩展至大陆法系国家,其中存在一定的理论正当性。

一、程序的便捷性

刑事赔偿令制度之所以受到众多国家的青睐,首要因素在于通过赔偿令实现被害人民事诉权更为便捷,这不仅使被害人无须另行诉讼就能获得损害赔偿,也免除了被告人的讼累,同时节省了司法资源。

首先,相比独立民事诉讼和附带民事诉讼制度,刑事赔偿令制度是被害人获得损害赔偿的最便捷方式,同时也减轻了被告人的讼累。其一,启动方面。与独立民事诉讼和附带民事诉讼需要被害人提起不同,刑事赔偿令无需被害人单独提起诉讼,甚至不需要被害人提出赔偿申请,这就避免了因被害人不知情而导致的错过在刑事诉讼中获得损害赔偿的情况。其二,审理程序。与独立民事诉讼和附带民事诉讼须单独程序加以审理不同,刑事赔偿令的判处完全建立在刑事诉讼审理结果的基础上,无需单独程序另行审理,双方当事人均免除了多重诉讼的负担。其三,执行方面。与独立民事诉讼和附带民事诉讼判决须由被害人申请执行不同,刑事赔偿令在刑事判决中加以判处,由国家强制力保障执行,无需被害人提出申请。

其次,刑事赔偿令制度节省了国家的司法资源。英美法系国家曾经实行刑民分离模式,通过独立民事诉讼来实现被害人的民事诉权,在这一制度模式下,刑事诉讼审理终结之后,还需民事诉讼就刑事被告人的同一行为再次加以审理,大部分与刑事诉讼相同的证据再次呈现于法官面前,而最终得到的可能是同样的认定。实际上,民事侵权行为及损害结果的判断很多情况下在刑事审判过程中即可进行,再行启动民事诉讼势必耗费国家有限的司法资源。相比独立民事诉讼制度,刑事赔偿令在刑事程序中即可解决被害人的民事诉权,不必再由民庭另行审理,大大节省了司法资源。

有英国学者指出,刑事赔偿令本质上并不被作为惩罚性命令,甚至不是剥夺罪犯犯罪所得的一种方式。它们是为被害人提供在罪犯明显有能力偿付赔偿金时避免诉诸民事诉讼费用的一种方便和快速的方式。换句话说,被害人通过刑事法院迅速且没有任何费用地获得了否则必须通过民事诉讼才能获取的救济。[1]而美国之所以在1982年立法中改变传统的刑民分立的做法,确立了类似英国的赔偿令制度,主要是考虑到以往单纯通过民事诉讼的方式

---

[1] 参见[英]约翰·斯普莱克:《英国刑事诉讼程序》,徐美君、杨立涛译,中国人民大学出版社2006年版,第580页。

解决损害赔偿不仅浪费时间和费用，而且效果也不理想。[1]

二、损害赔偿纳入刑事责任体系

现代刑事赔偿令制度在早期备受争议，在一定程度上是因为，尽管作为一种刑罚，但其履行了传统民事和刑事处罚的功能，正是赔偿的这一双重性质引发了争端。[2] 关于刑事犯罪中损害赔偿的性质一直以来有着不同观点。在刑事赔偿令制度中，损害赔偿的刑事性质得到更多地强调，其被认为是刑事责任的承担方式，作为法定刑罚的一种。也有学者指出，国外主流观点仍认为，刑事赔偿令制度下的赔偿仍为民事性质，但也有刑事说或双重性质说的主张。[3]

损害赔偿本身具有刑罚功能，有利于实现刑罚的目的，这一观点得到很多国家学者的认可。虽然德国立法中尚未将赔偿作为刑事责任的一种，但学者罗科信已经提出了将赔偿作为刑罚和保安处分之外的第三条道路。在他看来，赔偿已经不再是一个纯粹的民法问题，因为它在本质上是有利于实现刑罚目的的，它具有重新社会化的功能。它的确强制着行为人在对自己行为的后果进行深入分析后与被害人达成协议，并且认识被害人的合法利益。行为人能够将它——经常比刑罚还有效——作为必要的和应得的经历，并能够由此增进自己对法律规范的认识。最后，赔偿能够促使行为人和被害人之间的和解，从而使本来应当受刑事惩罚的

---

[1] 参见宋英辉："外国强化刑事诉讼中被害人诉讼权利的保障"，载王以真主编：《外国刑事诉讼法学参考资料》，北京大学出版社1995年版，第338页。

[2] 参见［美］埃米利·希尔弗曼："美国的刑事赔偿制度（下）"，刘孝敏译，载《刑法论丛》2007年第1期。

[3] 参见贾彬："引入刑事赔偿令可以更有效保障被害人权益"，载《检察日报》2011年4月13日，第3版。

人重新回归社会的工作，从根本上得以减轻其刑事责任。另外，赔偿对于一体化的预防是非常有用的，因此它对法和平的重建具有意义重大的好处，因为只有在损害得到赔偿之后，被害人和一般公众——经常甚至不取决于惩罚——才会承认由这个构成行为造成的社会紊乱已经得到了消除。在那些今天使用小额罚金进行处理的案件中，人们本来完全可以通过赔偿来免除刑罚的；对于严重的罪行，赔偿至少也能够引起缓刑或者必要的从轻处罚。[1]在英国，刑事赔偿令法律制度特色鲜明，赋予了罪犯赔偿有史以来最明确、最强的法律效力，其所具有的刑罚性质和刑罚替换或折抵功能效用强大，它能促使刑事犯罪人更加积极主动地向被害人支付赔偿金，使刑事犯罪被害人能够最大限度地获得刑事犯罪人的赔偿，对于提高赔偿率十分有利，并有利于刑事犯罪人本身，如因此而免除其他刑罚或减轻、从轻处罚，有利于其回归社会，因而也有利于司法机关尽快结案，减少讼累，还能防止监禁刑的犯罪感和减轻监狱负担。可以说，英国罪犯刑事赔偿令法律制度优势明显。[2]

但是，损害赔偿所同时具有的民事属性使得刑事赔偿令制度产生争议。美国学者认为，损害赔偿依传统观点具有民法功能的补偿目的，同时具有刑罚的目的，由此引起了争议，该争议包括决定损害赔偿应当适用何种程序的分歧。如果损害赔偿是被看作像罚金或监禁一样的另一种刑事惩罚，那么决定其他刑事惩罚时适用的程序肯定能够满足作出损害赔偿决定的需要。不过，如果损害赔偿的补偿功能得到重视，那么值得讨论的是，损害赔偿事

---

[1] 参见［德］克劳思·罗科信：《德国刑法学总论》（第1卷），王世洲译，法律出版社2005年版，第55页。

[2] 参见贾彬："英国刑事赔偿令法律制度"，载梁慧星主编：《民商法论丛》（第48卷），法律出版社2011年版，第30—31页。

第五章 刑民合一的实现方式：刑事赔偿令制度

实上是一种民事救济，它要在民事程序中或者至少在与民事程序类似的情况下作出决定。尽管最初有一些判决认为，损害赔偿不能在一个纯粹的刑事程序中被合法作出，但联邦司法系统最终拒绝了这个说法。例如，美国诉布朗案是一个有助于我们解决关于决定损害赔偿的适当程序争议的重要案件。在布朗案中，刑事被告宣称法官作出的损害赔偿令侵犯了他的宪法权利。他主张，损害赔偿是与民事裁决相同的，他应当有根据第七修正案由陪审团审理的权利。由于以下几个原因，第二巡回上诉法院否决了他的意见："只要损害赔偿是一种得到承认的刑罚形式，它就不仅仅服从于民事需求，尽管也达到了一些民事判决的目标。"布朗案帮助我们阐明了作出损害赔偿决定应当依据的程序，但它并没有结束由损害赔偿的双重特性产生的争议。事实上，损害赔偿服务于补偿被害人和惩罚被告人的双重功能，并且，就像一位评论员所说的那样，它引起刑法和民法之间的界限的模糊；根据刑法确定的罪犯的惩罚和根据民事侵权法确定的、对犯罪被害人补偿之间的传统差异是很明显的，实际的麻烦是，在刑事司法系统中损害赔偿被广泛接受和使用，已经导致刑法和侵权法的部分融合。[1]

因此，刑事赔偿令制度虽然程序便捷，也符合损害赔偿的刑事属性，将其并入刑事责任范畴有一定的合理性，但是不通过民事程序而完全在刑事审判的基础上判处赔偿令确实忽视了当事人的民事诉讼权利，忽略了刑事诉讼与民事诉讼制度的差异，由此遭到质疑。

三、刑法的谦抑性及轻刑化趋势

所谓刑法谦抑，是指刑法应当作为社会抗制违法行为的最后

---

[1] 参见［美］埃米利·希尔弗曼："美国的刑事赔偿制度（下）"，刘孝敏译，载《刑法论丛》2007年第1期。

一道防线,能够用其他法律手段调整的违法行为尽量不用刑法手段调整,能够用较轻的刑法手段调整的犯罪行为尽量不用较重的刑法手段调整。[1]纵观刑法的发展历程可以发现,随着人类文明及社会治理手段的进步,刑罚一直朝着轻缓化的方向发展。如张绍彦先生所说,刑罚的严厉程度与一个国家的文明程度成反比,权利越发达,刑罚越轻缓。[2]在刑法谦抑性原则下,损害赔偿这一民事责任承担方式如果能够达到或部分达到刑罚目的,自然无需其他严厉的刑罚再行制裁,或者可减轻其他刑罚的制裁,而这符合轻刑化的发展趋势。刑法的谦抑性要求一方面应当缩小刑法的干预范围,对于社会危害性不大的行为作非罪处理,一方面应当尽可能适用刑罚以外的责任承担方式,缩小刑罚的适用范围,并控制刑罚的严厉性程度。从历史上来看,刑罚的轻重与社会的经济、政治、文化发展紧密相关,人类刑罚史的演进基本遵循从以生命刑与身体刑为主到以自由刑为主再到以财产刑和社区矫正刑为主的路线,[3]这反映了人类民主的进步与社会治理能力的增强。如学者所说:"轻刑化是一种历史发展的趋势,也是刑法人道性的必然要求。"[4]

传统观点认为,刑罚具有剥夺功能、矫正功能、感化功能、威慑功能、鉴别功能、补偿功能、安抚功能、鼓励功能。[5]其中,剥夺功能、矫正功能、感化功能是针对犯罪人而言的,威慑功能、鉴别功能、鼓励功能是针对社会而言的,而补偿功能、安抚功能是针对被害人而言的。而损害赔偿正是出于补偿功能的需

---

[1] 参见邵卫锋:《刑种与替刑制度》,云南人民出版社2007年版,第54页。
[2] 参见张绍彦:《刑罚的使命和践行》,法律出版社2003年版,第174—175页。
[3] 参见刘仁文:"死刑的温度",载《新京报》2013年7月20日,第B04版。
[4] 陈兴良:《本体刑法学》,商务印书馆2001年版,第670页。
[5] 参见陈兴良:《本体刑法学》,商务印书馆2001年版,第630—637页。

要，这是其他刑罚所无法满足的，同时物质上的满足也可以抚慰被害人所遭受的精神创伤，使被害人的情绪得到安抚。另外，损害赔偿也是对犯罪人的惩罚，一方面，损害赔偿剥夺了犯罪人因犯罪而获得的利益，使其无法通过犯罪获得好处，并为自己行为所造成的后果承担起具体的、现实的责任。另一方面，损害赔偿使其失去再行犯罪的经济支撑，对部分利用财产进行犯罪的案件来说属于对犯罪人再犯能力的剥夺。并且，在犯罪人对被害人进行损害赔偿的过程中，通过了解自身行为给被害人造成的财产、人身及精神的伤害，认识到自己的错误，积极赔偿被害人从而获得被害人的谅解，至少可使犯罪人的内心得到宽恕。对社会来说，犯罪也是社会纠纷的一种，且更为严重，而传统的刑罚方式虽然惩罚了犯罪人，在一定程度上满足了被害人的报复心理，却不能彻底解决纠纷，甚至可能会使双方的矛盾激化。而损害赔偿不仅惩罚了被告人，使其认识到行为的性质，同时弱化了被害人的仇视心理，双方甚至有望达成谅解，也就从根本上解决或者弱化了当事人间的纠纷，使得其他刑罚变得不再必要，至少可以得到减轻。

综上，从某种角度来说，刑罚轻缓化的发展趋势势必导致社区矫正、损害赔偿等非监禁性的犯罪处分方式被纳入刑事责任的范畴，而刑事赔偿令制度的出现正是对这一潜在需求的回应。

四、对上述理论的评价及修正

以上论述说明了刑事赔偿令制度的理论正当性，相比其他制度，该制度具有程序的便利性，符合刑法谦抑和轻刑化的发展趋势，将损害赔偿作为刑事责任的承担方式符合被害人民事诉权的刑事属性，具有一定的合理性。但是，被害人民事诉权不仅具有刑事属性，同时具有民事属性，后者要求损害赔偿的认定程序与实体规范应当符合民事法律的相关规定，而建立在刑事审判基础上的刑事赔偿令显然无法满足这一要求，因此遭到了质疑。因此，根据被害人民事诉权理论，应当对刑事赔偿令制度的适用进行相应的限制。

第三节　我国刑事程序中相关制度的现状与面临的问题

我国刑事程序中不存在真正的刑事赔偿令制度，不过部分法律规定及制度设计在实现被害人民事诉权方面具有相似的功能。一方面，与大陆法系国家的准赔偿令制度类似，我国的《刑法》中同样将赔偿作为犯罪人因其犯罪行为而须承担的责任方式，只是在程序制度及实践操作中差别迥异，可将其称为类赔偿令制度。另一方面，我国《刑法》所规定的追缴及责令退赔制度同样可能在刑事诉讼过程中实现被害人的民事诉权，只是更具有行政色彩而非司法属性，可将其称为追缴退赔制度。

一、类赔偿令制度

我国《刑法》是在"刑罚"一章的"刑罚的种类"一节中规定了赔偿损失。根据规定，赔偿损失并非刑罚的法定种类，而是在犯罪行为使被害人遭受损失的情况下，对犯罪人所给予的除刑罚之外的处分方式。有学者认为，根据我国《刑法》的规定，赔偿是非刑罚处罚措施之一，属于刑事责任的承担方式。[1]这与大陆法系国家刑法中关于损害赔偿的规定相类似。

---

[1] 参见陈兴良主编：《刑种通论》（第2版），中国人民大学出版社2007年版，第469—472页。

第五章 刑民合一的实现方式：刑事赔偿令制度

（一）类赔偿令制度的现状

我国《刑法》规定的赔偿损失包括两种情况：一是作为刑罚的辅助措施，适用于依法被判处刑罚的犯罪分子，二是作为与刑罚并列的独立措施，适用于依法被免予刑罚的犯罪分子。前者通过刑事附带民事诉讼制度实现，后者是由法院刑庭直接作出判决。从《刑法》规定来看，我国将赔偿作为刑事责任的承担方式与刑事赔偿令制度具有相似之处，但具体规定有别导致了实践中情况迥异。

第一，作为辅助措施的赔偿。

根据《刑法》第36条第1款规定："由于犯罪行为而使被害人遭受经济损失的，对犯罪分子除依法给予刑事处罚外，并应根据情况判处赔偿经济损失。"因此，赔偿损失的判处并不影响对犯罪人处以刑罚，而是在刑罚基础上的辅助处分，我们称之为"作为辅助措施的赔偿"。其具有如下特征：

首先，赔偿须由被害人启动程序，法院不能主动判处。根据《刑法》规定，在被害人因犯罪行为遭受经济损失的情况下，法院应在刑事处罚的同时，根据情况判处赔偿经济损失。也就是说，赔偿可以是法院主动为之，而无需被害人的主动申请，但是《刑事诉讼法》中并没有对刑事法官直接判处被告人赔偿作出程序上的规定，而是通过附带民事诉讼制度来实现对被害人的损害赔偿，这就需要被害人主动申请以启动程序。因此，即使犯罪行为给被害人造成了损失，犯罪人是否被判处赔偿也取决于被害人是否主动提起，这与刑事赔偿令制度不同。

其次，有相对独立的赔偿程序。虽然同样是在刑事程序中解决被害人的损害赔偿问题，但我国的损害赔偿是在刑事附带民事诉讼程序中进行，有相对独立的审理和认定过程，这与大陆法系国家的准赔偿令制度类似，但与刑事赔偿令制度中完全建立在刑事审判基础上的赔偿判处有所不同。

再次，赔偿范围较窄。根据《刑法》第36条的规定，被害人因犯罪行为而遭受的经济损失应当均能得到赔偿，并没有对因何种犯罪行为所造成的经济损失作出限制性规定。但《刑事诉讼法》则将赔偿范围限定于被害人由于被告人的犯罪行为而遭受物质损失的案件，最高法司法解释更将赔偿范围缩小至被害人因人身权利受到犯罪侵犯或者财物被犯罪分子毁坏而遭受物质损失的案件，因此，大量被告人非法占有、处置被害人财产而导致被害人损失的案件以及被害人因犯罪行为而遭受精神损害的案件无法被纳入赔偿范围，这与刑事赔偿令不同。

复次，赔偿与刑罚两者的判处为并列关系，互不影响。根据《刑法》的规定，刑事处罚与判处赔偿经济损失两者是并行不悖的关系，不能相互替代。即使被告人被判处赔偿经济损失，也不能因此而减轻或免除对其的刑事处罚，这与英国的刑事赔偿令制度中判处赔偿通常与缓刑相结合的制度设计有所不同。但是，我国司法解释规定，对于被告人在判决前主动赔偿被害人的，可作为被告人的悔罪表现在量刑时予以考虑。

最后，与刑罚不同，赔偿损失的判处不具有强制执行力。附带民事诉讼所作出的赔偿判决须由被害人申请执行，而刑事赔偿令则作为一种刑罚，由国家强制力保证执行。

第二，作为独立措施的赔偿。

作为与刑罚并列的独立措施的赔偿损失被规定于《刑法》第37条："对于犯罪情节轻微不需要判处刑罚的，可以免予刑事处罚，但是可以根据案件的不同情况，予以训诫或者责令具结悔过、赔礼道歉、赔偿损失，或者由主管部门予以行政处罚或者行政处分。"根据该规定，在犯罪人因情节轻微无需判处刑罚时，由于其犯罪行为给被害人造成了损失，因此赔偿被害人损失作为非刑罚

第五章　刑民合一的实现方式：刑事赔偿令制度

处罚措施被施加于犯罪人，我们称之为"作为独立措施的赔偿"。其具有如下特征：

首先，作为独立措施的赔偿只适用于免予刑罚的案件，但赔偿并非刑罚的替代。有学者认为这种情况下赔偿是作为刑罚的替代措施而适用[1]，但根据《刑法》第37条的规定，被告人不需要被判处刑罚是对其判处赔偿的前提，而被告人之所以不被判处刑罚是因犯罪情节轻微等其他原因所致。因此，赔偿并非刑罚的替代措施，而只是与刑罚并列的独立适用的刑事责任承担方式。

其次，没有相应程序使当事人可以对赔偿损失的判决施加影响，当事人即使对法院所判处的赔偿损失不满，也不能获得司法救济。由于赔偿损失的判决是在刑事审判的基础上作出的，当事人双方没有机会对损失情况及赔偿数额等进行举证、质证及辩论，而一旦法院判决作出，被害人也失去了另行提起独立民事诉讼实现民事诉权的机会。对被害人来说，即使对赔偿损失数额不满，也无法提出上诉。

再次，作为独立措施的赔偿不具有刑罚的强制执行力。与刑事赔偿令制度中所判处的赔偿令具有国家强制执行力不同，作为独立措施的赔偿即使在刑事判决中作出，如果被告人不主动配合，没有严格的监督检查措施以保证其得到有效执行。并且，根据我国相关法律规定及实践经验，被害人也不能持该判决申请法院强制执行。

最后，作为独立措施的赔偿在实践中很少适用。原因在于：一方面，《刑事诉讼法》中没有对作为独立措施的赔偿规定相应的诉讼程序，这导致司法实践中很难操作。另一方面，人们的传统

---

[1] 参见陈兴良主编：《刑种通论》（第2版），中国人民大学出版社2007年版，第473页。

观念认为，只有刑罚，尤其是死刑、监禁刑，才是刑事责任的承担方式，而赔偿等非刑罚处罚措施与刑事责任无关，因此导致几乎所有的刑事案件都是以刑罚尤其是以监禁刑的方式作出判决，[1]或者一放了之，而不适用非刑罚处罚措施。

(二) 类赔偿令制度面临的问题

首先，就不同案件来说，损害赔偿作为犯罪人应当承担的对被害人的责任，本无差别，我国《刑法》以是否判处刑罚为标准将二者分为两类，并规定不同的配套制度，没有理论上的合理性，且导致实践中的混乱。我国《刑法》所规定的赔偿被害人损失被划分为作为辅助措施的赔偿与作为独立措施的赔偿，两者分别针对被处以刑罚的犯罪人及因犯罪情节轻微被免除刑罚的犯罪人，并对前者适用刑事附带民事诉讼程序，被害人有权持判决申请法院强制执行。后者则由刑事法官在刑事审判的基础上直接判处，且无法申请法院予以强制执行。

其次，赔偿的判处没有与刑罚相结合，被告人没有积极赔偿的动力，被害人通常难以实际获得赔偿。无论是作为辅助措施的赔偿还是独立措施的赔偿，赔偿的判处都与刑罚的轻重无关。对于前者，赔偿是在判处刑罚同时加以判处，两者相互并列，赔偿并不影响刑罚；对于后者，赔偿是在犯罪人因情节轻微免予刑罚的情况下被判处，因此赔偿的判处更与刑罚无关。因此，即使将赔偿损失作为刑事责任的承担方式，从我国刑事法的规定来看，这一民事责任的刑事转化也仅是简单的并入，而并不对原有的刑事责任结构产生内在的影响，赔偿与刑罚之间没有产生交融。在这种情况下，即使被判处赔偿，犯罪人也不会有积极履行判决的动力，被害人则难以获得实际的赔偿。

---

[1] 参见刘东根："刑事损害赔偿研究"，北京大学 2003 年博士学位论文。

第五章 刑民合一的实现方式：刑事赔偿令制度

最后，赔偿判决不具有强制执行力，这使得被害人即使获得胜诉判决也难以得到损害赔偿。这是我国的类赔偿令制度与英美法系刑事赔偿令制度及大陆法系准赔偿令制度的关键区别。在英美法系国家，刑事赔偿令就是一种刑罚，与其他刑罚一样，由国家强制力保障执行，无需被害人提出申请。即使在大陆法系国家，附带民事诉讼制度向准赔偿令制度的转化，其中重要的一点即损害赔偿由刑事判决加以判处，并由国家强制力保障执行，这是损害赔偿作为刑事责任承担方式的必然要求。但是在我国，作为辅助措施的赔偿通过附带民事诉讼程序实现，其判决要求被害人申请法院执行，而作为独立措施的赔偿在判处后没有任何的监管措施保障其获得执行，这使得被害人的实体利益得不到保障。

二、追缴退赔制度

关于被害人在刑事诉讼过程中获得损害赔偿的方式，除了前文所说的类赔偿令制度外，还有追缴退赔制度。前者主要适用于人身伤害类犯罪案件及财物毁损类犯罪案件，后者则适用于占有、处置类财产犯罪案件。

（一）追缴退赔制度的现状

根据《刑法》第64条的规定，"犯罪分子违法所得的一切财物，应当予以追缴或者责令退赔；对被害人的合法财产，应当及时返还"。2012年司法解释第139条规定："被告人非法占有、处置被害人财产的，应当依法予以追缴或者责令退赔。被害人提起附带民事诉讼的，人民法院不予受理。追缴、退赔的情况，可以作为量刑情节考虑。"因此，对于被告人非法占有、处置被害人财产致被害人损失的案件，追缴、责令退赔就成为被害人获得损害赔偿的首要甚至唯一方式。追缴主要适用于原物存在的情况，在原物已经毁损、灭失或被处置的情况下，则适用责令退赔。追缴制度是世界各国普遍存在的制度，尤其是在德国、日本等大陆法系国家，而责令退赔是我国刑事立法特有的一项制度，在其他国家没有类似的规定。

第一，追缴退赔的性质不明。

关于我国《刑法》所规定的追缴和责令退赔究竟属于何种性质，立法规定并不明确，引发了广泛争议。在我国《刑法》中，追缴、责令退赔是在量刑一节中进行规定的，根据2012年司法解释第139条的规定，追缴、责令退赔的情况可以作为量刑情节考虑。但上述规定都没有明确追缴、责令退赔的性质。

首先，追缴、责令退赔不属于刑罚。我国《刑法》仅规定了罚金和没收财产两种财产刑种类，所针对的是犯罪人合法所有的财产，目的在于剥夺犯罪人继续犯罪的资本，防止犯罪人重新犯罪。而追缴与责令退赔则针对的是犯罪人违法所得的一切财物，而不包括其合法财产，目的在于防止违法者从其违法行为中获得利益。另外，财产刑所执行的财产归国家所有，而追缴和责令退赔的财产虽然也可能归国家所有，但在属于被害人合法财产的情况下，则应发还被害人。因此，追缴、责令退赔不属于刑罚。

其次，追缴、责令退赔不属于非刑罚替代措施。非刑罚替代措施包括训诫、责令具结悔过、赔礼道歉、赔偿损失，或者由主管部门予以行政处罚或者行政处分，其中的赔偿损失与追缴、责令退赔有相似之处，都是对被害人因犯罪行为遭受损失的弥补，但不同之处在于，追缴、责令退赔所针对的是犯罪人的违法所得，只要是被告人因违法行为所得的财物，无论是否存在被害人，都应追缴或责令退赔。而赔偿损失针对的是被害人的犯罪所失，只要是被害人因犯罪行为所造成的损失，包括人身损失、财产损失，甚至精神损失，都应由犯罪人予以赔偿。但犯罪人所得不一定是被害人所失，反之亦然，因此两者并不等同。

第五章　刑民合一的实现方式：刑事赔偿令制度

再次，追缴、责令退赔也不属于通常意义上的民事赔偿，不以被害人申请为前提。追缴、责令退赔不是向被害人进行直接的民事赔偿，而是对违法所得原物的返还或者原物折价或者差价的退出，是司法机关依职权所为的对于违法财物的一种处理，在司法机关认定其应为被害人所有的情况下再发还被害人，不以被害人提出申请为前提，虽然也具有维护被害人私权的功能，但这一过程不具有诉讼的性质。因此，被害人或被告人对于判决中追缴或责令退赔的内容不服的，也不能提出上诉。另外，返还的原物或者退出的财产应向司法机关或者其指定的人交付，而不必然是受害人。

最后，追缴、责令退赔也不属于强制性侦查措施。强制性侦查措施包括搜查、扣押、冻结等，是为了侦查顺利进行而采取的限制公民人身权利和财产权利的以强制力方式实施的保全措施。而刑法所规定的追缴、责令退赔则属于实体性处分，为了实现这一实体性处分需要有相应的程序性措施对可能涉及的财物先行保全，如我国《刑事诉讼法》所规定的财产保全措施。

第二，追缴、责令退赔的主体及程序规定不清。

由于立法及司法解释中追缴、责令退赔的规定较为原则，缺乏具体的操作程序，实践中公检法三机关存在职权模糊的问题。追缴、责令退赔作为一项实体性处分，实践程序存在三个阶段：一是对可能需追缴、责令退赔的财物的保全。二是追缴、责令退赔的决定的作出。三是追缴、责令退赔的决定的执行。

第一阶段，对可能需追缴、责令退赔的财物的保全。侦查阶段的财产保全是追缴和责令退赔的决定得以执行的前提。如果不对可能是违法所得的财物采取扣押之类的保全措施，就无法防止嫌疑人及其亲友隐匿或转移财物，使最终作出的追缴和责令退赔的判决难以执行。虽然实践中在扣押物证、书证的同时，也客观上保全了嫌疑人的违法所得，但不属于物证、书证的违法所得则会被排除在外。有学者就提出，应当设立与证据保全性扣押相并列的财产保全性扣押，这样嫌疑人违法所得的财物及其替代物均可被扣押。[1] 2012年司法解释中就规定了诉前财产保全措施，只是不够详尽。

实践中，侦查机关对于"赃款赃物"的保全处理甚至带有很大的任意性。侦查机关不仅对疑似"赃款赃物"进行扣押、查封、冻结，甚至在案件未经审判时就已经进行了退赃处理。例如被称为浙江亿万富豪的吴英集资诈骗案中，嫌疑人被捕后，浙江省东阳市公安机关就在未经吴家同意的情况下将吴英的部分财产进行了拍卖，其中包括酒店、汽车、商铺等，并被质疑拍卖中资产被严重缩水，而此时嫌疑人是否犯罪尚未定性。[2] 这其中除了法律规定不明的原因之外，更是利益因素在作祟。

第二阶段，追缴、责令退赔的决定的作出。根据《刑事诉讼法》第245条第3款规定，"人民法院作出的判决，应当对查封、扣押、冻结的财物及其孳息作出处理。"同时第1款规定，"公安机关、人民检察院和人民法院对查封、扣押、冻结的犯罪嫌疑人、被告人的财物及其孳息，应当妥善保管，以供核查，并制作清单，随案移送。任何单位和个人不得挪用或者自行处理。对被害人的合法财产，应当及时返还。"因此，一般情况下，只有法院判决有权决定对犯罪人违法所得的财物进行追缴或责令退赔，而在此之前，公安司法机关只能进行财产保全，而不能决定追缴、责令退赔与否，通常情况下不能在追缴、责令退赔的决定作出前即将保

---

[1] 参见袁坦中、刘建："论刑事诉讼法中追缴的性质"，载《中国刑事法杂志》2010年第4期。

[2] 参见"吴英资产处理质疑：8000万酒店仅卖450万"，载http://www.cb.com.cn/person/2014_0722/1073063.html，访问日期：2019年6月17日。

全财产发还被害人,更不能对涉案财物进行拍卖等处理后再将款项发还被害人。而《刑事诉讼法》第245条第1款规定的"对被害人的合法财产,应当及时返还"的规定则与法院的决定权相悖。

第三阶段,追缴、责令退赔的决定的执行。在法院判决决定就犯罪人违法所得进行追缴或责令退赔后,如果涉案财产已经被采取保全措施,根据《刑事诉讼法》第245条第4款的规定,"人民法院作出的判决生效以后,有关机关应当根据判决对查封、扣押、冻结的财物及其孳息进行处理。"其中"处理"既包括对追缴、责令退赔的执行,也包括对执行后财物的进一步处理,如发还被害人及上缴国库,对此,我国《刑事诉讼法》规定得较为笼统。

对于法院判决作出追缴、责令退赔的决定后,涉案财产未被采取保全措施的情况,如果犯罪人不主动配合执行,是否可依法院职权或被害人申请而强制执行的问题,我国《刑事诉讼法》及相关解释并没有作出明确规定,实践中做法不一,有的法院在判决主文中表述继续追缴或责令被告人退赔被害人的损失,有的法院在审理查明事实中对受害人财产损失的金额予以认定,判决主文中不表述继续追缴或责令退赔被害人的损失。被害人申请执行时则存在困难:有的法院认为没有法律执行依据不予执行,有的法院认为应该以民事案件先起诉,待民事案件生效后再以民事法律文书作为案件执行依据。[1]还有观点认为,追缴应由司法机关依职权执行,但对责令退赔应表述在判决书说理部分。[2]也有人

---

[1] 参见梁伟、李彦:"试论责令退赔在实践中的缺位与出路",载焦作市中站区人民法院网,http://zzqfy.hncourt.gov.cn/public/detail.php?id=56,访问日期:2019年6月12日。

[2] 参见郭洪涛:"责令退赔不宜表述于刑事判决书的主文",载郑州市二七区人民法院网,http://eqqfy.hncourt.gov.cn/public/detail.php?id=105,访问日期:2019年6月27日。

根据 2000 年司法解释第 5 条规定认为，在经追缴或退赔仍不能弥补损失的情况下，被害人只能另行起诉，而不能直接申请强制执行。但最新的司法解释中没有提及另行提起民事诉讼的问题，实践中也存在民庭对此不予受理的现象。

实践中，存在大量生效判决尚未作出而保全的财物即已被处理的情况。如上文提到的吴英案中，案件尚处于侦查阶段，吴英所有的公司资产即被拍卖，明显不合法律。

（二）追缴退赔制度面临的问题

第一，追缴退赔制度实践中处理较为混乱，做法不一。由于追缴、责令退赔的性质没有明确，司法实践中追缴、责令退赔的主体及程序缺乏规范，判决中是否对追缴与责令退赔内容加以规定也做法不一，即使在判决主文中明文规定对犯罪人进行追缴或责令退赔的情况下，也无法申请强制执行。而且，在追缴及责令退赔仍不能弥补损失的情况下，被害人另行提起民事诉讼也因其规定不清而处理不一。

第二，追缴退赔制度本身无法保障被害人的民事诉权。首先，很多案件中追缴、责令退赔的决定并未作出。由于现行法律的规定较为粗疏，刑事判决中是否作出追缴、责令退赔的决定在实践中并不一致。有些是规定于判决书主文中，有些则是在审理查明的事实中加以提及。在追缴、责令退赔的决定都不作出的情况下，将被害人的合法财物发还被害人则更不可能。其次，绝大部分情况下，追缴、责令退赔的决定不能得到执行。根据《刑事诉讼法》及相关解释的规定，在被决定追缴、责令退赔的财物已被采取保全措施的情况下，该决定的执行才能得到保障。而由于我国目前的诉前保全措施只是证据保全，财产保全途径尚不明确，在这种情况下，追缴、责令退赔的决定能否得到执行就在于犯罪人的态度，但此时刑罚已然确定，是否主动履行判决并不会改变刑罚的

第五章　刑民合一的实现方式：刑事赔偿令制度

轻重，因此犯罪人并没有配合执行的动力。同时，法院执行部门大多认为作出追缴、责令退赔决定的判决书不具有执行效力，因此不能据此强制执行，这导致被害人的合法财物无法得到返还。

第三，追缴、责令退赔赔偿不足的，被害人不一定能够另行救济。追缴退赔制度与刑事赔偿令制度的另一重大差别在于，后者即使作出也并不妨碍被害人向民庭另行提起诉讼，因为程序便捷的赔偿令并不能保障被害人得到充分的民事救济。在被害人因犯罪分子非法占有、处置被害人财产而使其遭受物质损失的情况下，追缴退赔制度是被害人获得赔偿的首要制度。但该制度由于不具有诉讼性，行政属性使其带有很大的随意性，且不具有强制执行力，因此相比刑事赔偿令制度更加不能保障被害人的民事诉权，理应有其他程序对被害人进行补充救济。但2012年司法解释的规定中，将追缴或责令退赔不足情况下被害人可另行提起民事诉讼的规定取消，实践中很多法院民庭对于追缴、责令退赔不足情况下被害人提起的民事诉讼不予受理。其理由在于：其一，很多民庭法官认为已经追缴、责令退赔仍然不能弥补被害人损失的，即使启动民事诉讼也无法对被害人提供有效救济。其二，刑事判决中追缴、责令退赔的决定已经作出，导致再行启动民事诉讼有重复审理之嫌。其三，《刑事诉讼法》所规定的经过追缴、责令退赔仍不能弥补损失的，被害人无法提供依据证明追缴、责令退赔的决定已经执行结束，但仍有损失无法弥补，而执行机关对强制执行的申请不予受理的做法使得这一证明更无可能。

三、评价

综上，类赔偿令制度所针对的是被害人因人身权利受到犯罪侵害或者财物被犯罪分子毁坏而遭受损失的情况，而追缴退赔制度所针对的是因犯罪人占有、处置被害人财物而使其遭受损失的情况，这表明我国立法对于刑事程序中实现被害人的民事诉权是认可的，这与刑事赔偿令制度的初衷相一致。但与刑事赔偿令制度相比，这两项制度都不能由国家强制力保障执行，并且不能对犯罪人的刑罚轻重产生影响，这与刑事赔偿令制度迥异。

第四节 被害人民事诉权理论导向下刑事赔偿令制度的构建

一、被害人民事诉权理论导向下刑事赔偿令制度的正当性

刑事赔偿令制度因其便捷性而受到各国青睐，被害人可以不必提起诉讼即能获得损害赔偿，这在免除当事人诉累的同时也节省了司法资源。而对被告人来说，刑事赔偿令的判决通常意味着刑罚的减轻，符合其利益，同时也符合刑法谦抑和轻刑化的发展趋势。依被害人民事诉权理论来看，由于诉权本身具有刑事属性，因此在刑事程序中实现被害人的民事诉权，从而影响被告人的刑罚，甚至将损害赔偿作为刑事责任的承担方式，具有一定的合理性。但是，被害人民事诉权的民事属性也要求损害赔偿的认定应当符合民事规定，在没有独立诉讼程序支撑的情况下，适用刑事赔偿令应当有一定的制约。

如前文所述，被害人民事诉权本身具备刑民双重属性，又与其刑事诉权间存在相互并存、融合又彼此影响的复杂关系，因此一般情况下，被害人民事诉权与刑事诉权应当在同一程序中加以实现，这样才能使被害人民事诉权获得刑事诉权的支持，也给刑事诉权通过实现民事诉权得以消解留下空间，也就是"通常情况下刑事程序附带解决原则"。我国的类赔偿令制度及追缴退赔制度未将赔偿与刑罚相关联，因此无法满足这一要求。虽然很多情况

第五章 刑民合一的实现方式：刑事赔偿令制度

下损害赔偿情况不能根据刑事诉讼的审理结果作出判断，而是需要有相应程序对损失情况、赔偿数额、责任分担等问题进行查明，但也有些情况下损失情况及责任承担相对明确，且损失情况本就是刑事诉讼所要查明的事项，例如财产类犯罪，双方当事人对损失结果及责任承担没有异议，则没有必要通过额外的程序来进行审理，而是在刑事审判的结果上直接判处，也就是刑事赔偿令制度。我国刑事立法中将财物被犯罪人占有或处置给被害人造成损失的情况与人身受到犯罪行为侵犯或财物被犯罪行为毁损而遭受损失的情况下的损害赔偿制度截然分开，其中一个考虑就是占有处置类财产犯罪民事法律关系较为简单，损害情况及赔偿数额较为明确，适用追缴退赔即可。笔者认为，完全可以将追缴退赔制度改造为刑事赔偿令制度，并将返还或赔偿损失一起归为非刑罚处分措施，作为刑事责任的承担方式。

而被害人民事诉权除具有刑事属性之外，同样具有民事属性，这要求损害赔偿的认定应当符合民事实体法规则，同时应保障当事人的民事诉讼权益，而这在以刑事审判结果为判处依据的刑事赔偿令制度中则难以满足。因此，刑事赔偿令制度的适用应当有严格的限制。由于英美法系国家没有附带民事诉讼制度，为了避免另行提起民事诉讼的烦琐，刑事法官被要求通常情况下处以赔偿令，否则须提供理由，考虑到被害人的损害赔偿可能无法在赔偿令中得到充分满足，另行提起民事诉讼是所有被害人的补充救济权利。我国的情况与英美法系国家不同，类似于大陆法系国家，附带民事诉讼制度是我国被害人实现民事诉权的主要方式，与之相比，刑事赔偿令制度的优势在于其便利性，但不能因其便利性而置被害人民事诉权无法充分实现于不顾，致使被害人另行提起民事诉讼反而抹杀了刑事赔偿令制度的便捷优势。因此，在我国，刑事赔偿令制度应适用于那些损害事实简单、赔偿数额明确、双方当事人均无争议的案件。对于该类案件,适用单独程序进行审理无甚必要,这就避免了使当事人民事实体权益及诉讼权益因程序便利性而遭受损害的问题。

我国的追缴退赔制度与刑事赔偿令制度有着相似之处,主要区别在于赔偿与刑罚没有进行关联,且判决不能得到国家强制力保障执行,同时程序保障缺失,可考虑将其改造为适合我国制度背景的刑事赔偿令制度。

二、被害人民事诉权理论导向下刑事赔偿令制度的适用

根据我国《刑法》及司法解释的规定,被害人因被告人非法占有、处置其财产而遭受损失,是通过司法机关的追缴、责令退赔而获得补偿,而不是通过诉讼程序来实现。法律之所以作出这一规定,其中一个重要的理由在于,被告人非法占有、处置被害人财产的案件中,损失情况较为简单,不涉及人身伤害或精神损害,赔偿数额较易确定,在被告人认罪且当事人双方对涉案财物不存在争议的情况下,通过诉讼程序进行审理已无必要,由于被告人违法所得的财物即被害人所遭受的损失,而被告人违法所得的数额本属刑事诉讼审理的范围,因此根据刑事审理的结果即可对被告人赔偿进行判定,可对该类案件适用刑事赔偿令。

首先,适用刑事赔偿令的应为被告人非法占有、处置被害人财产的案件,其中不涉及人身损害或精神损害,也不涉及财物被毁损的情况,典型的如盗窃、诈骗、侵占等案件。并且,被害人不因其财物被犯罪人非法占有、处置而主张间接损失。在该类案件中,被害人所遭受损失情况较为简单,损失财物或财产数额相对明确,在涉案财物仍为被告人占有的情况下,仅需返还被害人原物;在涉案财物为货币的情况下,则被告人如数返还即可;在涉案财物已经毁损、灭失或为第三人合法所有的情况下,则需判

第五章 刑民合一的实现方式：刑事赔偿令制度

定该财物的价值并返还被害人，而这也是刑事诉讼中为了准确定罪量刑而必须查清的事实。相比之下，涉及人身损害的案件则相对复杂，因犯罪行为而导致被害人受伤或死亡的，可能涉及医疗费、营养费、误工费、丧葬费、死亡赔偿金等，造成被害人残疾的，还涉及残疾赔偿金、残疾辅助用具费等，对于上述各项具体赔偿金额的认定，需要双方当事人进行具体的举证质证，而这在刑事审判过程中并不会涉及，因此须有专门的程序对此进行审理。

其次，适用刑事赔偿令须被害人对涉案财物或损失数额无争议。虽然刑事赔偿令不以被害人提出申请为前提，但是在被害人认为其所受财产损失高于法院可能判处的赔偿令的情况下，如果法院执意判处，而被害人又无权就此提起上诉，与其另行提起民事诉讼增加当事人的诉累，不如在刑事诉讼中通过附带民事诉讼程序进行审理，给予被害人为获得其损害赔偿而行使诉讼权利争取自身利益的机会。刑事赔偿令制度是为了实现司法效率而对双方当事人本应享有的诉讼权利的限制，这须以当事人的认可为前提。

最后，适用刑事赔偿令须以被告人具备赔偿能力为前提。由于刑事赔偿令的判处通常意味着被告人所面临的刑罚的轻缓，因此保证赔偿令能够得到执行则是十分重要的，这要求可能判处赔偿的财物已经被侦查机关采取保全措施，或者被告方主动提供财产以证明其赔偿能力。在英国，因为罪犯在关于其赔偿能力方面有作出夸大承诺以期避免或减少羁押刑罚的趋势，辩方顾问和事务律师有义务调查任何关于赔偿的提议，并且只有在确信罪犯提供的关于其偿付能力的消息为正确时方可提供给法院。如果罪犯误导法院使之认为他能够偿付赔偿金，则他以后针对赔偿的上诉不会成功。他必须偿付赔偿金，或者在未能偿付时服满适当的刑期。[1]因此，在被告方所提供财产为虚假或并非其所有而导致赔偿令判处后不能得到执行的情况下，应当有相应的规定使其因此而受到惩罚。

三、被害人民事诉权理论导向下刑事赔偿令制度的实体法设置

根据我国《刑法》规定，追缴退赔是司法机关对犯罪人违法所得的一种处理方式，并非刑罚，也不是刑事责任的承担方式，没有国家强制力保障执行，但追缴退赔的情况可以作为量刑情节予以考虑。而赔偿损失是非刑罚处罚措施，属刑事责任的承担方式，与刑事赔偿令制度相类似，但仍未规定由国家强制力保障，并且与其他刑罚之间的关系尚不明确。如要建立刑事赔偿令制度，则应明确以下几点：

首先，明确将赔偿被害人损失列为刑事责任的承担方式，与刑罚相并列，其中包括返还被害人财物。这要求改变我国目前《刑法》总则中犯罪与刑罚相并列的结构设置，将刑罚一章改为刑事责任，将非刑罚处罚措施明确规定在内，使其与刑罚相并列。这是随着刑罚轻缓化的发展，越来越多的民事、行政等非刑罚处罚措施开始补充或替代刑罚，进入刑事责任范畴所决定的。从公平角度考虑，刑事赔偿令制度下的赔偿损失与附带民事诉讼制度下的赔偿损失本质上并无不同，两者的区别仅在于审查程序，因此，附带民事诉讼制度下的赔偿损失同样属于刑事责任的承担方式，在刑事判决中一并判处，可替代刑罚或与刑罚配合适用。

其次，明确规定符合法定条件情况下赔偿令优先于刑罚获得

---

[1] 参见［英］约翰·斯普莱克：《英国刑事诉讼程序》，徐美君、杨立涛译，中国人民大学出版社 2006 年版，第 582 页。

第五章 刑民合一的实现方式：刑事赔偿令制度

适用，可以替代刑罚也可与刑罚配合适用。我国现行《刑法》中将作为辅助措施的赔偿与作为独立措施的赔偿相区分，前者适用附带民事诉讼，后者则在刑事诉讼中直接判处，这一划分方式并不科学。赔偿作为法定的刑事责任承担方式，本就可以单独或配合刑罚适用，这与依何诉讼程序无关。在判处刑事赔偿令的情况下，被告人所获得的刑罚可以得到宽缓，尤其是通常情况下可与缓刑结合适用。另外，在被告人同时可被判处赔偿金和罚金的情况下，若其经济能力有限，应优先考虑判处赔偿而不是罚金。虽然我国的《刑法》中也明文规定，在同时被处以赔偿及罚金的情况下，被告人财产应当优先赔偿被害人，但是这属于执行中的优先，应当同时规定处刑时的优先。

最后，刑事赔偿令的赔偿范围。确定具体赔偿范围是英美法系国家刑事赔偿令制度的重要内容，各国甚至各地区有所不同，包括是否赔偿精神损害及间接损失等。我国的刑事赔偿令制度由于严格限制其适用范围，只局限于财产犯罪之内，不涉及间接损失，且不涉及人身伤害及精神损害，也不涉及误工费、被抚养人生活费、残疾赔偿金、死亡赔偿金等。因此，我国刑事赔偿令的范围仅为涉案的直接财产损失。

四、被害人民事诉权理论导向下刑事赔偿令制度的程序法设置

首先，刑事赔偿令与附带民事诉讼制度的程序选择。究竟应当适用刑事赔偿令制度还是附带民事诉讼制度，大部分案件，法官在庭审之前根据案件性质即可确定，但部分财产犯罪案件，则只有在刑事案件审理之后，法官对当事人间的民事法律关系、被害人所受损害情况有所了解，才能对适用刑事赔偿令制度还是附带民事诉讼制度作出判断。这就要求将定罪程序与量刑程序相分离，在定罪之后，再就被害人损害赔偿事宜进行处理，确定是附

带民事诉讼还是赔偿令程序，然后再确定具体刑罚，也就是责任承担上先民后刑的裁判原则。

其次，完善诉前财产保全制度。虽然实践中对疑似犯罪人违法所得的财物也多采取扣押、冻结措施，但由于法律规定的缺失，这些保全措施的适用显得名不正、言不顺，并且由于缺乏具体的程序性规定，实践中的保全措施的适用较为随意，经常有不当侵害当事人合法权益的情况出现。同时，财产保全不及时而导致的损害赔偿判决无法执行的现象在实践中非常普遍。我国 2012 年《刑事诉讼法》及司法解释中规定了诉前财产保全，但是没有明确被害人是否需提供担保、错误保全的责任承担以及具体的操作规则等。因此，为了保障被害人损害赔偿判决的执行，应当完善诉前财产保全制度，明确依职权保全与依申请保全的不同措施，并具体设置相应的操作规则。

最后，刑事赔偿令应由国家强制力保障执行。我国现行《刑法》中虽然也规定了赔偿损失这一非刑罚处罚措施，但并未规定其执行效力。作为刑事责任的承担方式，与刑罚相同，赔偿令应由国家强制力保障执行，且无需被害人提出申请。在刑事判决作出后，法庭应依职权将案件转至执行机构。鉴于附带民事诉讼与刑事赔偿令只是裁判程序不同，前者所作出的赔偿损失的判决与赔偿令的判决两者性质一致，均应作为刑事责任的承担方式，由国家强制力保障执行。

五、被害人民事诉权理论导向下刑事赔偿令与独立民事诉讼的关系

在英美法系国家，赔偿令的判处并不妨碍被害人在刑事案件终结后向民庭提起独立民事诉讼以补充实现其民事诉权，这是刑事诉讼中损害赔偿的判处对法官具有一定的强制性所决定的。根据这一要求，法官如果不判处赔偿令，须说明其动机及理由，因

第五章　刑民合一的实现方式：刑事赔偿令制度

此，即使对于法律关系复杂、整体损害情况及赔偿数额并不明确的案件，也会被处以赔偿令，而这显然无法充分实现被害人的民事诉权，因此只有求助于独立民事诉讼，这一现象之所以产生与英美法系国家不存在附带民事诉讼制度有很大关系。我国与此不同，对于法律关系较为复杂、损害情况不明确的案件，完全可以通过附带民事诉讼审理来解决，相较判处赔偿令的基础上再行启动独立民事诉讼，更为便捷有效。

正是基于这一考虑，我国刑事赔偿令相比英美法系国家适用范围较窄，只适用于法律关系简单、损失情况及赔偿数额明确的财产类案件，并且被害人的同意是其适用的前提。在这种情况下，被害人没有例外事由，一般无权在刑事赔偿令判处后另行提起独立的民事诉讼，除非有以下情况出现：第一，刑事赔偿令被违法适用，不符合法律规定的适用范围的。第二，刑事赔偿令的判处未经被害人同意的。第三，刑事赔偿令判处之后又有新的损害结果出现的。

第六章
单独实现方式：独立民事诉讼制度

第一节 独立民事诉讼制度的比较考察

独立民事诉讼制度是不同法系国家共有的被害人民事诉权的实现方式。区别在于，在实行当事人主义诉讼模式的英美法系国家，独立民事诉讼制度长期以来是被害人民事诉权的基本实现方式，在刑事赔偿令制度广泛施行后则作为被害人民事诉权的补充实现方式。而在实行职权主义诉讼模式的大陆法系国家，独立民事诉讼制度一直是与附带民事诉讼制度并列的被害人民事诉权的基本实现方式，在部分国家附带民事诉讼保障不足的情况下也可能作为补充救济途径。

第六章 单独实现方式：独立民事诉讼制度

一、作为基本实现方式的独立民事诉讼制度

所谓基本实现方式，是指独立民事诉讼程序与其他被害人民事诉权的实现方式，如附带民事诉讼、赔偿令等程序相并列，根据法律的规定、被害人的选择或者法官的决定择一适用。

（一）英美法系国家

在英美法系国家，当事人主义诉讼模式下的刑事诉讼审判是控辩双方激烈对抗的角斗场，没有被害人诉讼权利存在的空间，因此被害人主要通过单独提起民事诉讼的方式实现其民事诉权。英美学者认为，如果允许被害人通过刑事诉讼程序提出赔偿损失的民事请求，让民事原告人加入控诉一方，那就会造成双方当事人力量上的不平等，从而对被告人不利。[1] 长期以来，独立民事诉讼制度是被害人民事诉权的基本实现方式。虽然后来刑事赔偿令制度出现并得到广泛适用，被害人有望在刑事程序中得到损害赔偿，但该制度仅适用于被告人被判有罪且法官认为应予判处赔偿令的情况，若被告人被判无罪或法官有理由认为不宜判处赔偿令，被害人仍需通过独立民事诉讼实现其民事诉权。可见，在英美法系国家，独立民事诉讼一直是被害人实现民事诉权的基本方式。

在英国，刑事诉讼中不允许附带民事诉讼，早在1870年《没收法》中就规定，被害人有权提起因犯罪行为所造成损害的赔偿之诉，但诉讼方式可以有三种：一是被害人可向刑事损害赔偿委员会请求赔偿，二是被害人可对犯罪人提起民事诉讼，三是法庭可以根据自己的职权或根据受害人的请求，在对被告人判刑时以

---

[1] 参见孙洁冰主编：《刑事诉讼行政诉讼附带民事诉讼制度研究》，重庆大学出版社1990年版，第8页。

"赔偿令"的形式责令犯罪人赔偿受害人的损失。[1]在被害人提起独立的民事诉讼要求刑事案件的被告人赔偿损失的情况下,受理该案的民事法院将完全按照民事案件的审判程序对案件进行审判,与刑事诉讼不发生任何联系。[2]

与英国相同,在美国,一直以来依靠独立的民事诉讼为被害人提供赔偿的机会。[3]由于刑事诉讼中不允许附带民事诉讼,被害人只能在刑事案件审理终结后,才能按民事诉讼程序提起因犯罪而造成损失的赔偿之诉。民事诉讼与刑事诉讼处于平行关系,两者相互独立,刑事诉讼的判决对民事诉讼并不产生预决效力。此时的伤害作为一种民事性质的侵权行为,以民事诉讼的方式进行,适用民事诉讼的程序规定和相关的证据规则,与刑事诉讼没有任何联系。[4]这是由美国法中严格强调刑民分立、刑事诉讼与民事诉讼制度殊异所决定的。刑事诉讼与民事诉讼最显著的区别在于,美国证据法对刑事诉讼和民事诉讼的证明标准要求有很大不同,前者要求达到无任何合理怀疑的程度,后者则只要达到优势证据。既然刑事诉讼中的证明标准显著高于民事诉讼的证明标准,在刑事诉讼陪审团作出"无罪裁决"的情况下,民事诉讼案件中对被告人作出其应当承担民事责任的认定也是可能的,例如美国著名的辛普森案件。

英美法系国家特别强调民事诉讼的独立地位,将民事诉讼与

---

[1] 参见刘金友、奚玮:《附带民事诉讼原理与实务》,法律出版社2005年版,第21页。

[2] 参见汪建成、甄贞主编:《外国刑事诉讼第一审程序比较研究》,法律出版社2007年版,第94页。

[3] 参见[美]爱伦·豪切斯泰勒·斯黛丽、南希·弗兰克:《美国刑事法院诉讼程序》,陈卫东、徐美君译,中国人民大学出版社2009年版,第504页。

[4] 参见汪建成、甄贞主编:《外国刑事诉讼第一审程序比较研究》,法律出版社2007年版,第320页;

第六章　单独实现方式：独立民事诉讼制度

刑事诉讼完全分离，民事诉讼与刑事诉讼不存在任何依附关系，而是一种纯粹的平行关系。[1]这一制度选择源于对刑民不同性质的深刻认识及刑事诉讼中当事人主义的诉讼模式。

(二)　大陆法系国家和地区

在实行附带民事诉讼制度的大陆法系国家和地区，被害人通常享有独立民事诉讼制度的选择权，部分不宜在刑事诉讼中附带解决的民事案件也会被移交民庭处理。可见，虽然倡导以附带民事诉讼制度解决损害赔偿，独立民事诉讼制度也是大陆法系国家和地区被害人实现民事诉权的基本方式。

在法国，被害人对于犯罪行为给其造成的损害，可以在刑事法院提起民事诉讼，也可以像普通赔偿之诉一样在民事法院提起并进行。首先，被害人有权在刑事途径与民事途径之间做出选择，但也有一定的条件限制。例如对于因诽谤罪所引起的损害赔偿，民事法院无管辖权，被害人只能向刑事法院提起附带民事诉讼。而专门刑事法院原则上对民事诉讼无管辖权，不能受理民事诉讼，这类诉讼只能向民庭提起。不是由被害人本人，而是由被害人权利的受让人提起的民事诉讼也只能向民事法院提起。[2]其次，在被害人提起附带民事诉讼的情况下，因刑事法院失去管辖权也将导致案件转由民事法院进行审理。由于民事诉讼相对于刑事诉讼具有附带性质，因此，违警罪法院与轻罪法院在就公诉作出免于起诉的决定之后，便不再有审理民事诉讼的管辖权，而改由民事法院进行审理。但是，当被告人得到法定的免于刑罚，或者经裁判免除刑罚的情况下，违警罪法院与轻罪法院仍然有管辖

---

[1] 参见谢佑平、江涌："质疑与废止：刑事附带民事诉讼"，载《法学论坛》2006年第2期。

[2] 参见[法]卡斯东·斯特法尼等：《法国刑事诉讼法精义》(上)，罗结珍译，中国政法大学出版社1999年版，第233—236页。

权。[1]最后,独立民事诉讼的审理仍受刑事诉讼的制约。虽然被害人单独提起的民事诉讼受民事案件的管辖与程序规则的约束,但如果民事诉讼是在已经提起公诉之后,或者是在对公诉已经作出判决之后才提起,或者在此之后才进行判决,那么与民事利益有关的民事争议之部分,无论是从其顺序,还是从其判决,都将处于服从刑事诉讼的地位,也就是"刑事致民事原状等待"规则及"刑事既判事由对民事具有权威效力"的法院判例原则。[2]

在德国,被害人同样享有附带民事诉讼或独立民事诉讼的选择权。并且,由于附带民事诉讼制度附属性较强,受到较多规制,实践中不受重视,因此通过独立民事诉讼实现民事诉权的情况更为普遍。首先,被害人可以自由选择独立民事诉讼制度。与法国不同,被害人选择通过独立民事诉讼方式实现其民事诉权不受任何限制。其次,刑事法院有权对附带民事诉讼免予裁定从而使得案件转为民事诉讼。当法院认为所提起的附带民事诉讼不适合在刑事诉讼中处理时,例如可能拖延刑事程序或申请不符合条件时,可以免予裁定民事诉讼;当被告人在刑事审判部分被判无罪,也未被判处矫正或保安处分时,或者法院认为提起缺乏理由时,应当免予对民事诉讼作出裁定。[3]在刑事法院对附带民事诉讼免予裁定的情况下,被害人可向民事法院单独提起民事诉讼。当然,被害人单独提起的民事诉讼需受刑事诉讼判决的制约,一般在刑事诉讼终结后进行。

---

[1] 参见[法]卡斯东·斯特法尼等:《法国刑事诉讼法精义》(上),罗结珍译,中国政法大学出版社1999年版,第259页。

[2] 参见[法]卡斯东·斯特法尼等:《法国刑事诉讼法精义》(上),罗结珍译,中国政法大学出版社1999年版,第260—261页。

[3] 参见汪建成、甄贞主编:《外国刑事诉讼第一审程序比较研究》,法律出版社2007年版,第166—168页。

第六章 单独实现方式：独立民事诉讼制度

我国澳门特别行政区的法律体系属大陆法系，同样适用附带民事诉讼制度。不过，与法国、德国的制度所不同的是，被害人对独立民事诉讼的程序选择权受到严格规制。根据该地区《刑事诉讼法》的规定，因犯罪而引起的损害赔偿请求，须在有关刑事诉讼程序中提出，仅在法律规定的情况下，才能通过民事诉讼程序独立提出该项请求（第60条）。主要包括：①自获得犯罪消息时超过8个月刑事诉讼程序未导致有控诉提出或刑事诉讼程序无任何进展；②刑事诉讼卷宗已归档或追诉权在判决确定前已消灭；③非经告诉或自诉不得进行刑事程序；④控诉时尚无损害、未知悉损害或未知悉损害的全部范围；⑤法官依第71条第4款所作的刑事判决未对民事损害赔偿请求作出决定（第71条第4款规定，如民事损害赔偿请求所提出的问题导致不能作出严谨的裁判，或该等问题可能产生某些附随事项，使刑事诉讼程序出现令人难以容忍的延迟，法官可依职权或依申请作出决定，让当事人通过独立的民事诉讼解决该等问题）；⑥该民事损害赔偿的请求是针对嫌犯及其他负纯粹民事责任的人提出的，或仅针对其他负纯粹民事责任的人提出，而嫌犯亦被传召应诉的；⑦刑事诉讼是以简易程序、最简易程序或轻微违反程序的形式进行的。[1]

另外，日本曾经效仿法国采取附带民事诉讼制度，但二战后因受到美国法的影响，日本彻底抛弃附带民事诉讼制度，仅限定在裁判中可以宣告发还赃物，在侦查中对于没有必要扣押的赃物可以发还被害人，但都以发还被害人理由明显为限。而且，在这些情况下，也不妨碍利害关系人依照民事诉讼程序主张其权利。至于刑事损害赔偿的诉讼，《日本刑事诉讼法》采取了在刑事诉讼审理

---

[1] 参见刘金友、奚玮：《附带民事诉讼原理与实务》，法律出版社2005年版，第216页。

终结后，通过民事诉讼程序来解决刑事损害赔偿问题的办法。[1]

二、作为补充实现方式的独立民事诉讼制度

所谓补充实现方式，是指在适用附带民事诉讼、赔偿令等程序但仍赔偿不足的情况下，通过独立民事诉讼进行补充救济的实现方式。

(一) 英美法系国家

在英美法系国家，独立民事诉讼制度不仅是被害人民事诉权的基本实现方式，同时也是刑事赔偿令赔偿不足时被害人的补充救济途径。

在英国，1972年《刑事司法法》规定了命令罪犯向被害人赔偿的权力，法院因一项罪行处理罪犯时，可以作出命令要求他就该项罪行或任何考虑在内的其他罪行造成的"个人伤害、损失或损害"作出赔偿。[2] 如果刑事法院拒绝作出赔偿令或者作出了少于损失总额的赔偿令，被害人可以就其实际损失高出赔偿令的部分提起民事程序。[3] 因此，赔偿令程序的适用并不排斥被害人通过独立民事诉讼以实现其民事诉权。而且由于民事诉讼中的证明标准要低于刑事诉讼，所以刑事法院的赔偿令不予支持的部分赔偿要求，在民事诉讼中仍可能获得支持。但是，民事法院最终判定的赔偿数额要扣除被害人已通过赔偿令获得的部分。[4]

---

[1] 参见汪建成、甄贞主编：《外国刑事诉讼第一审程序比较研究》，法律出版社2007年版，第246页。

[2] 参见 [英] 约翰·斯普莱克：《英国刑事诉讼程序》，徐美君、杨立涛译，中国人民大学出版社2006年版，第579—580页。

[3] 参见 [英] 约翰·斯普莱克：《英国刑事诉讼程序》，徐美君、杨立涛译，中国人民大学出版社2006年版，第582—583页。

[4] 参见汪建成、甄贞主编：《外国刑事诉讼第一审程序比较研究》，法律出版社2007年版，第94—95页。

第六章 单独实现方式：独立民事诉讼制度

在美国，自二十世纪七十年代开始，许多法院开始尝试把赔偿作为刑罚的一种，八十年代以后颁发赔偿令赔偿被害人受到许多管辖区的欢迎。[1]大多数法官在量刑时能够指令赔偿。[2]从此，美国确立了类似英国的赔偿令制度，不过尽管获得赔偿命令，被害人仍可提起独立的民事诉讼，以弥补赔偿命令的不足。立法上之所以有这种变化，主要是以往单纯通过民事救济方式解决损害赔偿浪费时间和费用，效果也不理想。[3]

（二）大陆法系国家

在大陆法系国家，被害人虽然享有独立民事诉讼程序的选择权，附带民事诉讼也可能因管辖权问题或其他原因而被移交民庭处理。但是在一般情况下，若附带民事诉讼已经对被害人损害赔偿问题作出裁判，则诉权消灭，被害人不能再向民庭提起补充的民事诉讼。与英美法系国家不同，独立民事诉讼不是刑事程序赔偿不足时必然的补充实现方式。只是在部分国家，附带民事诉讼可作原因判决或部分判决，被害人可在附带民事诉讼终结后向民庭补充提起民事诉讼。

在法国，由于附带民事诉讼的主体范围、客体范围适用民事法规定，与普通民事诉讼相一致，且附带民事诉讼程序极大地保障了当事人的诉讼权利，因此，在附带民事诉讼对被害人的损害赔偿作出裁判之后，被害人没有再向民庭提起独立民事诉讼的必要，因为独立民事诉讼也不可能给予被害人更多的保障。

在德国，根据1986年《被害人保护法》规定，许可刑事法院

---

[1] 参见［美］爱伦·豪切斯泰勒·斯黛丽、南希·弗兰克:《美国刑事法院诉讼程序》，陈卫东、徐美君译，中国人民大学出版社2009年版，第504页。

[2] 参见［美］爱伦·豪切斯泰勒·斯黛丽、南希·弗兰克:《美国刑事法院诉讼程序》，陈卫东、徐美君译，中国人民大学出版社2009年版，第516页。

[3] 参见刘金友、奚玮:《附带民事诉讼原理与实务》，法律出版社2005年版，第23页。

对民法上损害赔偿请求权为原因判决（即只就原因部分为判决，而不涉及金钱数额）或部分判决。[1] 之后，由民庭对具体金额数额或未审理部分进行审理。而根据《刑事诉讼法》第406条第3项的规定，对于未被附带民事诉讼认可的请求权部分，被害人可以另行提出。也就是说，被害人还可以单独另行提起独立的民事诉讼。[2] 因此，在部分情况下，独立民事诉讼是附带民事诉讼程序赔偿不足时的补充救济方式。

三、评价

各国均设立了被害人通过独立民事诉讼程序实现民事诉权的方式，作为基本实现方式的独立民事诉讼与作为补充实现方式的独立民事诉讼虽有不同，但也存在一定的共性。首先，在被害人提起独立民事诉讼的情况下，赔偿范围与普通民事诉讼无异，即使在附带民事诉讼的赔偿范围受限的国家也不例外。其次，独立民事诉讼中基本适用民事实体规则与程序规则，即便由此所作出的裁判与刑事裁判有所不同。最后，在刑事诉讼终结后独立民事诉讼再作裁判的情况下，民事裁判不应与刑事裁判结果产生实质性矛盾。

第二节 独立民事诉讼制度的理论正当性及其反思

通过比较考察可以看出，采取独立民事诉讼制度实现被害人

---

[1] 参见［德］克劳思·罗科信：《刑事诉讼法》（第24版），吴丽琪译，法律出版社2003年版，第590页。
[2] 参见汪建成、甄贞主编：《外国刑事诉讼第一审程序比较研究》，法律出版社2007年版，第168页。

第六章　单独实现方式：独立民事诉讼制度

的民事诉权是世界各国的通例，英美法系国家更是长期以来将其作为被害人实现民事诉权的基本方式，排斥在刑事程序中附带解决损害赔偿。我国不少学者也提倡改目前的附带民事诉讼制度为独立民事诉讼，将刑事诉讼与民事诉讼完全分离，让刑事的归刑事、民事的归民事，成立平行诉讼模式，倡导民事诉讼的独立性，排斥民事程序与刑事程序相混合，其中有着深刻的理论渊源。

一、刑事诉讼与民事诉讼性质不同

英美法系国家之所以长期以来将独立民事诉讼作为被害人实现民事诉权的基本方式，而不是在刑事程序中附带加以解决，根本原因就在于刑事诉讼与民事诉讼性质及诉讼规律不同，各自有其特殊性，在同一程序中审理容易造成程序、实体上的混乱，同时影响到当事人诉讼权利的保障。这在实行附带民事诉讼的国家的确有所体现。

刑事诉讼的运行基础在于国家公权力的运用，解决的是国家与个人之间的纠纷；民事诉讼的运行基础在于国家作为中立的第三方对私权利的裁判救济，解决的是民事主体之间的纠纷。[1]刑事诉讼的目的在于控制犯罪、保障人权，而民事诉讼的目的在于维护私权与解决纠纷。正是由于刑事诉讼与民事诉讼的性质不同、目的不同，两者在诉讼制度、程序规则、证据规则等各方面均有不同的规定，在同一程序中处理势必难以协调。

首先，诉讼时效、案件管辖、缺席审判、调解及和解等制度设置不同。在诉讼时效方面，民事侵权与刑事犯罪的时效计算的起点不同，同时因两者对他人及社会的危害性大小有别，一般情

---

〔1〕 参见谢佑平、江涌："质疑与废止：刑事附带民事诉讼"，载《法学论坛》2006年第2期。

况下民事侵权的诉讼时效要短于刑事犯罪的诉讼时效。在管辖制度方面,刑事诉讼不同于民事诉讼。在地域管辖方面,刑事诉讼奉行犯罪地原则,而民事诉讼遵守的是原告就被告原则;在级别管辖方面,刑事诉讼的主要考虑因素是被告人可能被判处刑罚的轻重,而影响民事诉讼的因素则主要是诉讼标的金额的大小。因此,在同一行为涉嫌犯罪及侵权的情况下,刑事诉讼与民事诉讼的管辖可能不同,若要遵循刑民诉讼中不同的管辖规则,只有将刑事诉讼与民事诉讼分开审理。在缺席审判制度上,民事诉讼中被告无正当理由而不出庭的,一般情况下允许缺席审判。但在刑事诉讼中,对在被告人不出庭情况下的缺席审判则有不同的规定,有些国家适用于所有刑事案件,有些国家仅适用于轻微犯罪案件,还有些国家则不允许缺席审判。关于调解、和解制度,民事诉讼涉及的是双方当事人间的私的纠纷,一般不影响国家、社会和他人利益,允许调解与和解。而刑事诉讼牵涉国家、社会利益,一般不得调解,加害人与被害人间能否刑事和解也受到立法及司法限制,与民事诉讼不同。

其次,证明责任的分配方式不同。无论是英美法系还是大陆法系国家,基于无罪推定原则,刑事诉讼中证明被告人有罪的证明责任始终属于控方,被告人通常不承担证明自己无罪的义务,这是出于控制国家公权力与保护人权的需要。而民事诉讼的证明责任分配规则有所不同,由于没有公权力介入,更为注重双方当事人间的公平对等,虽然一般情况下遵循"谁主张、谁举证"的原则,但在部分特殊侵权纠纷中,包括环境污染、饲养动物致人损害、医疗事故、产品责任、高空坠物、高度危险作业等案件,举证责任则由被控侵权一方承担。若上述类型纠纷造成严重后果涉嫌犯罪,如采用附带民事诉讼程序,法官在刑事审理中须坚持控方承担证明责任证明被告人行为构成犯罪,若控方证明不能达

第六章　单独实现方式：独立民事诉讼制度

到排除合理怀疑的程度，即宣告被告人无罪。而在民事审理中却要求民事被告也就是刑事被告人举证证明损害事实不存在或具有免责事由，否则即认定侵权行为成立，这对法官来说是困难的，尤其是在被告人刑事中被判无罪而民事侵权成立的情况下。这是英美法系国家坚持通过独立民事诉讼实现被害人民事诉权的又一重要理由。

最后，证明标准不同。英美法系国家对于刑事诉讼与民事诉讼的证明标准要求悬殊。美国证据法针对不同的待证事实，确定了多个等级的证明标准，其中"排除合理怀疑"相当于达到95%以上的可信度，属于检察机关证明被告人构成犯罪的证明标准，检察机关对于犯罪事实的全部构成要素都需要证明到如此程度。而"优势证据"则属于一般的民事诉讼证明标准，相当于50%以上的可信度，属于民事诉讼当事人证明其所主张事实的证明标准。[1] 可见，刑事诉讼的证明标准远高于民事诉讼的证明标准。因此，在刑事诉讼中被判处无罪的被告人却在民事诉讼被判决败诉赔偿，也属合理。在大陆法系国家，虽然立法中刑事诉讼与民事诉讼的证明标准没有明显的差异，但实践中内心确信的刑事诉讼证明标准仍高于高度盖然性的民事诉讼证明标准。只是在附带民事诉讼制度下，出于维护裁判统一的需要，这种差异没有得到正视。的确，要求同一法官在经过同一程序审理之后就犯罪与侵权是否成立作出截然相反的判决，实属困难。这也是主张通过独立民事诉讼实现被害人民事诉权的重要理由。

根据刑事诉讼与民事诉讼的不同性质及由此导致的诉讼制度、证据规则的不同来论证独立民事诉讼的正当性是有一定合理性的，也因此，我国很多学者认为应仿效英美法系国家，改附带民事诉

---

[1] 参见陈瑞华：《刑事证据法学》，北京大学出版社2012年版，第247页。

讼为独立民事诉讼，这样才能使被害人的民事诉权真正得到保障。但是，这一观念如今也面临质疑。首先，随着人们对犯罪的侵权本质的重新认识，传统的刑民分离的观念受到了挑战，而刑事诉讼与民事诉讼之间的差异也在日渐缩小，并有相互借鉴之势，例如刑事诉讼中开始出现刑事和解制度，加害人与被害人作为双方当事人其处分权得到尊重，出现了"刑事诉讼民诉化"的趋势。[1] 其次，刑事诉讼与民事诉讼在证据规则上虽有很大差异，但证明责任分配、证明标准等的差异仅在刑事裁判与民事裁判作出不同事实认定，即刑事诉讼认定无罪而民事诉讼认定侵权成立时才会使法官陷入混乱，这完全可以通过将无罪案件中的附带民事诉讼转由民庭审理来解决；在刑事诉讼认定有罪的情况下，民事侵权自然成立，在刑事诉讼过程中实现被害人的民事诉权无可争议。因此，不能因之而否定通过刑事诉讼附带实现被害人民事诉权的正当性。

二、刑事责任与民事责任的彼此独立

传统理论认为，刑事责任与民事责任相互独立，行为人因一行为同时构成侵权与犯罪的，应同时承担刑事责任与民事责任，不能因其中一项责任的承担而逃避另一责任。而对刑事程序中附带解决损害赔偿的一项批评就是，这将导致刑事责任与民事责任间的相互替代与转换，而这被认为是不可容忍的。

关于刑事责任有以下几点共识：①犯罪行为是刑事责任产生的前提，因而刑事责任与行为人的犯罪行为有着必然的联系；②刑事责任只能由犯罪人来承担；③刑事责任直接体现着国家对犯罪人及其犯罪行为的否定性评价，因而犯罪人是对国家承担刑事责

---

[1] 参见陈瑞华：《刑事诉讼的中国模式》，法律出版社2010年版，第92页。

第六章 单独实现方式：独立民事诉讼制度

任；④刑事责任实现的最基本、最主要的方式，是对犯罪人予以刑罚处罚；⑤犯罪人所承担的刑事责任，只能由司法机关通过刑事诉讼予以确定；⑥刑事责任的功能重在惩罚与预防，而不是对被害人进行经济补偿。与刑事责任所不同的是，民事责任作为民事主体违反民事义务所应承担的法律后果，其基本特征在于：①违反民事义务是民事责任产生的前提，因而民事责任与民事主体违反民事义务的行为有着必然的联系；②民事责任应当由违反民事义务的行为人来承担；③民事责任主体只对被侵害人承担责任，因而，是否实际地追究民事责任，以被侵害人的意志为转移；④民事责任的承担方式主要有停止侵害、返还财产、恢复原状、赔偿损失等；⑤民事责任主要由司法机关通过民事诉讼来确认；⑥民事责任的主要功能在于补偿，而不是惩罚。可见，刑事责任与民事责任在产生前提、承担主体、承担方式、责任功能等方面均有显著区别，这决定了两者性质不同，不可相互转换或者替代。[1]

刑事责任与民事责任相互区别的理论基础在于犯罪与侵权、刑法与民法的分立。这是近代随着市场经济的发展、市民社会与政治国家出现分野、公法与私法也开始区分而出现的。不过，两者仍可能出现交叉，在一行为同时构成刑事犯罪和民事违法的情况下，就出现了法律上的竞合。例如，对于故意殴打他人造成轻伤的行为，民法出于对个体赔偿的目的，看重的是个人所受到的轻伤的损害结果，而刑法出于保护社会整体的目的，看重的是伤害他人达到轻伤程度所体现出来的对社会秩序的挑战，而非损害结果本身。两种评价基于两种法律各自独立存在，彼此不以对方为评价前提。既然民事侵权行为与刑事犯罪行为对应着赔偿与刑

---

[1] 参见杨忠民："刑事责任与民事责任不可转换——对一项司法解释的质疑"，载《法学研究》2002年第4期。

罚两种不同性质的后果,实践中,就不能在处理某个既成立侵权又构成犯罪的行为时以赔顶罪、以赔代刑或者以刑代赔、以罪促赔。[1]因此,行为人因其行为同时成立侵权与犯罪时应承担民刑双重责任,两者不能相互消减或替代。通过独立的民事诉讼来实现被害人的民事诉权,从而与刑事诉讼截然分开的制度设计下,显然更容易将刑事责任与民事责任两者分开,而不是混为一谈。

近些年来,伴随着国家的进步与成熟,依托于公法与私法相互渗透的背景,犯罪与侵权不再相互排斥,刑法与民法之间的严格界限也被打破,出现了相互融合的趋势。而刑事责任与民事责任由于在功能上的趋同,如通常被认为属补偿功能的民事赔偿同样会对犯罪人产生制裁与威慑的效果,两者也已经开始出现交融,损害赔偿甚至开始成为刑罚、保安处分之外的刑法的第三条道路。近年来兴起的刑事赔偿令与刑事和解制度,以及很多国家刑事实体法中将民事赔偿作为量刑情节的规定,就是很好的体现。因此,刑事责任与民事责任不再相互独立,损害赔偿可能消减甚至替代被告人的刑罚,但不能反过来用刑罚替代损害赔偿。

三、控辩平衡的诉讼原则

控辩平衡作为刑事诉讼的基本原则,已经得到了世界各国的普遍认可。为了维护被告人权利及程序正义,控辩双方须获得平等武装,尤其是面对以强大的国家机器为后盾的控方,辩方的权利得到格外关注。这也是很多英美法系国家不采纳附带民事诉讼制度的重要理由,避免被害人参与下所可能引发的控辩失衡。

---

[1] 参见夏勇:"刑法与民法——截然不同的法律类型",载《法治研究》2013年第10期。

第六章 单独实现方式：独立民事诉讼制度

刑事诉讼所解决的是国家与个人之间的冲突，作为一己之力的个人在强大的国家机器面前是绝对的弱者。为了使国家与个人之间的这场战争更为理性、公平，国家有义务赋予被告人以相应的诉讼权利和制度保障，从而维护被告人人权。因此，无论是英美法系国家还是大陆法系国家，都坚持以审判为中心、控辩平等、控审分离的刑事诉讼构造。并且，被告人被赋予了沉默权等特权，以实现控辩双方的实质对等。然而，附带民事诉讼制度中，公诉方的公权力与被害人的私权利联手，共同对付被告人，将使其处于更加弱势的境地。[1] 尤其是在实行当事人主义诉讼模式的英美法系国家。在法官消极裁判、控辩双方凭一己力量激烈对抗的庭审中，只有双方地位平等、能力及机会对等，才有可能做到维护被告人人权，实现程序正义。而被害人以当事人的身份介入刑事审判，尤其是考虑到定罪庭审中的被告人所做的是无罪辩护，必然使得整个程序更为复杂失控，原有的法官中立、控辩对抗的诉讼格局将被改变，被告人地位更加恶化。

主张维护控辩平衡的诉讼格局，因而反对被害人以当事人身份参与到刑事诉讼之中的理念基础在于，坚持法官中立、控辩对抗的三方诉讼构造，认为其中没有被害人存在的空间。但是，这一诉讼构造理论已经受到了挑战。被害人的刑事诉权虽然长时间被人遗忘，但近年来已逐渐兴起，并得到了日益广泛的认可，将被害人置于诉讼构造之中的理论已经出现。而被害人作为当事人参与刑事诉讼是否必然损害被告人的利益、危及控辩平衡也存在疑问，在定罪与量刑程序分离的制度模式下，可尽量降低被害人参与对被告人权利的损害，同时还可实现与被告人之间的双赢。

---

[1] 参见谢佑平、江涌："质疑与废止：刑事附带民事诉讼"，载《法学论坛》2006年第2期。

首先，被害人作为犯罪行为所侵害的具体对象，理应享有刑事诉权，如此方可在刑事诉讼中有机会为自身利益而抗争。理论上来说，被害人作为犯罪行为的直接受害者和案件的实体利害关系人，对于刑事诉讼的结果，即被告人的罪责问题，享有直接利益，同时公诉机关的准司法定位和公诉人个体的趋利本性决定了，检察机关实际上不能完全代表被害人的利益，因此被害人具备主体适格性和诉的利益，应当享有刑事诉权。当然，由于犯罪同时侵犯国家利益与被害人个人利益，国家公诉权与被害人的刑事诉权同时存在，无论从利益重要性、理性司法还是对诉权的执行能力考虑，公诉权均优于被害人的刑事诉权，后者是前者的补充与制约。因此，被害人的刑事诉权具有有限性。这在很多国家刑事诉讼的制度构建中得到体现，例如英美法系国家量刑程序中的被害人影响陈述制度，控辩交易过程中也有了被害人的参与；大陆法系国家的被害人不仅可以分割检察机关的起诉权，参与公诉案件追诉过程，有些甚至可以独立提起上诉。我国在《刑事诉讼法》中更明确将被害人列为刑事当事人。与此相对应，我国不少学者提出在控辩裁之外将被害人纳入诉讼构造，如四方诉讼构造理论[1]及四级诉讼构造理论[2]，还有学者提出了改平面三角模式为"锥形诉讼模式"，作为被害人、检察官、被告人在法官主持下相互制约的立体诉讼格局[3]。因此，在刑事诉讼中，被告人权益理应得到维护，但不应以此作为否定被害人介入刑事诉讼的理由。

其次，被害人参与刑事诉讼不一定会削弱被告人的权利，同

---

[1] 参见房保国：《被害人的刑事程序保护》，法律出版社2007年版，第100—142页。

[2] 参见韩流：《被害人当事人地位的根据与限度——公诉程序中被害人诉权问题研究》，北京大学出版社2010年版，第128—136页。

[3] 参见吴四江：《被害人保护法研究——以犯罪被害人权利为视角》，中国检察出版社2011年版，第61—74页。

第六章 单独实现方式：独立民事诉讼制度

时可以通过制度安排尽量降低这一影响。实际上，被害人与被告人诉讼利益的关系并非完全对立，而是可能呈现三种模式：一是对立模式，即对被害人保护得越周到，意味着被告人遭受不利后果的可能性越大，如被害人的强制起诉权、独立上诉权等。二是一致模式，被害人诉讼利益并不必然从属于国家追诉利益，而有可能偏向被告人一方，如被害人认为被告人并非犯罪人或希望得到赔偿达成谅解而不是处以刑罚。三是共享模式，被害人与被告人共享某些相同的程序利益，如为了保障裁判的公正性，诉权主体有权要求裁判者保持中立、有权要求其意见得到尊重、有权要求审判活动及时形成裁判结果等。因此，在被害人参与模式的制度设计中，对于被害人与被告人利益对立的诉讼权利应当慎重考虑、综合权衡，对于双方利益一致及共享的诉讼权利，如被害人自愿谅解被告人提出从轻量刑建议的权利，当事人诉权对公诉权、审判权等公权力的制约，等等，应当得到尊重。

最后，对于英美法系国家普遍担心的被害人参与刑事审判有碍控辩平衡的问题，在定罪程序与量刑程序分离的情况下，可以得到有效控制。在定罪程序中，被告人是否有罪还处于未知的状态，需由法官或陪审团根据控辩双方举证质证情况进行裁判，因此面对强大国家的被告人应受到刑事诉讼程序的特殊保护，被害人的诉讼权利应当受到较多限制，让位于公诉权。英美法系国家在定罪程序中将被害人仅作为控方证人也是出于这一考虑。但是，被害人有权在审前程序中向公安检察机关表达自己的意见，以影响公诉意见的形成，并且有权对审判程序是否启动进行制约。在被告人被定罪之后的量刑程序中，犯罪事实确定，被告人已经转化为犯罪人，没有理由再对其进行特殊的程序保护，而被害人要求对被告人进行刑事处罚的愿望在此得以实现，有权通过举证、质证、提交被害人量刑建议来影响法官。在定罪与量刑程序不分的大陆法系国家，被害人的参与的确对于定罪程序中的控辩平衡有一定影响，同时又存在无法充分地参与量刑问题。因此，构建定罪与量刑程序分离的审判制度，对于被害人参与刑事诉讼意义重大。

四、评价与反思：理论正当性亟需重构

其实，上述理论所支持的是排斥刑事程序附带实现、坚持刑民分立的绝对独立民事诉讼制度，英美法系国家曾经一度持此观点。不过，随着近年来实践中刑事赔偿令、刑事和解等制度的出现，英美法系国家在实践中也不再排斥刑事程序中附带解决损害赔偿问题。在我国，部分学者和实务人士持此观点。关于并不排斥刑事附带程序的独立民事诉讼制度，其理论基础目前没有过多论述。

之所以可以通过独立民事诉讼方式来实现被害人的民事诉权，这是被害人民事诉权的民事属性所决定的，而其刑事属性则决定了适用独立民事诉讼应有一定的实体及程序的限制。被害人民事诉权理论可以为独立民事诉讼制度的科学、合理建构提供导向。

第三节　我国独立民事诉讼制度的特征与面临的问题

我国实行附带民事诉讼制度，立法没有对被害人是否享有附带民事诉讼和独立民事诉讼的选择权作出明文规定。长期以来，附带民事诉讼是我国被害人实现民事诉权的主要甚至是唯一的方式，被害人单独提起民事诉讼的情况不是很多，作为被害人民事诉权基本实现方式的独立民事诉讼制度尚未真正形成。而作为补充实现方式的独立民事诉讼更是为立法及司法解释所排斥，实践中更为罕见。即使在被害人独立提起民事诉讼得到受理的情况下,一方面,仍在很大程度上受到刑事诉讼的制约,而不像其他国家可依民事法规则进行审理。另一方面,由于法律规定不具体、不明确,法院在审理中也是各行其是,各地做法不一。

一、我国独立民事诉讼制度的特征

(一) 无法律依据且较少适用

一直以来,被害人能否提起独立民事诉讼在我国《刑事诉讼法》及《民事诉讼法》中均没有作出明文规定,对该制度作出规定的是最高人民法院所发布的相关司法解释。最高人民法院2012年司法解释第六章的附带民事诉讼及2000年司法解释是现行有效的关于被害人提起独立民事诉讼的主要规定。

实践中,被害人提起独立民事诉讼制度实现民事诉权的情况较少,除了立法没有对独立民事诉讼作出明确规定外,还有以下原因:第一,被害人不愿主动提起独立民事诉讼。由于被害人不是法律专业人士,其所关心的是能否得到损害赔偿,不介意是通过附带民事诉讼还是独立民事诉讼程序获得,在得知可在刑事程序中要求赔偿的情况下,一般不会待刑事诉讼终结后再行提起民事诉讼。并且,单独提起民事诉讼需要由原告先行缴纳诉讼费等诸项费用,而被害人一般经济情况不佳,因此即使了解自己的程序选择权也会更倾向于无需支付费用的附带民事诉讼程序。第二,法官一般不太情愿受理被害人单独提起的民事诉讼请求,即使被害人提起也不一定会得到受理。由于刑事程序中未能处理的损害赔偿问题一般较为复杂,法官避之唯恐不及,同时由于司法解释规定的粗疏也给予了法官是否受理的自由裁量权。

(二) 受案范围较窄

根据司法解释规定,有权提起独立民事诉讼制度的案件包括:

第一，检察院撤诉且附带民事诉讼案件调解不成的。2012年司法解释第160条第2款规定："人民法院准许人民检察院撤回起诉的公诉案件，对已经提起的附带民事诉讼，可以进行调解；不宜调解或者经调解不能达成协议的，应当裁定驳回起诉，并告知附带民事诉讼原告人可以另行提起民事诉讼。"第二，被害人一审期间不提起附带民事诉讼二审提起经调解不成的。2012年司法解释第161条规定："第一审期间未提起附带民事诉讼，在第二审期间提起的，第二审人民法院可以依法进行调解；调解不成的，告知当事人可以在刑事判决、裁定生效后另行提起民事诉讼。"第三，被害人在刑事诉讼中未提起附带民事诉讼的。2012年司法解释第164条规定："被害人或者其法定代理人、近亲属在刑事诉讼过程中未提起附带民事诉讼，另行提起民事诉讼的，人民法院可以进行调解，或者根据物质损失情况作出判决。"根据司法解释的上述规定，在被害人没有提起附带民事诉讼或提起后因故不能裁判且调解不成的情况下，可以另行提起独立的民事诉讼。

同时，司法解释规定被害人不能提起独立民事诉讼的情况包括：第一，如果附带民事诉讼已经作出裁判，包括驳回起诉，一般情况下不能再行提起独立民事诉讼，这是依据前文规定所推导出的结论，大部分法院确实如此操作。不过由于规定不是很明确，实践中也有例外。第二，被害人不得因精神损害赔偿提起独立民事诉讼。2012年司法解释第138条第2款规定："因受到犯罪侵犯，提起附带民事诉讼或者单独提起民事诉讼要求赔偿精神损失的，人民法院不予受理。"也就是说，被害人因犯罪而遭受的精神损失不仅无法在附带民事诉讼中获得赔偿，且无通过民事诉讼获得救济的机会。关于这一问题，实践中做法有所不同，后面将作详细阐述。第三，犯罪分子非法占有、处置被害人财产经追缴退赔仍不能弥补损失的，不得提起附带民事诉讼，未规定可提起独立民事诉讼。2000年司法解释第5条规定,经过追缴或者退赔仍不能弥补损失的被害人可向法院民庭另行提起民事诉讼,但被2012年司法解释删除。因此,该情况下被害人提起独立民事诉讼失去了规范依据,实践中一般对此类案件不再受理。

可见,不属于附带民事诉讼范围的案件通常同样不能向民庭提起民事诉讼而获得救济,包括因财产被犯罪分子非法占有、处置而遭受物质损失的案件以及精神损失的案件。因此,独立民事诉讼的受案范围、赔偿范围与附带民事诉讼是基本一致的,只是在附带民事诉讼没有启动或者无法裁判的情况下,才由民庭来进行,这导致独立民事诉讼无法成为附带民事诉讼的补充救济途径。

(三)证据及实体规则受刑事制约

虽然司法解释中规定了何种情况下被害人可以提起独立民事诉讼,但对于法院依何受理、如何审理没有进行规定。在大陆或英美法系国家,虽然刑事裁判会对未来的民事审理产生一定程度上的制约,例如民事裁判不得与刑事裁判结果产生实质性的矛盾,在刑事裁判终结前,民事审理应暂时中止直至刑事生效裁判的产生,但除此之外,独立民事诉讼应尽量遵守民事诉讼的证据规则与程序规则,且必须遵守民事诉讼的实体规则。在我国,刑事裁判结果将在何种程度上对民事诉讼的审理及裁判结果产生影响,立法及司法解释没有作出明确规定。在重刑轻民及追求裁判统一的思想影响下,民事法官一般不敢挑战刑事裁判的权威,由此导致,所谓的独立民事诉讼的审判较多受制于刑事裁判之下,不同于刑事诉讼的民事证据规则、实体规则很难得到适用。

从司法解释只言片语的规定来看,第一,赔偿范围与普通民事诉讼有所不同。根据司法解释的规定,独立民事诉讼程序中不支持被害人的精神损害赔偿,这与《侵权责任法》的规定相冲突。

实践中，很多地方法院将独立民事诉讼的赔偿范围等同于附带民事诉讼，以此避免被害人案件大量涌入民庭。第二，部分因证据不足、证明标准达不到排除合理怀疑而被判无罪的刑事案件，可能已经符合民事诉讼高度盖然性的证明标准，但鲜有民事法官敢于判决无罪行为构成侵权，类似于美国辛普森虽被判无罪但却须承担天价赔偿的案例，在我国很难出现。但是，由于实践中刑事诉讼的无罪判决率极低，同时被害人单独提起民事诉讼的情况也较少，相关案例并不多见。

(四) 精神损害赔偿实践做法不一

首先来看两个案例：

案例1：甘林被拐卖案[1]

1993年9月4日，时年6岁的甘林被父亲的工友拐卖，17年后通过网络寻亲与父母团聚，人贩子邱文龙因拐卖儿童罪被判刑6年，但甘林一家提起的精神损害赔偿却被法院驳回。刑事案件终结后，甘林一家又提起民事诉讼，要求犯罪人赔偿新衣服的损失28元及精神损害损失费17万元，一审法院依据2002年最高人民法院《关于人民法院是否受理刑事案件被害人提起精神损害赔偿民事诉讼问题的批复》(已失效)，驳回了甘林一家精神损害赔偿的请求，判决赔偿新衣服的损失28元。二审广州市中院经过报请广东省高院和最高人民法院，最终依据《侵权责任法》第4条第1款及第22条的规定，判决支持原告精神损害抚慰金5万元。该判决于2013年3月11日生效。

---

[1] 参见蔡险峰："甘林被拐17年精神损害索赔案获历史性宣判"，载 http://blog.sina.com.cn/s/blog_6d2d76980101m4dj.html，访问日期：2019年6月17日。

第六章 单独实现方式：独立民事诉讼制度

案例 2：中国首例强奸索赔案[1]

1998 年 8 月 15 日下午，张某与刘某在深圳某英语俱乐部相识。后刘某提出请张某吃晚饭，并将张某带到其住处，多次使用暴力手段对张某实施奸淫，后张某趁机报警。2000 年 8 月，广东省高院以强奸罪判处刘某有期徒刑 12 年，附带民事诉讼被法院驳回。之后，张某于 2000 年 11 月向深圳市罗湖区人民法院另行提起民事诉讼，法院判令刘某向张某赔偿精神损害赔偿金人民币 8 万元。后双方均提出上诉，深圳市中院依据最高法的有关司法解释作出终审裁定，驳回张某提出的精神损害赔偿的起诉。

由上述案例可见，虽然最高法司法解释明确规定独立民事诉讼中仅对物质损失进行赔偿，而不包含精神损害，但由于该规定与 2009 年发布的《侵权责任法》相冲突，部分民事法官大胆适用《侵权责任法》的规定而有意避开司法解释规定，勇气可嘉。但是这种情况毕竟是极少数，大部分被害人难以获得精神损害赔偿。

第一种，也是最为常见的情况，法院依据司法解释的规定对于被害人提起的精神损害赔偿诉讼不予受理或判决驳回该诉讼请求。早在 2012 年司法解释出台之前，2002 年最高人民法院《关于人民法院是否受理刑事案件被害人提起精神损害赔偿民事诉讼问题的批复》（已失效）（以下简称"2002 年批复"）中就表示，对于刑事案件被害人由于被告人的犯罪行为而遭受精神损失，在该刑事案件审结以后，另行提起精神损害赔偿民事诉讼的，人民法院不予受理。之后，绝大部分被害人提起的精神损害赔偿民事诉讼，都被法院以此为由不予受理或驳回了诉讼请求。中国首例强

---

[1] 参见"中国首例强奸索赔案终审 精神损害赔偿被驳回"，载 http://www.chinanews.com/2002-12-15/26/253600.html，访问日期：2014 年 12 月 26 日。

奸索赔案就是其中的典型案例。被害人张某遭犯罪人刘某强奸，精神受到严重创伤，在附带民事诉讼被驳回后向民庭提起民事诉讼，一审法院判令刘某向张某赔偿精神损害赔偿金人民币8万元。二审过程中，最高法2002年批复出台，根据该批复中精神损害赔偿另行提起民事诉讼不予受理的规定，深圳市中院驳回了张某的起诉。

第二种，被害人通过心理诊疗的方式将精神损害转化为物质损害，以医疗费替代精神损害赔偿金，以望得到法院支持。考虑到被害人提起的精神损害赔偿一般得不到法院的支持，一些律师根据实践经验总结出一个办法，在强奸罪、抢劫罪、故意伤害罪、侮辱诽谤罪等案件中，被害人的精神往往遭受严重创伤，长时间无法正常工作、生活，难以走出被害的阴影，需要接受专业心理医生的帮助，根据心理医生的诊断对被害人后续治疗需要的费用作出估算，以诊疗费而非精神损失的方式进行主张，有更大机会得到法官的支持。但是实践中情况并不乐观。

第三种，也是极为罕见的情况，法院适用《侵权责任法》支持被害人提起的精神损害赔偿要求。其中，甘林被拐17年精神损害民事索赔案就是其中获得成功的极少案例之一。该判决于2013年3月11日发布，其时2012年司法解释已经生效，但广州市中院坚持依据《侵权责任法》，支持原告精神损害抚慰金5万元。这在广东省并非个案，根据广东省高院2013年1月30日发布的《关于已被追究刑事责任的犯罪人应否承担精神损害赔偿民事责任的批复》（粤高法民一复字〔2012〕3号）规定，依据《侵权责任法》、最高人民法院《关于确定民事侵权精神损害赔偿责任若干问题的解释》《关于审理人身损害赔偿案件适用法律若干问题的解释》及其他相关规定，应对当事人关于精神损害赔偿的诉讼请求进行实体审理，并依法认定应否予以支持。广东省高院避开了最高法的司法解释，而是依据《侵权责任法》的规定要求各下级法院受理精

第六章 单独实现方式：独立民事诉讼制度

神损害赔偿诉讼，被害人有望在民事诉讼中获得精神损害赔偿。

二、我国独立民事诉讼制度面临的问题

（一）大量被害人无法获得司法救济

诉权是当事人在实体权利遭到侵害后获得司法救济的权利，这是国家将强制力的纠纷解决权从个人处收归其所有后理应提供的保障。但是，被害人在因犯罪行为而使其民事权益遭受侵害后，很多情况下却不能得到司法救济，相比侵权行为，受害人还要遭受到司法的第二次伤害。

依据我国目前的《刑事诉讼法》及司法解释的规定，被害人因犯罪行为而遭受损失的，可通过附带民事诉讼、部分情况下可通过独立民事诉讼来实现其诉权。但是，目前的问题在于，独立民事诉讼的受案范围并不比附带民事诉讼更广，在属于附带民事诉讼受案范围但刑事诉讼不能继续或者被害人没有提起附带民事诉讼的情况下，可提起独立的民事诉讼，但在此范围之外无法通过附带民事诉讼实现民事诉权的被害人向民庭提起诉讼同样会吃闭门羹。这包括被告人非法占有、处置被害人财产的，经过追缴或者退赔仍不能弥补损失的案件及被害人受到精神损害的案件等。

追缴、责令退赔是刑法规定的一项强制性司法措施，即使刑事判决中指明应对被告人进行追缴退赔，在被告人或家属不配合的情况下，被害人难以据此申请法院强制执行。同时，由于追缴退赔没有期限限制，如何确定已经过追缴或者退赔仍不能弥补损失也是一个难题，民庭可能据此不予立案。而对于民庭来说，一方面，刑事判决已经判处对被告人进行追缴退赔，如果再对被害人起诉进行立案审理，将会出现与刑事判决相似的民事裁判，也就出现了一事二罚的现象，可能导致被害人获得双重赔偿。另一方面，如果经刑事司法机关追缴退赔仍不能弥补被害人损失，那

么民事诉讼也难以对其提供司法救济。在这些观念指导下,民庭一般情况下不愿受理被害人就该案案件提起的民事诉讼。

(二) 被害人通常无法获得足够的赔偿

同样是民事权益遭受侵害,由于导致侵害的行为性质不同,被害人所能够得到的损害赔偿也不相同,性质更为恶劣的犯罪行为的被害人所能获得的损害赔偿要远远少于侵权行为的受害人。被害人在附带民事诉讼中无法得到支持的诉讼请求,同样无法在独立民事诉讼程序中得到支持,以此避免附带民事诉讼制度被虚置、被害人全部选择民庭的情况出现。

首先,精神损害赔偿通常情况下无法获得支持。虽然广东省高院在批复中支持各下级法院受理被害人向民庭提起的精神损害诉讼,也有甘林被拐卖案这样的支持被害人精神损害赔偿金的案例,但是不可否认,绝大部分情况下,被害人向民庭提起的精神损害赔偿都无法得到受理或被判决驳回诉讼请求。这引发了被害人及其家属的强烈不满,社会各界也对此广泛提出质疑。最高法对此的解释是,刑事案件中的被害人主要通过对被告人处以刑罚来获得慰藉,与普通民事案件不同,如果在判刑同时处以精神损害赔偿,则有双罚之嫌。也就是说,最高法以司法解释的形式确定用刑罚来替代精神损害赔偿,而不顾被害人的意愿。这导致,因行为人过失而受到伤害的被害人可以获得高额的精神损害赔偿,而在行为人故意为之的情况下被害人却失去了这一权利;在行为人所受损害轻微的情况下有望获得精神损害赔偿,但在损害严重的情况下却无权获取。刑事案件中,国家剥夺了被害人与加害人私下和解的权利,却又规定被害人只能通过对被告人处以刑罚的方式来获得精神上的安慰,而不能选择金钱赔偿,过于霸道。更何况,在当前大力构建和谐社会的背景下,却要求被害人通过报复被告人获得快感,如此并没有真正使得纠纷化解,反而激化了

第六章　单独实现方式：独立民事诉讼制度

双方的矛盾，有违和谐社会的价值导向。

其次，残疾赔偿金与死亡赔偿金很多情况下也得不到支持。在2012年司法解释出台之前，部分法院在附带民事诉讼中支持残疾赔偿金与死亡赔偿金，因此民事诉讼中也会同样予以支持。2012年司法解释在列举赔偿范围时，将残疾赔偿金与死亡赔偿金排除于赔偿项目之外，认为其不属于物质损失的范畴，实践中除交通肇事案件外，通常情况下不再赔偿残疾赔偿金与死亡赔偿金，相应地，民事诉讼中一般也不再支持。因此，在人身伤害案件中，占赔偿数额绝大部分的残疾赔偿金与死亡赔偿金无法得到支持，被害人民事诉权根本无法实现。

（三）独立民事诉讼制度不符合当事人双方利益

首先，独立民事诉讼使被告人失去通过赔偿获得刑事宽缓的机会。被害人在独立民事诉讼中实现其民事诉权，而不是在刑事程序中提出，这使得被告人失去了通过赔偿获得从宽处罚的机会。与英美法系的刑事赔偿令制度不同，在该制度下，法官可依职权判处被告人赔偿被害人，只要被告人证明其具备赔偿能力，就有机会获得刑罚的轻缓，这一过程不以被害人的主动申请为前提。但在我国，被害人的申请是法官判处损害赔偿的前提，在被害人选择不提起附带民事诉讼的情况下，被告人就失去了通过赔偿获得刑罚宽缓的机会。

其次，独立民事诉讼使被害人失去了借助刑事诉权实现民事诉权的机会。选择通过独立民事诉讼程序实现其民事诉权，被害人自身也失去了凭借其刑事诉权获得损害赔偿的机会。由于被害人享有刑事诉权，可以在刑事诉讼中对被告人的裁判结局施加影响，也就拥有了与被告人进行谈判的筹码。被告人为了获得刑罚上的宽缓，自然有动力积极赔偿被害人，以获得被害人的谅解。但在被害人选择通过独立民事诉讼获取损害赔偿的情况下，其刑事诉权也就失去了意义。独立民事诉讼程序中，由于犯罪人已经被定罪量刑，赔偿被害人也不与减刑、假释等刑罚执行制度相挂钩，因此民事赔偿没有任何激励机制，被告失去了赔偿的动力。

最后，独立民事诉讼使双方当事人失去了和解的机会。被害人通过独立民事诉讼制度而不是在刑事程序中实现其民事诉权，则被害人与被告人也失去了通过赔偿、道歉达成双方和解的机会。对被害人来说，犯罪行为给其造成的伤害远非刑罚所能弥补，为了使其摆脱犯罪的阴影，同时修复被犯罪所破坏的社会关系，需要被害人与加害人之间进行面对面的沟通，通过道歉、赔偿、谅解等方式真正解决矛盾、消除仇恨，而这是单纯的刑罚与赔偿所不能实现的。

第四节　被害人民事诉权理论导向下独立民事诉讼制度的构建

一、被害人民事诉权理论导向下独立民事诉讼的正当性

根据被害人民事诉权理论，由于该诉权本身具备刑民双重属性，又与刑事诉权间存在相互融合又彼此影响的复杂关系，因此通常情况下，被害人民事诉权与刑事诉权理应在同一程序中实现，即在刑事诉讼程序中实现被害人的损害赔偿。但是，被害人民事诉权的特殊性是以刑事诉权的存续为前提的，在刑事诉权已不存在、无以为继或实现不能的情况下，被害人民事诉权即获得独立，被害人有权通过独立的民事诉讼来实现诉权，即"刑事程序无以为继时民事诉讼独立启动原则"。因此，独立民事诉讼制度是刑事附带程序实现不能时被害人实现民事诉权的补充选择，不排斥优先在刑事程序中实现被害人的民事诉权。

同时，考虑到刑事附带程序解决民事赔偿虽然高效、便利，但相比独立的民事诉讼，刑事程序中的民事赔偿程序较为粗疏，而刑事法官对民事诉讼审理的专业性也有所不足，且审限较为紧张，部分民事法律关系复杂的案件难以作出彻底判定，存在对被害人民事诉权保障不足的可能，另外被害人的损害结果也有可能在刑事审理终结后继续扩大。因此，独立民事诉讼又是其他程序对被害人民事诉权保障不足时享有的救济手段，即"刑事程序保障不足时民事诉讼补充启动原则"。但是，考虑到若被害人在刑事附带程序处理结束后再任意提起民事诉讼可能造成诉讼资源的浪费，应当对民事诉讼何种情况下启动有明确的条件限制。

因此，通过独立民事诉讼实现被害人民事诉权分为两种情况：一是因被害人刑事诉权实现不能而无法在刑事程序中附带实现损害赔偿，被害人民事诉权获得独立的情况。二是因刑事程序保障被害人民事诉权不足或新的损害结果发生，因此需要独立民事诉讼进行补充救济的情况。

二、作为基本实现方式的独立民事诉讼制度的适用与限制

实行附带民事诉讼制度的大陆法系国家和地区，大多赋予了被害人对于附带民事诉讼或独立民事诉讼的程序选择权，即使法官对于是否裁判案件有一定的自由裁量权，也多限于将不适合附带民事诉讼的案件移交民庭，对于被害人选择民事诉讼程序则很少制约。德国的司法实践更是将刑事诉讼终结后的独立民事诉讼作为被害人民事诉权的主要实现方式。而在英美法系国家，虽然一般认为独立民事诉讼是被害人实现民事诉权的基本方式，但随着刑事赔偿令制度的广为适用，在刑事程序中附带解决已经成为被害人获得损害赔偿的主要方式，且该程序不以被害人主动提起为必要，而独立民事诉讼则成为刑事赔偿令赔偿被害人不足时的补充，除非被

告人被判处无罪、被告人无法证明其具备赔偿能力或者法官认定有理由不予判处赔偿令。可见，大陆法系国家和地区和英美法系国家对于独立民事诉讼适用及其限制的规定完全不同，前者被害人享有几乎绝对的选择权，不受任何制约，而后者则由立法或法官决定何种情况下可单独提起独立民事诉讼，被害人不能自由选择。

依据被害人民事诉权理论中的"刑事程序无以为继时民事诉讼独立启动原则"，在被害人刑事诉权无以为继或实现不能的情况下，被害人民事诉权方获得独立性，通过民事诉讼来加以实现，通常情况下应优先在刑事程序中附带解决。根据这一原则，被害人不能完全享有独立民事诉讼制度的选择权。我国澳门特别行政区《刑事诉讼法》的规定即是如此。根据该法律，因犯罪而引起的损害赔偿请求，须在有关刑事诉讼程序中提出，仅在法律规定的情况下，才能通过民事诉讼程序独立提出该项请求。根据该规定，被害人提起独立民事诉讼受到严格限制，仅在法律明文规定及法官决定的情况下方能提起，否则须在刑事诉讼程序中提出。因公安司法机关未能及时告知等非被害人自身原因导致其未能提起附带民事诉讼的，可以在刑事诉讼终结后提起民事诉讼。若被害人已被告知可提起附带民事诉讼而不提起，视为放弃其民事诉权，不能在刑事诉讼终结后再行提起独立民事诉讼。

对于是否要将被害人提起独立民事诉讼的决定权赋予法院，学界也有争议。有学者认为，一般不应允许法院刑庭将民事诉讼移送民庭处理，避免影响刑事附带民事诉讼功能的正常发挥，应当对允许另行提起民事诉讼的例外情况加以明确规定。[1] 也有学者认为，确立法院对附带民事诉讼选择权可以在很大程度上消除

---

[1] 参见刘金友、奚玮：《附带民事诉讼原理与实务》，法律出版社2005年版，第220页。

第六章　单独实现方式：独立民事诉讼制度

当事人选择的随意性，一方面，法院对哪些案件的附带民事诉讼会造成刑事诉讼的过多延误是清楚的。另一方面，法院对于不会造成多大麻烦的民事请求一般也不会推出不管，就是有这种可能性也可以设计程序保障予以防止。[1]上述两种观点均认可不宜将独立民事诉讼的选择权赋予被害人，只是在是否赋予法院选择权的问题上主张不一。反对赋予法院选择权的主要理由在于，法官贪图审理方便会倾向于将附带民事诉讼转交民庭处理，这会损害附带民事诉讼制度的适用。而赞成赋予法院选择权的学者则认为，法院的这种倾向性可以通过程序保障来防止。笔者认为，赋予法院选择权的确存在法官对附带民事诉讼消极审理的可能性，德国就是很好的例子，但完全排斥法官的选择权又难以实现，毕竟法律仍需法官解释才能适用。因此，应当由立法明确、具体规定可以提起独立民事诉讼的情形，以减少法官的裁量空间。像审理附带民事诉讼可能持续时间过久、影响刑事诉讼进程，不应再作为移交民庭的理由。被害人可提起独立民事诉讼的情形主要包括：第一，自被害人遭受犯罪行为侵害起超过一定期限，刑事程序仍未启动，或者刑事诉讼因故中止超过时限没能重新启动。第二，因公安司法机关没能及时告知等非被害人主观原因，导致被害人没能在刑事诉讼过程中提起附带民事诉讼的。第三，附带民事判决生效后，被害人因犯罪行为所导致的损害扩大，或有新的损害结果发生的。

在刑事案件判处被告人无罪的情况下，对法院是否应将案件移送民庭，不同国家和地区的制度安排不同。在我国，根据司法解释的规定，法院认定公诉案件被告人的行为不构成犯罪，经调解不能达成协议的，应当一并作出刑事附带民事判决，不对其中

---

[1]　参见马贵翔："确立法院对附带民事诉讼选择权的构想"，载《法学论坛》2002年第5期。

具体情形进行区分。与我国不同，国外对此有三种做法：第一种做法是不对附带民事诉讼进行判决，而是通知权利人按照民事诉讼程序另行起诉，如奥地利、南斯拉夫、德国等。第二种做法是根据宣告无罪的理由不同，分别采取一并判决驳回附带民事诉讼或者对附带民事诉讼不予审理，由权利人按照民事诉讼程序另行起诉两种处理方法。即因犯罪事实不存在或被告人参加犯罪没有得到证实而宣告无罪的案件，在宣告无罪时一并判决驳回附带民事诉讼，因行为缺乏犯罪构成而宣告无罪的案件，刑事法庭在宣告无罪时告知被害人对附带民事诉讼不予审理，由被害人向民事法庭另行起诉，如苏联、蒙古等。第三种做法是根据宣判无罪的理由不同分别驳回或满足附带民事诉讼请求，并与刑事案件一并判决，即因被告人不存在违法犯罪行为而宣判无罪的案件，一并驳回附带民事诉讼请求，因被告人的行为不构成犯罪但仍属违法性质而宣判无罪的案件，在宣告无罪时一并判决满足附带民事诉讼请求的一部或全部，如法国、罗马尼亚等。[1] 应当说，后两种做法将无罪判决根据理由不同进行分别处理是较为科学的做法，但是没有体现出民事诉讼与刑事诉讼证明标准不同所可能产生的裁判差异。笔者认为应当区分为以下三种情形：第一，因犯罪事实不存在或犯罪并非被告人所为而宣告无罪的案件，一并判决驳回附带民事诉讼。第二，因证据不足、未达到排除合理怀疑标准而判决无罪的案件，法官可依民事诉讼证明标准判决侵权行为成立、支持被害人的赔偿请求，也可转交民庭处理，但不得径直驳回起诉或判决被害人败诉。第三，因行为缺乏犯罪构成而被判处无罪的案件，如依民事实体法规定成立侵权，则法官可判决支持被

---

[1] 参见孙洁冰主编：《刑事诉讼行政诉讼附带民事诉讼制度研究》，重庆大学出版社1990年版，第27—28页。

害人的赔偿请求，也可转交民庭处理，但不得径直驳回起诉或判决被害人败诉。

三、作为补充实现方式的独立民事诉讼制度与刑事附带程序的衔接

由于被害人民事诉权与刑事诉权联系紧密，需要在刑事诉讼过程中解决被害人的损害赔偿问题，不可避免地，被害人民事实体权利、诉讼权利难以获得与独立民事诉讼中的同等保障。因此，不能因刑事程序中已经对损害赔偿问题进行处理，就一概否定被害人再次提起民事诉讼的机会。在很多国家，尤其是英美法系国家，独立民事诉讼是其他程序保障不足时被害人实现民事诉权的补充救济手段。当然，考虑到被害人在刑事程序附带处理后任意再行提起民事诉讼可能导致司法资源的浪费，立法应当对于何种情况下可以补充提起民事诉讼作出明确规定。另外，独立民事诉讼的提起需要被害人先行缴纳诉讼费，一旦败诉则需自行承担，在刑事程序中已经对被害人损害赔偿进行处理的情况下，对于是否再提起民事诉讼，被害人会审慎决定。

被害人通过刑事和解程序获得损害赔偿的案件，由于当事人双方是在明知、自愿的基础上达成协议，协议实际履行完毕，则被害人民事诉权即告消灭，一般不得再行启动诉讼。我国最高人民法院在司法解释中也规定，双方当事人在侦查、审查起诉期间已经达成和解协议并全部履行，被害人又提起附带民事诉讼的，法院不予受理，除非有证据证明和解违反自愿、合法原则。[1] 因

---

[1] 参见2012年司法解释第503条："双方当事人在侦查、审查起诉期间已经达成和解协议并全部履行，被害人或者其法定代理人、近亲属又提起附带民事诉讼的，人民法院不予受理，但有证据证明和解违反自愿、合法原则的除外。"

此，对于被害人通过刑事和解程序实现其民事诉权的案件，一般不得另行提起独立民事诉讼，除非有证据证明和解违反自愿、合法原则，或者刑事和解程序终结后被害人又有新的损害结果出现。

被害人通过刑事赔偿令程序获得损害赔偿的案件，由于我国的赔偿令制度设置与英美法系国家不同，仅适用于法律关系简单、赔偿数额明确的占有、处置类财产犯罪案件，且须征得被害人的同意，因此无需再行提起民事诉讼进行补充救济，除非有证据证明被害人的同意是虚假或不情愿的，或者有新的损害结果出现。

被害人通过附带民事诉讼获得损害赔偿的案件，只有在符合条件的情况下才可以再行提起民事诉讼。附带民事诉讼的赔偿范围与独立民事诉讼相一致，一般情况下不应再行提起民事诉讼，但由于附带民事诉讼的附属性，在程序设置上难免与民事诉讼有所不同，民事制度的运行可能出现偏差，存在对被害人民事诉权保障不力的可能，因此须赋予被害人在特定情况下补充提起民事诉讼的权利。主要包括：第一，被告人以外的其他共同侵权人或责任单位未在附带民事判决中被判处赔偿损害的。相比刑事被告人，民事被告的范围极为宽泛，包括刑事程序中死亡被告人的继承人、未被追究刑事责任的其他共同侵害人、被告人的监护人、因职务行为涉嫌犯罪的被告人所在单位等。在附带民事诉讼审理过程中，因法官或被害人的疏忽导致部分责任人或责任单位未被列为被告的，应当赋予被害人在附带民事判决生效后向民庭提起诉讼的权利。第二，附带民事判决对部分案件，尤其是专业性强的案件仅对原因或可确定损失进行判决的。对于集资、证券、环境、资源、权利质押等新型犯罪案件，由于其专业性强、程序复杂，通过附带民事诉讼进行全面审理存在困难，在刑事法官暂对原因或部分损失作出判决的情况下，被害人有权通过民事诉讼途径进行再次审理，以弥补赔偿的不足。第三，部分案件中，由于损害仍在继续、短时间内无法确定，或者需要经过审计、鉴定、评估等程序才能确定赔偿数额，为了避免对刑事诉讼的过分拖延，可由附带民事诉讼判决被告应予赔偿，可能的情况下先行判处赔偿部分损失，赔偿不足的部分，由民庭另行审理确定。第四，附带民事判决生效后有新的损害结果出现的。

四、被害人民事诉权理论导向下独立民事诉讼制度审理规则的完善

首先，根据被害人民事诉权的民事属性，独立民事诉讼制度中应当适用民事实体规则。第一，民事诉讼中的赔偿范围应当适用民事实体法规定。这是实现被害人民事诉权的必然要求。即使是在附带民事诉讼中赔偿范围受限的国家，其独立民事诉讼中的赔偿范围仍与普通民事诉讼保持一致。这也是独立民事诉讼能够成为被害人民事诉权补充实现方式的前提。我国独立民事诉讼中排斥精神损害赔偿是不合理的。第二，民事诉讼中法官对侵权行为是否成立的裁判，应当遵循民事法律规定的侵权构成要件。尤其是在刑事诉讼中因缺乏犯罪构成而被判处无罪的案件中，民事法官不应受刑事判决的约束，而应根据侵权构成要件是否具备进行独立判断。第三，民事诉讼的审理中应当适用民事责任的归责原则。虽然民事诉讼同样以过错责任为一般原则，但对于部分特殊类型的案件，法律明文规定应适用无过错责任原则，只要侵权行为与损害结果间存在因果关系，被告即应承担赔偿责任，除非有免责事由存在，具体包括产品缺陷致人损害的案件、高度危险作业致人损害的案件、环境污染致人损害的案件等。

其次，根据被害人民事诉权的民事属性，独立民事诉讼制度应当适用民事程序规则及证据规则。第一，独立民事诉讼的受案范围应当适用民事法规定，与普通民事诉讼保持一致。依据2012

年司法解释的规定，符合附带民事诉讼范围的案件才可能提起独立民事诉讼，而因被告人非法占有、处置被害人财产而使被害人遭受损失的案件，则只能通过追缴、退赔来处理，无法提起独立民事诉讼，这等于剥夺了被害人对该部分侵害的民事诉权。第二，独立民事诉讼的证明责任分配应当适用民事法规定。民事诉讼虽然以谁主张、谁举证为基本原则，但对于部分特殊类型的侵权案件实行举证责任倒置，由被告证明自己无需承担侵权责任，主要包括高度危险作业、环境污染、高空坠物、饲养动物致人损害等。因此，即使控方无法证明犯罪成立，在举证责任转归被告的民事诉讼中也可能成立侵权行为。第三，独立民事诉讼的证明标准应当适用民事法规定。由于民事诉讼的证明标准低于刑事诉讼，在刑事案件因证据不足而判处无罪的情况下，民事诉讼中仍可能成立侵权行为，而不应受刑事裁判所限。

最后，根据被害人民事诉权的刑事属性，独立民事诉讼的裁判应在一定程度上受制于刑事诉讼。虽然民事诉讼与刑事诉讼的实体规则、证据规则有所不同，因此不同诉讼出现裁判矛盾也属正常，但为了维护裁判的稳定性，在刑事诉讼与民事诉讼同时进行的情况下，民事诉讼裁判不应与刑事裁判发生实质冲突。第一，若被害人在刑事诉讼启动前先行启动民事诉讼，则应在刑事诉讼启动后中止审理至刑事案件审结。第二，在刑事案件经审理认定犯罪行为并未发生或者犯罪行为并非被告人所为的情况下，民事诉讼不应认定侵权行为成立。第三，在刑事案件经审理认定犯罪行为存在但因欠缺有责性而判决无罪的情况下，民事诉讼应判决损害赔偿，因为欠缺有责性仅免除被告人的刑事责任，而不能免除民事责任。第四，在刑事案件经审理认定被指控行为欠缺主观罪过而被判处无罪的情况下，民事诉讼中可以判决损害赔偿，但应依据被告人有不同于主观罪过的过错。

第七章

协商实现方式：刑事和解制度

第一节 刑事和解制度的比较考察

刑事和解（Victim Offender Reconciliation，简称VOR），也称其为被害人与加害人和解，是指在刑事诉讼过程中，被害人与被告人之间直接或通过其他组织进行沟通、协商，在双方就民事赔偿及刑事谅解达成一致后，司法机关对被告人予以从宽处理的制度。

从二十世纪中期到现在，刑事和解从一种仅仅盛行于西方各国的法律制度，逐步发展成为一种世界性刑事运动。根据学术界的主流观点，作为一种法律制度的刑事和解，首先出现在西方各国，它的形成得益于两个社会背景因素及其相互作用的影响：刑事被害人学的兴起和传统监禁主义矫正政策的失败。[1] 刑事被害人学的兴起直接促成了刑事和解制度的诞生,对传统监禁主义矫正政策的反思则引发了世界范围的非刑罚化运动,而这一运动则进一步促进了刑事和解在西方各国的繁荣。[2]

一、英美法系国家

刑事和解最早发端于英美法系国家,并扩展至全世界。在刑事和解发展的初期阶段,通常仅适用于未成年人案件以及轻罪案件,后来才逐渐发展至适用于成年人案件与重罪案件。刑事和解适用于从起诉前至判刑后的各个诉讼阶段,通常在定罪前适用于未成年人案件与轻罪案件,在定罪后则适用于成年人案件与严重犯罪案件。[3]

(一)英国

英国的刑事和解制度始于对少年犯罪案件的处理。英国执法机关认为,若要遏制、消除和预防少年犯罪,就必须将这一犯罪现象放到人类社会生活这一大背景中去分析、思考,充分调动各方面的因素,发挥各方面的作用。由于犯罪行为不仅是对国家刑法关系的侵犯,更重要的是对被害人及更大范围的社会关系的损害,因此需要通过社会参与的途径教育改造犯罪人。于是英国执法机关开始将刑事和解引入执法过程。[4] 警察在发现犯罪人实施犯罪后,并不直接送交法庭,而是先进行面谈,然后带少年犯去

---

[1] 参见马静华、罗宁:"西方刑事和解制度考略",载《福建公安高等专科学校学报》2006年第1期。

[2] 参见周亚红:"刑事和解制度研究",中南大学2011年博士学位论文。

[3] 参见朱立恒:"英美刑事和解探析——以VOM模式为中心的考察",载《环球法律评论》2010年第2期。

[4] 参见向朝阳、马静华:"刑事和解的价值构造及中国模式的构建",载《中国法学》2003年第6期。

第七章 协商实现方式：刑事和解制度

作案现场，与受害人面谈，使之认识到行为的危害性，从而得到受害人谅解，最后形成协商补偿方案，从而使犯罪人免于被起诉。[1]之后，刑事和解逐步发展到成年人的轻微犯罪案件，现在也适用于成年人的极少数严重犯罪案件。1998年的《犯罪与妨害治安法》和1999年的《青少年司法和犯罪证据法》对刑事和解的具体运作作了相关规定。

英国的刑事和解有多种形式，其中尤以泰晤士河警察局的做法最具特色。在决定采用刑事和解的方式后，泰晤士河警察局首先会安排受到犯罪行为影响的相关人士进行面谈，介绍每一个参与者的具体情况及其与犯罪行为的关系和参与会谈的原因。完成这一步骤后，主持者（主要是泰晤士河警察局，有时也包括其他主体）开始询问加害人在犯罪时的想法和感受，接着向被害人和被害人的支持者作出同样的询问。整个过程的最后一步是由主持者询问加害人方面的人，如加害人的父母、配偶、子女等。实践证明，泰晤士河警察局的做法取得了良好的效果，在采用刑事和解的方式后，牛津地区的零售商店被盗率是4%，而这一数字在别的地区一般是35%。英国的刑事和解制度没有任何适用阶段上的限制，不管是侦查阶段还是审判阶段，甚至是刑罚的执行阶段都可以适用，英国政府从1998年起开始实施"无花果实计划"就是针对刑罚执行阶段的刑事和解而制定的。[2]其中，适用成年人的情形主要是在定罪后判刑前。[3]

（二）美国

1978年，美国印第安纳州埃尔克哈特市首次将"被害人—加

---

[1] 王平主编：《恢复性司法论坛》（2007年卷），中国检察出版社2007年版。
[2] 参见周亚红："刑事和解制度研究"，中南大学2011年博士学位论文。
[3] 参见朱立恒："英美刑事和解探析——以VOM模式为中心的考察"，载《环球法律评论》2010年第2期。

害人"和解方案引入美国,自此之后刑事和解计划在美国得以广泛推广,1994年美国律师协会(American Bar Association)认可刑事和解,1995年全国被害人援助组织(The National Organization for Victim Assistance)批准恢复性司法模式,刑事和解作为一项基本法律制度在美国实现了合法化。[1]

刑事和解计划施行初期,主要适用于轻罪案件,从二十世纪八十年代中期才开始适用于严重的成年人暴力犯罪案件。与英国类似,美国的刑事和解也是适用于刑事诉讼的各个阶段,但是在每个诉讼阶段,和解所发挥的作用有所不同:适用于起诉前的刑事和解项目通常是作为起诉的一项分流措施;适用于起诉后指控尚未解决前的刑事和解项目,是作为在辩诉交易中帮助控诉者与律师的方法;在有罪答辩或有罪判决之后,法庭将罪犯提交和解则通常是作为量刑或缓刑期的组成部分。[2]在美国,还出现了在死刑案件中"基于辩护的被害人接触"计划,由被告方派出专门的联系人与被害人家人接触,了解他们的想法和要求,并积极促成被害人家人与被告人的会面,协助双方达成和解。[3]

(三)新西兰

新西兰的家庭会议制度是刑事和解制度的典型范例,其来源于毛利人传统的纠纷解决方式。毛利人以家庭会议方式处理犯罪已有数百年之久,他们有一套很好的保护个人利益、维护社会稳定和群体融合的制度,并发展出自己的核心价值。家庭会议为加害

---

[1] 参见吴敦强:"美国刑事和解中的保密义务及其启示",湘潭大学2011年硕士学位论文。

[2] 参见朱立恒:"英美刑事和解探析——以VOM模式为中心的考察",载《环球法律评论》2010年第2期。

[3] 参见Kristen F. Grunewald and Priya Nath, "Defense-based Victim Outreach: Restorative Justice in Capital Cases", *Washington & Lee University School of Law, Capital Defense Journal*, Spring, 2003.

第七章 协商实现方式:刑事和解制度

人和被害人及他们的家庭提供了商量的机会。他们共同商量决定如何修复损害,如何让加害人回到正轨,最后恢复社会的平衡。[1]

家庭会议纳入新西兰法律体系是由于传统刑事诉讼制度对青少年犯罪矫正的失败,迫切需要一种更加人性、更加符合青少年心理特点的刑事诉讼制度。家庭会议制度融入了土著毛利人强调家庭和社区作用的价值观,正好符合新西兰诉讼制度需求,并于1989年经《儿童、青年及家庭行为法》(The Children Young Person and Their Families Act)的制定而正式纳入司法体系。当犯罪事件发生以后,社会福利部门的青少年工作者就会召集加害人和被害人及他们的家族成员,共商补救损害的方法,其中也有一名警察代表参加,此外还可能包括社会工作者和法院指定的加害人辩护律师参加。在会议中,加害人会描述事件的真实情况,被害人和其他人员会描述该事件对他们所造成的社会、心理及经济影响,表达对加害人行为的看法或谴责。在加害人承担责任以后会求得其他与会者的谅解,会议的主要目的就是促使加害人承担责任并积极进行补偿。由于新西兰法律对青少年逮捕的严格限制,现在,除了谋杀案件外,所有的青少年犯罪案件,都会由法院转交给家庭会议来处理。[2] 如果家庭会议的赔偿协议对被害人与犯罪嫌疑人双方都公平合理,则少年法庭最终会接受这份协议并依此作为中止诉讼程序的依据。[3]

---

[1] 参见肖明:"新西兰家庭会议制度之于我国刑事诉讼制度的借鉴——以我国刑事和解制度构建为视角",载《求索》2009年第5期。

[2] 参见肖明:"新西兰家庭会议制度之于我国刑事诉讼制度的借鉴——以我国刑事和解制度构建为视角",载《求索》2009年第5期。

[3] 参见向朝阳、马静华:"刑事和解的价值构造及中国模式的构建",载《中国法学》2003年第6期。

二、大陆法系国家

刑事和解制度虽然起源于英美法系国家，但随着恢复性司法理念的广为传播，该制度也在大陆法系国家逐渐流行起来，成为传统刑事司法的重要补充。不少大陆法系国家在立法中明确将刑事和解作为免除或从宽量刑情节，给予刑事和解以法律地位。

（一）德国

学界普遍认为德国是刑事和解制度发展最为完善的国家，不断改进的《德国刑法典》《德国刑事诉讼法典》和《德国少年法院法》等法律构成了德国完整的刑事和解制度体系。

刑事和解在1990年被正式纳入德国少年法律系统，这一年颁布的《德国少年法院法》把刑事和解明确规定为一种刑事转处措施。而自1994年以来，如果被告人已赔偿了被害人损失或者在审判之前至少真诚地努力这样去做，法庭就有权据此减轻刑罚、判处缓刑或对一年以下的自由刑及罚金免除刑罚。[1] 修改后的1998年《德国少年法院法》则进一步补充规定，少年犯与被害人的和解是法官可以科处的教育处分措施。如果已执行教育处分，检察官认为无科处少年刑罚之必要的可免于追诉，法官则可终止诉讼程序。[2]

《德国少年法院法》的规定只能适用于青少年犯罪案件，《德国刑法典》中刑事和解的适用对象则扩展到了成年人。1994年12月通过的《德国犯罪对抗法案》把"加害人—被害人和解"规范

---

[1] 参见 Detlev Frehsee, "Restitution and Offender-Victim Arrangement in German Criminal Law: Development and Theoretical Implications", *Buffalo Criminal Law Review*, Vol. 3, p. 235, 转引自向朝阳、马静华：“刑事和解的价值构造及中国模式的构建”，载《中国法学》2003年第6期。

[2] 参见《德国少年法院法》第10、45、47条之规定，载徐久生主编：《德国刑法典》，徐久生、庄敬华译，中国法制出版社2000年版，第240、241、255—257页。

第七章 协商实现方式：刑事和解制度

引入了德国刑法，刑事和解开始得以在部分成年人犯罪案件中适用。《德国刑法典》第 46 条 a（犯罪人—被害人和解，损害赔偿）规定："行为人具备下列情形之一的，法院可依第 49 条第 1 款减轻其刑罚，或者，如果可能判处的刑罚不超过 1 年自由刑或 360 日单位日额罚金之附加刑的，免除其刑罚：①努力与被害人达成和解（犯罪人—被害人和解），其行为全部或者大部得到补偿，或努力致力于对其行为进行补偿的，或②被害人的补偿要求全部或者大部得到实现的。"[1] 根据这一规定，刑事和解是法定的免除或减轻刑罚的事由。

1999 年《德国刑事诉讼法典》修订时，对刑事和解进行了明确规定。该法典根据案件性质差异对刑事和解的适用作了不同规定。对于公诉案件中的轻罪案件，经负责审理程序的法院和被指控人同意，检察院可以暂时不予提起公诉，同时要求被告人作出合理的给付，以消除其行为所造成的不利影响，恢复公共利益。被告人的给付以其应当承担的责任为限。如果被告人履行要求或责令的，检察院不能对行为再作轻罪进行追究；被告人不履行要求或责令的，则不退还已经作出的给付，且根据相应规定进行处理。对于自诉案件，只有在州司法管理部门所指定的调解机构调解无效后，才准许对侮辱、非法侵入、伤害、威胁和损坏财产等案件提起诉讼，起诉时起诉人应当出示调解证明书。[2]

（二）法国

在法国，刑事和解指的是检察官在提起公诉之前与被告人就公诉进行交易的一种特别程序，类似于辩诉交易。而我们通常所称的刑事和解则被称为刑事调解。1993 年《法国刑事诉讼法典》

---

[1] 徐久生主编：《德国刑法典》，徐久生、庄敬华译，中国法制出版社 2000 年版，第 57 页。

[2] 参见周亚红："刑事和解制度研究"，中南大学 2011 年博士学位论文。

正式引入了"刑事调解"程序。不同于其他意义上的调解，刑事调解是在司法框架内，依据司法委托并且在司法监督下进行的调解，是检察官在接受告诉之后、提起公诉之前，亲自或者通过其委托授权的第三人在犯罪行为人与受害人之间进行调解。[1]

在法国，对于是否实行刑事调解，检察院享有唯一的决定权。只有检察院才能评判实行刑事调解的适当性，冲突双方当事人不能直接向调解人申请调解。但是，刑事调解的适用必须得到被害人与加害人的同意，被害人有权拒绝参加调解。刑事调解只能在公诉发动之前进行，同时需满足加害人承认指控事实这一前提条件。当然，实行刑事调解须能够确保赔偿被害人受到的损失，否则无法适用。[2]

在法国，适用刑事调解的往往都是一些对社会危害程度不太严重的轻微犯罪案件，主要适用在家事诉讼案件。在任何情况下，严重的犯罪行为都不能适用刑事调解。检察官在就公诉作出决定之前，可以直接或者通过司法警察官或其委派的代表或调解人实行调解，一般情况下，都是召唤并授权外部的自然人个人或者法人作为调解人，检察官自身不一定亲自作为调解人。[3]

经过刑事调解达成的协议对双方当事人都有强制力，当事人应当履行，当事人也可以请求法院强制执行。如果刑事调解成功，检察官将作出案件"归档不究"或"不予立案"决定，上述两种

---

[1] 参见罗结珍："法国刑事诉讼法中的刑事调解与刑事和解"，载《法学杂志》2008年第3期。

[2] 参见罗结珍："法国刑事诉讼法中的刑事调解与刑事和解"，载《法学杂志》2008年第3期。

[3] 参见罗结珍："法国刑事诉讼法中的刑事调解与刑事和解"，载《法学杂志》2008年第3期。

第七章 协商实现方式：刑事和解制度

决定都并非最终确定的决定，一定条件下可能发生改变。[1]

现在，刑事调解程序被规定于《法国刑事诉讼法典》第41-1条。除了对受害人给予赔偿之外，刑事调解的一个重要目的就是让犯罪行为人持久地改变行为态度，防止重新犯罪。为此，条文第2项具体规定了种种预防犯罪的措施。[2]

（三）俄罗斯

俄罗斯的刑事法中也对刑事和解制度进行了规定，最早见于1996年通过的《俄罗斯联邦刑法典》和2002年修订的《俄罗斯联邦刑事诉讼法典》中。[3]《俄罗斯联邦刑法典》第76条（鉴于被害人谅解而免除刑事责任）规定："初次实施轻度犯罪或者中度犯罪的行为人，如果同被害人达成谅解，并对被害人遭受的损害予以补偿的，可以免除刑事责任。"[4] 因此，刑事和解已经成为法定的免除刑事责任事由。《俄罗斯联邦刑事诉讼法典》第1编第4章第25条规定："对第一次涉嫌实施轻罪或中等严重犯罪的人，在《俄罗斯联邦刑法典》第76条规定的情况下，如果该人与被害人和解并弥补对被害人造成的损害，法院、检察院以及侦查员和调查人员经检察长同意，有权根据被害人或其法定代理人的申请终止对之提起的刑事案件"。[5] 可见，俄罗斯的刑事和解仅适用于轻罪或中等严重犯罪，根据俄罗斯刑法中轻罪与重罪的划分标准，

---

[1] 参见罗结珍："法国刑事诉讼法中的刑事调解与刑事和解"，载《法学杂志》2008年第3期。

[2] 参见罗结珍："法国刑事诉讼法中的刑事调解与刑事和解"，载《法学杂志》2008年第3期。

[3] 参见周亚红："刑事和解制度研究"，中南大学2011年博士学位论文。

[4] 赵路译：《俄罗斯联邦刑法典》，中国人民公安大学出版社2009年版，第32、33、41、42页。

[5] 黄道秀译：《俄罗斯联邦刑事诉讼法典》，中国政法大学出版社2003年版，第19页。

轻罪是指最高刑不超过两年监禁的犯罪，中等严重犯罪是指最高刑不超过五年监禁的故意犯罪和超过两年监禁的过失犯罪。因此，俄罗斯刑事和解仅适用于不超过五年监禁的故意犯罪和过失犯罪。

三、评价

目前，刑事和解制度已经在世界各国得到普遍适用，这是被害人利益日益受到社会关注的结果。但是，在不同法系国家，刑事和解制度的具体设置有所不同，主要区别在于：首先，刑事和解制度的适用范围不同。在英美法系国家，虽然刑事和解主要适用于未成年人犯罪案件和轻罪案件，但已经逐步扩展至成年人及重罪案件；大陆法系国家不同，根据法律规定，刑事和解通常仅适用于轻罪案件，严重犯罪案件无法得到适用。其次，刑事和解制度的参与人员范围不同。在英美法系国家，刑事和解过程中不仅有被害人和加害人双方的参与，同时还会有双方当事人的家属以及社区人员参与其中，社区被认为是刑事和解中的重要一方。而大陆法系国家的刑事和解则主要集中在加害人与被害人之间，相关法律规定中并没有将社区纳入其中。最后，刑事和解制度的适用阶段范围不同。在英美法系国家，刑事和解可以适用于从起诉前至判刑后的各个诉讼阶段，虽然因案件性质不同适用阶段有所区别，但在大陆法系国家，刑事和解的可适用阶段的范围较窄，主要适用于审查起诉阶段及审判阶段。

虽然在制度设置方面存在差异，但英美法系与大陆法系国家的刑事和解在理念基础上是一致的。首先，不同于传统刑事制度，刑事和解制度更为重视被害人权益，赋予被害人主体性地位。无论是英美法系还是大陆法系的刑事和解制度，都以被害人同意为前提，被害人的意见可以直接影响案件的实体处理结果，这使被害人地位得到前所未有的提升。其次，刑事和解制度符合目前轻

第七章 协商实现方式：刑事和解制度

刑化的发展趋势，弥补了传统刑罚的不足，符合被告人利益。传统监禁主义矫正政策的失败使人们认识到，传统的刑罚并不能真正实现预防犯罪、改造犯罪人的目的，而通过由加害人积极道歉并赔偿被害人，担负起因犯罪所产生的现实的具体的责任，从而达成双方的和解，能够起到传统刑罚所无法达到的效果。最后，刑事和解制度将传统民事诉讼中纠纷解决的诉讼目的引入刑事诉讼，将本应由不同程序处理的刑民责任在和解程序中一并解决，有利于社会和谐的达成。

第二节 刑事和解制度的理论正当性

刑事和解制度的理论基础问题一直受到学界的关注。在国外，美国犯罪学学者约翰·R.戈姆在《刑事和解计划：一个实践和理论构架的考察》中提出的平衡理论、叙说理论和恢复正义理论已经获得普遍的共识，成为学界的通说。在我国，学者也提出了不同的观点。有的学者赞同上述理论，认为恢复性正义是最重要的理论基础；[1] 有的学者认为我国的刑事和解制度的探索主要受到构建和谐社会理论的影响；[2] 有的学者认为刑事和解是中西和谐文化传统的交汇；[3] 有的学者认为我国的刑事和解是司法实践中自生自发、自下而上的改革，而不是理论指导下的产物，其产生有深厚的现实基础，与西方恢复性司法有着明显不同，该制度的

---

[1] 参见马静华："刑事和解的理论基础及其在我国的制度构想"，载《法律科学（西北政法学院学报）》2003年第4期。

[2] 参见张健升："刑事和解的理论基础与程序操作问题辨析——'宽严相济刑事司法政策与刑事和解研讨会'观点综述"，载《人民检察》2007年第12期。

[3] 参见陈光中、葛琳："刑事和解初探"，载《中国法学》2006年第5期。

出现是对传统理论的挑战。[1]

一、恢复正义理论

西方学者提出平衡理论、叙说理论和恢复正义理论是刑事和解制度的理论基础。其中，平衡理论以被害人在任何情况下对何为公平、何为正义的合理期待的相对朴素的观念为前提。当先天的平等和公正的游戏规则被加害人破坏时，被害人倾向于选择成本最小的策略技术来恢复过去的平衡。相比传统刑事诉讼，刑事和解是一种低成本、高效率的纠纷解决机制。该理论的缺陷在于，仅仅从被害人，而不是社会与加害人的角度来认识刑事和解，能够回答的也只能是"被害人为什么参与"的问题。对这一问题的回应并不能全面地解构刑事和解的所有价值，因而是片面的。叙说理论是将刑事和解当作被害人叙说伤害的过程，并将被害人叙说视为一种有效的心理治疗方式。叙说过程的重要意义不在于故事内容本身，而在于叙说的过程和叙说者与叙说对象之间的共鸣。无论从方法论本身的科学性还是刑事和解实际具有的心理效果的角度，这一理论都有其积极进步的意义。被害人保护运动之所以最终接纳了刑事和解，也与这种考虑不无关系。但是，无论是从心理学的学科视角，还是从被害人的利益本位的角度来论证刑事和解的合理性都显得过于狭隘。刑事和解应当有刑事法理范围内的价值根据，同时，也不应像被害人保护运动那样只有单一的利益取向。只有这样，刑事和解才会找到它藉以升华为刑事法律制度的根本理由。[2] 恢复正义理论被认为是刑事和解制度的核心。在西方，刑事和解被认为是恢复性司法运动的重要实践方式。

---

[1] 参见陈瑞华：《刑事诉讼的中国模式》，法律出版社2010年版，第1—32页。
[2] 参见向朝阳、马静华："刑事和解的价值构造及中国模式的构建"，载《中国法学》2003年第6期。

第七章 协商实现方式:刑事和解制度

戈姆认为,恢复正义理论的特征有三个方面:首先,恢复正义理论强调犯罪不仅是对法律的违反、对政府权威的侵犯,更是对被害人、社会甚至犯罪人自己的伤害。其次,恢复正义理论还强调刑事司法程序应有助于对这些伤害的弥补。最后,恢复正义理论反对政府对犯罪行为的社会回应方面的权力独占,提倡被害人和社会对司法权的参与。[1]恢复正义理论建立在平衡加害人、被害人和社会之间的利益的观点之上,这一观点认为,犯罪破坏了加害人、被害人和社会之间的正常利益关系,恢复正义的任务就是在三者之间重建这种平衡。与犯罪学国家理论将犯罪视为对国家利益的损害不同,恢复正义理论将犯罪视为对社会关系的一种侵犯。对恢复正义的深刻理解建立在与报应正义的比较的基础之上。报应正义构成传统刑罚制度的价值基础,它关注的核心是犯罪与刑罚的因果关系,旨在解决"违反了什么法律""谁违反了它""违法者应处以何种刑罚"等问题。这些目标的实现带来的直接后果是,犯罪人被监禁在社会生活之外的监狱里,并被贴上标签或打上烙印,使他们得到如下的身份:罪犯、假释犯、缓刑犯、囚犯。与之不同,恢复正义重在解决"谁受到了犯罪的侵害""他们受到了何种损失""他们如何才能恢复这种损失"等问题。恢复正义理论旨在重塑一个和谐的社会。为了恢复犯罪造成的损失,必须充分关心被害人及其社会的实际需要。[2]与传统司法所追求的有限平衡不同,恢复正义追求全面的平衡:对被害人而言,修复物质损失、治疗受到创伤的心理,使财产利益和精神利益恢复

---

[1] Gehm, John R: "Victim-Offender Mediation Programs: An Exploration of Practice and Theoretical Frameworks." *Western Criminology Review*, 1998(1). 转引自马静华:"刑事和解的理论基础及其在我国的制度构想",载《法律科学(西北政法学院学报)》2003年第4期。

[2] 参见马静华:"刑事和解的理论基础及其在我国的制度构想",载《法律科学(西北政法学院学报)》2003年第4期。

旧有的平衡；对加害人而言，向被害人、社会承认过错并承担责任，在确保社会安全价值的前提下交出不当利益从而恢复过去的平衡；对社会而言，受到破坏的社会关系得到了被害人与加害人的共同修复，从而恢复了社会关系的稳定与平衡。[1]

我国不少学者认为我国的刑事和解与西方的刑事和解制度一样，都是世界恢复性司法运动的一部分，恢复正义理论也是我国刑事和解制度的理论基础。但是，也有学者指出，我国刑事和解的司法实践与西方的恢复性司法运动及刑事和解制度虽然有相似之处，但两者存在重要差异。恢复正义理论的核心要义在于促进社会关系的恢复，使得那些因为犯罪的发生而遭到破坏的社会关系得到真正的修复。而若要做到这一点，司法机构就要承认各方利害关系人受到犯罪行为伤害的事实，关注各方利害人的真实需要，促使各方承担各自的责任，确保他们有效地参与对话和协商过程，并最终使犯罪受害人获得精神和经济上的双重补偿。然而，我国刑事和解更为关注被害人的民事赔偿，并将促使加害方与被害方就民事赔偿数额达成协议作为刑事和解的中心环节，并对那些双方业已达成"和解协议"的案件作出终止刑事诉讼或者减缓刑事处罚的决定。因此，中国的刑事和解其实主要是一种"民事和解"，也就是一场以解决被害方民事赔偿问题为目标的司法过程，而与恢复正义理论相去甚远。首先，从制度发生的动因来看，中国各地司法机关主要将解决犯罪被害人的民事赔偿问题，减少申诉、上访现象作为推行刑事和解的直接动因。其次，在刑事和解过程中，社区成员并没有被视为事实上的"犯罪受害人"，受害人和加害人的一些需要并没有得到充分的满足。再次，刑事和解

---

[1] 参见向朝阳、马静华："刑事和解的价值构造及中国模式的构建"，载《中国法学》2003年第6期。

第七章 协商实现方式：刑事和解制度

过分强调被害方与加害方私下的协商和交流，满足于双方赔偿协议的达成，而没有充分关注双方责任的承担。最后，除个别地区的改革试验之外，大多数刑事和解过程并没有给予被害方、加害方充分参与的机会，尤其没有建立一种旨在减少社会冲突、促进社会关系修复的"恢复模式"，使得整个刑事和解变成更带有功利性的民事赔偿协商程序。[1]因此，恢复正义理论并不能作为我国刑事和解制度的基础理论。

二、中西和谐文化传统的交汇[2]

有学者提出，刑事和解制度的理论渊源应当从我国的传统文化中寻找。中国文化的精髓被概括为"和合"文化。和合文化的要旨可以概括为两个方面：首先是人与自然保持"和合"的关系，人要顺应自然，与自然融为一体。老子云："人法地，地法天，天法道，道法自然。"[3]汉代大儒董仲舒则提出"天人之际合而为一"，[4]即著名的"天人合一"思想。其次是人与人之间保持"和合"的关系，强调社会关系的和睦融洽，避免争斗、纠纷，古代先贤们从不同的角度阐释了和谐关系的重要性。孔子云："礼之用，和为贵。"[5]"听讼，吾犹人也，必也使无讼乎！"[6]孟子也说："天时不如地利，地利不如人和。"[7]老子说："天之道，不争而善胜""圣人之道，为而不争。"[8]墨子说："天下兼相爱则

---

[1] 参见陈瑞华：《刑事诉讼的中国模式》，法律出版社2010年版，第87—91页。
[2] 参见陈光中、葛琳："刑事和解初探"，载《中国法学》2006年第5期。
[3] 《道德经·二十五章》。
[4] 《春秋繁露·深察名号》。
[5] 《论语·学而第一》。
[6] 《论语·颜渊》。
[7] 《孟子·公孙丑》（下）。
[8] 《道德经·七十三章》《道德经·八十一章》。

治,交相恶则乱。"[1]在古代社会,"无讼""人和""兼爱""不争"思想的社会功能十分明显。试想,一个充满纷乱与矛盾的社会,一种争讼不断、耗费大量社会资源的社会,经济能发展、政权能巩固吗?因此,在封建时代,一方面对于严重危害统治秩序的犯罪实行严刑峻法,另一方面,民间调解和诉讼和解受到普遍重视,对一些属于私人之间纠纷的"民间细事"甚至不予受理,让乡里或宗族调和解决。

中国和解观念来源于对"天人合一"的自然哲学的崇拜,那么西方的和解观念就与宗教有不解之缘。以对西方主流世界影响最为深远的基督教为例,其所宣扬的忏悔、原谅、宽恕,甚至爱自己的敌人的观念在基督教的《圣经》中俯拾可见:"你们宽免别人的罪,天父也要宽免你们的罪"(《马太传》六之十四);"悔改与赦罪将由他的名义从耶路撒冷起,宣传万国"(《路加传》二十四之四十七);"别人告诉你们:爱你们的邻人,恨你们的敌人。我告诉你们:爱你们的敌人,为迫害你们的人祈祷;这样才是天父的儿子:他的日光照善人也照恶人,他降雨给正义的人也给不义的人"(《马太传》五之四十三、四十四、四十五);等等。西方恢复性司法潮流所强调的倾听、沟通、谅解、悔过理念如果深究其本源,也可以说是宗教中宽恕与忏悔观念的延伸。无论是中国传统的和合文化,还是西方宗教中的宽恕、博爱观念,都十分推崇和缓、宽容的纠纷解决方式,倡导人们化解冲突,和睦友爱相处。在冲突解决过程中,既承认矛盾、对抗,又力图达成共识与和解,这恰恰成为不同文化传统所共同崇尚的理念和纠纷解决方式。刑事和解最初脱胎于民间习惯,在我国具有深厚的生发土壤和广阔的适用空间。在目前的司法实践中,它对于增强司法裁判

---

[1]《墨子·兼爱》(上)。

第七章 协商实现方式：刑事和解制度

的可接受性，减少上诉、申诉，促进社会和谐，均具有重要意义。

应当说，从我国传统和合文化的角度出发论证刑事和解制度的产生具有一定的合理性，在以和为贵的传统观念下，刑事和解运动较易得到社会大众的广泛认可。不过，和合文化由来已久，而我国刑事和解运动只是近年来才发起，不能看出两者之间存在直接的因果关系。另外，作为一项法律制度，刑事和解的正当性应当在法律理念本身中寻找，虽然法律文化也是整个文化传统的一部分。

三、现实利益的选择结果

虽然众多学者热衷于从各种理论的角度论证刑事和解制度的正当性，然而这不能改变我国刑事和解制度自生自发、自下而上发展而成的现实，它并不是法学家们倡导之下的产物，而是各地检察机关、公安机关、法院进行制度探索的结果。这种探索与其说是在某种理念指引下所做的改革努力，倒不如说是建立在一种利益兼得基础上的制度调整。这种调整之所以发生，是因为现行刑事司法制度对于各方利益的实现形成了"瓶颈效应"，以至于非通过改革就不足以走出困境。无论我们事后对这项改革试验进行怎样的理论论证，都无法否认各地司法机关进行这种制度改革的利益基础。而正是这种对各方利益的最大满足，才使得这一制度具有强大的生命力。[1]

刑事和解制度之所以能够正常运转，须符合两个条件：一是作为冲突双方的加害人和被害人有达成和解协议的意愿，和解能够减少其利益损失并获得相应的收益。二是作为刑事司法主导者的公安机关、检察机关和法院有足够的动力去寻找一种新的制度

---

[1] 参见陈瑞华：《刑事诉讼的中国模式》，法律出版社2010年版，第9—10页。

安排，对那些与被害人达成和解协议的被告人，不再寻求严格的刑事处理方式，甚至放弃对刑事责任的追究。另外，刑事和解制度也不能过分损害国家和社会的利益，否则该制度也难以正常运作。正是由于刑事和解制度符合加害方及被害方利益、司法机关的收益以及社会和谐的达成三个角度，因此该制度得以产生并广泛开展。首先，加害方—被害方利益的契合。对于加害方，一旦被定罪将终生留有犯罪前科，这将使其在求学、就业、参军、结婚以及参与其他社会生活方面受到一系列的歧视待遇，而且还会使其家人遭受耻辱，因此一旦定罪就很难再向被害人悔过或赔偿；对于被害方，司法机关的定罪量刑不一定足以满足被害人的复仇心理，而案件一旦进行审判程序，附带民事诉讼方式是被害人获得损害赔偿的唯一途径，但由于法律规定的缺失、被告人及其近亲属的抵触情绪，被害人通常难以实现损害赔偿。刑事和解制度的出现，使得加害人有机会避免被法院定罪的结局，而被害人则有希望获得足够甚至超额的损害赔偿，因此在双方的努力下，可能出现对加害方和被害方来说利益兼得的结果。其次，司法机关的收益。对司法机关来说，同样可以通过刑事和解制度获取一定的收益，这也是该制度得以产生并推行的关键因素。一方面，刑事和解制度可以提高诉讼效率。我国公安司法机关所受理的刑事案件中，轻伤害案件、过失犯罪案件和未成年人犯罪案件占了基层法院审理案件的大部分，如果这些案件一律提起公诉和定罪判刑，那么将会占据大量的司法资源，而实际大量的该类案件被适用缓刑、罚金甚至被免除刑事处罚，这在投入与产出的对比上是得不偿失的。实行繁简分流、合理配置司法资源就成为重大课题，而刑事和解就是提高诉讼效率的有效途径。另一方面，刑事和解有利于疑难案件的解决。有些刑事案件取证困难，事实真伪难辨，如果起诉到法院，检审双方可能因为证据问题而产生一定的分歧，

第七章 协商实现方式：刑事和解制度

最终或者是检察机关撤回起诉，或者是法院"疑罪从轻"，而通过刑事和解方式，由被告人自愿认罪并积极提供赔偿，检察机关据此作出不起诉处理或者向法院建议给予被告人轻缓的刑罚，这对于审检双方都更为适宜。最后，社会和谐的达成。传统刑事司法制度注重有罪必罚，而被定罪判刑的加害人也失去了赔偿被害人的动力，因此很多情况下，即使加害人被定有罪而被害人也难以获得实际赔偿，很多被害人因此失望而不停上诉、上访，影响到社会的安定。通过刑事和解程序，被害人与加害人通过面对面的交流，获得了对方真诚的道歉和谢罪，也有了获得高额经济赔偿的可能。相比传统的刑事诉讼程序，被害人可以在一定程度上主导刑事案件的进程，并获得真诚赔罪与损害赔偿。因此，只要和解协议内容得到顺利的履行，被害人通常都会消除对加害人的怨恨，心平气和地接受其亲自争取来的非刑事化处理方案。实践中，接受刑事和解的被害人基本不会再提起上诉或上访。

应当说，从现实利益角度来论证刑事和解制度产生和运行的正当性确实很有说服力。的确，我国的刑事和解制度并非理念指导下的产物，而是在附带民事诉讼制度失灵之后实践需要的结果。被害人获得损害赔偿的朴素心愿催生了这一制度，而被告人利益的兼得、司法机关的收益与社会和谐的达成使得该制度在现实中确实得以产生和运行。同时，刑事和解制度对传统的刑事诉讼理论提出了挑战。但是，我国的刑事和解制度产生、运行并最终得到立法的确认，应当具有深层次的理论基础，而不仅是现实利益选择的结果。否则，刑事和解制度只能作为现有制度失灵、理想制度未建之前的权宜之计，而不可能作为制度长久存在。

四、对上述理论的评价

以上论述都部分说明了我国刑事和解制度存在的合理性，但是并没有针对我国的刑事和解制度从法学理论角度进行正当性的阐释。刑事和解制度产生的初始动机是解决被害人的损害赔偿问题，附带民事诉讼制度在实践中运行的失灵导致大量被害人无法得到赔偿，这对社会稳定构成了威胁，在国家补偿制度尚未确立的情况下，司法机关为了应对现实的困境，自发创设了刑事和解制度。因此，作为被害人民事诉权的实现方式之一，刑事和解制度将被害人的民事诉权与其刑事诉权相联，以刑事诉权作为民事诉权的实现砝码，通过刑事诉权的退让获得民事诉权的最终实现，符合被害人民事诉权的基本理论，具有理论上的正当性。

第三节 我国刑事和解制度的现状与存在的问题

一、我国刑事和解制度的产生与发展

与其他国家不同，我国的刑事和解是司法界自下而上发起的改革运动，直接原因在于附带民事诉讼制度无法实现被害人的民事诉权，众多被害人无法得到损害赔偿而使生活陷入困境，由此导致了大量的上诉、上访事件，危及了社会的安定。刑事和解运动最早由地方检察机关发起，在全国范围内首次明确提出"刑事和解办理刑事案件"的是湖南省人民检察院，[1] 并逐渐在各地公安司法机关中得到施行。最初，刑事和解制度主要在轻伤害案件中适用，早在2002年北京市朝阳区人民检察院率先制定的《轻伤害案件处理程序实施规则》中就明确规定，对于审查起诉的轻伤害案件，检察人员应当告知犯罪嫌疑人如果和被害人达成和解，

---

[1] 参见"湖南省在全国首次提出'刑事和解办理刑事案件'"，载http://www.gov.cn/gzdt/2006-11/22/content_450094.htm，访问日期：2019年6月17日。

第七章 协商实现方式：刑事和解制度

就可能被作出相对不起诉的处理决定；2003年7月，北京市委政法委下发的《关于北京市政法机关办理轻伤害案件工作研讨会纪要》中明确规定，对确因民间纠纷造成的轻伤害案件，可由双方自行协商解决并达成书面赔偿协议，在被害人向政法机关出具书面请求后，可以作出撤销案件、不起诉、免予刑事处分或判处非监禁刑等决定。后来，案件范围逐步扩展到未成年人犯罪案件、过失犯罪案件、在校学生涉嫌犯罪案件之中，所适用的刑事案件类型也从最初的轻伤害案件扩展为盗窃、抢劫、重伤、杀人等案件。[1]

随着刑事和解实践的开展，各地相继推出了关于刑事和解适用的系统的规范性文件，以弥补缺乏统一法律规范的不足。例如，2006年湖南省人民检察院发布的《关于检察机关适用刑事和解办理刑事案件的规定（试行）》（以下简称"《湖南省规定》"），2007年江苏省扬州市中级人民法院、扬州市人民检察院、扬州市公安局、扬州市司法局联合发布的《关于刑事和解工作的若干意见（试行）》（以下简称"《扬州市若干意见》"），2008年7月30日广东省高级人民法院、广东省人民检察院发布的《关于刑事诉讼中适用和解的指导意见（试行）》（以下简称"《广东省指导意见》"），2009年8月份河南省人民检察院发布的《关于办理当事人达成和解刑事案件的暂行规定》（以下简称"《河南省暂行规定》"），等等，而最高人民检察院也在2011年1月29日发布了《关于办理当事人达成和解的轻微刑事案件的若干意见》（以下简称"《最高检若干意见》"），对于刑事和解进行了较为全面系统的规定。同时，最高人民检察院2002年4月22日及2007年1月9日先后发布的《人民检察院办理未成年人刑事案件的规定》（已失效）及最高人民法院2010年10月1日开始实施的《人民法

---

[1] 参见陈瑞华：《刑事诉讼的中国模式》，法律出版社2010年版，第2页。

院量刑指导意见（试行）》（已废止）中都涉及刑事和解制度的内容。可见，早在《刑事诉讼法》对刑事和解作出规定之前，各地及中央司法机关为了规范司法实践中不断发展的刑事和解运动，已经自行制定了相应的文件。刑事和解运动虽然是自下而上从实践中发起，起初具有一定的随意性，但逐步走向规范。

（一）刑事和解的适用范围与条件

根据我国最高人民检察院及各地的规定与司法实践情况，刑事和解主要适用于有直接被害人的轻微刑事案件及特殊人群犯罪案件。同时，适用刑事和解的案件须符合一定的条件。

首先，刑事和解仅适用于有直接被害人的案件，无被害人的案件一般不适用刑事和解。《最高检若干意见》明确规定，适用刑事和解必须属于侵害特定被害人的故意犯罪或者有直接被害人的过失犯罪。《广东省指导意见》第3条也规定，刑事和解适用于侵犯公民人身权利、财产权利犯罪的案件和部分其他有直接被害人的案件，包括因婚姻、家庭矛盾或者民事纠纷引起的人身伤害、侵犯财产类案件、告诉才处理的案件等。

其次，刑事和解主要适用于轻微刑事案件及特殊人群犯罪案件，实践中也存在重罪案件适用刑事和解的情况。根据《最高检若干意见》的规定，刑事和解适用于依法可能判处三年以下有期徒刑、拘役、管制或者单处罚金的刑事公诉案件。对于未成年人、在校学生犯罪及七十周岁以上老年人犯罪的轻微刑事案件，检察机关可以建议当事人进行和解。根据《广东省指导意见》中没有对案件是否轻微作出限制，而是在第3条规定适用范围包括未成年人、老年人、残疾人、怀孕妇女等特殊人群犯罪的案件。《湖南省规定》第4条指出，刑事和解主要适用于轻微刑事案件和未成年人刑事案件。《扬州市若干意见》第2条规定刑事和解针对的是可能判处三年以下有期徒刑、拘役、管制或者单处财产刑的轻微刑

第七章 协商实现方式：刑事和解制度

事案件。对于轻微刑事案件适用刑事和解是各地司法机关的普遍做法，特殊人群犯罪案件更是得到司法机关的普遍关注，对于重罪案件能否适用刑事和解则态度有所不同。实践中，的确存在严重刑事案件得以刑事和解的案例，例如，郑州市中院在2009年审理的孟伟故意杀人案，当事人孟伟因恋爱遭女友母亲反对而将女友迷倒并杀死，在法官及检察官的努力下，孟伟父亲与被害人家属达成民事赔偿协议，被害人家属请求对孟伟从轻处罚，法院最终判处孟伟死缓。〔1〕

再次，适用刑事和解的案件对于事实及证据不作过高要求，但须被告人自愿认罪。虽然《最高检若干意见》规定，适用刑事和解的案件须案件事实清楚，证据确实、充分，这反映了最高人民检察院规范各地刑事和解适用的主观愿望，但实践中司法机关一般不会对刑事和解案件的证据标准作过高要求。因此，《湖南省规定》第4条就明确指出，适用刑事案件的案件须基本事实清楚，基本证据确实、充分，明显低于定罪的证明标准，而《广东省指导意见》《扬州市若干意见》则根本没有对证据标准提出要求。不过，被告人自愿认罪是适用刑事和解的必然前提。《最高检若干意见》规定，适用刑事和解须犯罪嫌疑人、被告人真诚认罪。《湖南省规定》第4条也指出，适用刑事和解须犯罪嫌疑人悔罪，并且对主要事实没有异议。

最后，部分案件不得适用刑事和解，主要包括严重损害国家及社会利益的案件，以及被告人主观恶性强的案件。《最高检若干意见》第2条规定，不适用刑事和解的案件包括严重侵害国家、社会公共利益，严重危害公共安全或者危害社会公共秩序的犯罪

---

〔1〕 参见"郑州中院推出刑事和解 河南首次轻判故意杀人者"，载 http://www.dahe.cn/xwzx/sz/t20091015_ 1671397.htm，访问日期：2019年6月17日。

案件；国家工作人员职务犯罪案件；侵害不特定多数人合法权益的犯罪案件。根据《广东省指导意见》第3条第2款的规定，恐怖犯罪、黑社会性质犯罪、渎职犯罪，危害后果特别严重、影响特别恶劣的过失犯罪，以及累犯不适用刑事和解。《扬州市若干意见》第4条规定，刑事和解不适用的案件包括行为人系累犯，或在服刑、缓刑、劳动教养和被采取强制措施期间故意犯罪的；行为人多次犯罪的；被害人是单位的案件；等等。

(二) 刑事和解的内容

虽然各地刑事和解具体运作情况有所不同，但在和解内容方面基本是一致的。根据《最高检若干意见》的规定，当事人双方可以就赔偿损失、恢复原状、赔礼道歉、精神抚慰等民事责任事项进行和解，并且可以就被害人及其法定代理人或者近亲属是否要求或者同意公安司法机关对被告人依法从宽处理达成一致，但不得对案件的事实认定、证据和法律适用、定罪量刑等依法属于公安司法机关职权范围的事宜进行协商。双方当事人或者其法定代理人有权达成和解，当事人的近亲属、聘请的律师以及其他受委托的人，可以代为进行协商和解等事宜。双方达成和解的，应当签订书面协议，并且必须得到当事人或者其法定代理人的确认。被告人必须当面或者书面向被害人一方赔礼道歉、真诚悔罪。和解协议中的损害赔偿一般应当与其承担的法律责任和对被害人造成的损害相适应，并且可以酌情考虑被告人及其法定代理人的赔偿、补救能力。

(三) 刑事和解的运作模式[1]

由于没有统一的法律规范，刑事和解制度一直处在探索之中，尚未形成固定模式。其中不仅有单纯的双方自行和解模式，有些

---

[1] 参见陈瑞华：《刑事诉讼的中国模式》，法律出版社2010年版，第3—9页。

第七章　协商实现方式：刑事和解制度

还涉及第三方介入的居中调解活动。根据各地刑事和解在启动程序、主持者、参与人员以及协议形成方式等方面存在一系列区别，可将其区分为以下三种模式：

首先，加害方—被害方自行和解模式，也就是加害方与被害方在没有中立机构参与的情况下，自行协商，并就经济赔偿问题达成协议，被害方不再继续追究加害人的刑事责任。例如，北京市检察机关实行"和解不起诉"制度就有相关经验。在该模式中，司法机关通常不会参与刑事和解的启动和和解协议内容的确定，而只是对双方达成的和解协议予以审查和接纳。司法机关的作用仅在于代为传达双方意愿及为双方提供履行和解协议的场所并见证协议的达成。这一和解模式主要针对实践中经常出现的轻伤害案件中加害方与被害方的私下和解。

其次，司法调解模式，即在司法人员的主持下，加害人、被害人以及双方的近亲属、所在单位的代表共同参加调解会议，经过司法人员的说服、劝解和周旋，最终达成和解协议。由于"加害方—被害方自行和解模式"主要适用于那些冲突双方积怨不深并有和解意愿的轻微案件，在加害方与被害方在损害赔偿方面存在太大分歧的情况下，就要求司法机关积极予以介入。在该模式中，司法人员可以发挥以下作用：一是与双方进行沟通协调，了解各自对于案件处理的态度和意见。二是从法律和道德的层面上对双方进行批评教育。三是对经济赔偿问题进行劝导说服工作，最终达成协议，说服被害方放弃对加害人的刑事追究。四是在做出刑事宽大处理的基础上，做好学校、有关单位的工作，以确保未成年人、在校大学生能够继续求学，成年加害人可以继续从事原有的工作。典型的如山东省烟台市检察机关推行的"平和司法程序"。

最后，人民调解委员会调解模式，就是对于那些符合刑事和解条件的案件,司法机关委托专门调解机构按照诉讼外调解的方式,促使加害方赔礼道歉,并满足被害方经济赔偿的要求,从而促成双方的调解。这种和解模式引入了中立机构的调解机制,主持调解的是作为社会中介机构的人民调解委员会。公安司法人员在这一模式中主要负责遴选适当的案件,委托专门的社会调解机构调解,并在调解成功后作出非刑事化的处理,以消解那种因追究被告人刑事责任所带来的社会矛盾,促进加害方与被害方社会关系的修复。该模式最早出现于上海的改革试验之中。

(四) 刑事和解协议的审查

虽然在不同的刑事和解模式中,公安司法机关所起的作用不同,但是加害方与被害方和解达成后签订的和解协议,必须经过公安司法机关的审查。审查内容主要分为两方面:一是加害方与被害方是否出于自愿签订和解协议,二是协议内容是否存在违法问题,其中包括和解案件是否属于刑事和解的适用范围、协议中是否对双方无权决定事项进行了约定等。对于案件事实是否清楚、证据是否充分的问题,公安司法机关通常不会作过高要求,但如果发现存在嫌疑人、被告人并非加害人的情况,如替人顶包,则该和解协议不能审查通过。

《最高检若干意见》第 5 条对于和解协议的审查进行了详尽的规定,主要包括:当事人双方是否自愿;加害方的经济赔偿数额与其所造成的损害是否相适应,是否酌情考虑其赔偿能力。犯罪嫌疑人、被告人是否真诚悔罪并且积极履行和解协议或者是否为协议履行提供有效担保或者调解协议经人民法院确认;被害人及其法定代理人或者近亲属是否明确表示对犯罪嫌疑人、被告人予以谅解;是否符合法律规定;是否损害国家、集体和社会公共利益或者他人的合法权益;是否符合社会公德。审查时,应当当面听取当事人双方对和解的意见、告知被害人刑事案件可能从轻处理的法律后果和双方的权利义务,并记录在案。

(五) 刑事和解案件的法律处理

在加害方与被害方达成和解协议并经公安司法机关审查认可的情况下,嫌疑人、被告人应当获得从宽处罚,具体包括:对于侦查阶段达成和解的刑事案件,侦查机关可以作出不予立案或撤销案件的决定,申请批捕的案件,检察机关可以作出不批捕的决定;对于审查起诉阶段达成和解的刑事案件,检察机关可以作出不起诉决定或者向法院提出从宽处罚的量刑建议;对于审判阶段达成和解的刑事案件,法院应当从宽处罚,如判处缓刑或轻缓的非监禁刑,犯罪情节较轻的,可以免除处罚。

二、现行《刑事诉讼法》关于刑事和解的规定

我国2012年《刑事诉讼法》修改时将刑事和解作为特别诉讼程序予以了规定,至此我国司法界自下而上发起的刑事和解运动终于得到了立法的支持。现行《刑事诉讼法》将刑事和解制度进行了整体性的规范,之后一直以来各地公安司法机关自行其是进行和解的现象有望得以改变。

(一) 刑事和解的适用范围与条件

相比之下,现行《刑事诉讼法》对刑事和解的适用范围较之前限制得更为严格。根据现行《刑事诉讼法》第288条规定,刑事和解适用于被告人真诚悔罪的因民间纠纷引起的轻微刑事案件和过失犯罪案件,主要包括两类案件:一是因民间纠纷引起,涉嫌刑法分则第四章、第五章规定的,即侵犯公民人身、民主权利、财产权利的,可能判处三年有期徒刑以下刑罚的案件。二是除渎职犯罪以外的可能判处七年有期徒刑以下刑罚的过失犯罪案件。因此,自现行《刑事诉讼法》实施后,重罪案件将不再被允许刑事和解,这是现行《刑事诉讼法》实施后与之前刑事和解案件范

围的重要区别。同时,现行《刑事诉讼法》没有对特殊人群犯罪案件进行特别规定,该法颁布之前在校大学生或者老人犯重罪而刑事和解的现象以后可能难以出现。

对于案件事实是否清楚、证据是否确实充分,现行《刑事诉讼法》没有作出明确要求。不过,最高法 2012 年司法解释及最高人民检察院《人民检察院刑事诉讼规则(试行)》(已废止)(以下简称"《最高检规则》")中还是将案件事实清楚、证据确实充分作为了适用刑事和解的条件,但实践中恐怕难以真正适用。

对于何种案件不能适用刑事和解,现行《刑事诉讼法》及相关解释也作出了规定。根据现行《刑事诉讼法》第 288 条,犯罪嫌疑人、被告人在五年以内曾经故意犯罪的,不适用刑事和解程序。公安部《公安机关办理刑事案件程序规定》(以下简称"《公安机关规定》")中第 323 条对不属于民间纠纷引起的犯罪案件进行了列举,包括:雇凶伤害他人的;涉及黑社会性质组织犯罪的;涉及寻衅滋事的;涉及聚众斗殴的;多次故意伤害他人身体的;等等。以上案件均不能适用刑事和解程序。

(二)刑事和解的模式

虽然现行《刑事诉讼法》没有对刑事和解适用何种模式进行规定,但最高法 2012 年司法解释及最高检规则中有所涉及。根据最高法 2012 年司法解释第 496 条规定,在当事人提出申请的情况下,法院可以主持双方当事人协商以达成和解,也可以邀请人民调解员、辩护人、诉讼代理人、当事人亲友等参与促成当事人和解。《最高检规则》第 514 条规定,双方当事人可以自行达成和解,也可以经人民调解委员会、村民委员会、居民委员会、当事人所在单位或者同事、亲友等组织或者个人调解后达成和解,而检察院可以建议当事人进行和解,并告知相应的权利义务,必要时可以提供法律咨询。可见,之前就出现的"加害方—被害方自行和解模式"和"人民调解委员会调解模式"仍然存在，后者由人民调解委员会扩展到了村民委员会、居民委员会、当事人单位或亲友等非官方的组织及个人，而"司法调解模式"基本被取消。根据现行《刑事诉讼法》及相关解释规定，在刑事和解过程中，司法机关只能向当事人提出和解的建议、主持和解程序，必要时提供法律咨询，不再过多介入和解的过程，这与之前的和解模式有所不同。

（三）刑事和解协议的审查

虽然公安司法机关依法不能过多介入刑事和解的过程，但和解协议达成后依然需要公安司法机关的审查，根据现行《刑事诉讼法》第289条的规定，公安司法机关应当听取当事人和其他有关人员的意见，对和解的自愿性、合法性进行审查。

最高法2012年司法解释、《最高检规则》《公安机关规定》中都对公安司法机关对和解的审查职责进行了明确，其中《最高检规则》第515条对审查内容进行了详细规定，其中包括：双方当事人是否自愿和解；犯罪嫌疑人是否真诚悔罪，是否向被害人赔礼道歉，经济赔偿数额与其所造成的损害和赔偿能力是否相适应；被害人及其法定代理人或者近亲属是否明确表示对犯罪嫌疑人予以谅解；是否符合法律规定；是否损害国家、集体和社会公共利益或者他人的合法权益；是否符合社会公德。

（四）刑事和解协议书的制作与内容

现行《刑事诉讼法》第289条明确规定，公安司法机关对和解进行审查后，应主持制作和解协议书，这是之前的刑事和解规定所没有涉及的事项。对此，最高法2012年司法解释、《最高检规则》和《公安机关规定》中也进行了明确。因此，和解协议书须由公安司法机关在审查通过后主持制作，双方当事人无权自行签署。

《最高检规则》第 516 条对于和解协议的内容进行了详细规定,包括:双方当事人的基本情况;案件的主要事实;犯罪嫌疑人真诚悔罪、承认自己所犯罪行,对指控的犯罪没有异议,向被害人赔偿损失、赔礼道歉等;赔偿损失的,应当写明赔偿的数额、履行的方式、期限等;被害人及其法定代理人或者近亲属对犯罪嫌疑人予以谅解,并要求或者同意公安司法机关对嫌疑人依法从宽处理。当然,根据《最高检规则》第 513 条的规定,双方当事人虽然可以就赔偿损失、赔礼道歉等民事责任事项进行和解,并且可以就被害人及其法定代理人或者近亲属是否要求或者同意公安司法机关对犯罪嫌疑人依法从宽处理进行协商,但不得对案件的事实认定、证据采信、法律适用和定罪量刑等依法属于公安司法机关职权范围内的事宜进行协商。

(五)刑事和解协议的履行

现行《刑事诉讼法》没有对和解协议如何履行进行明确,但最高法 2012 年司法解释、《最高检规则》及《公安机关规定》中都进行了详细规定。

根据最高法解释规定,和解协议约定的赔偿损失内容,被告人应当在协议签署后即时履行。和解协议已经全部履行后不予反悔,但有证据证明和解违反自愿、合法原则的除外。对于提起附带民事诉讼的案件,双方愿意和解但被告人不能即时履行全部赔偿义务的,法院应当制作附带民事调解书。《最高检规则》也规定,和解协议书约定的赔偿损失内容应当在双方签署协议后立即履行,最迟在检察院作出从宽处理决定前履行。确实难以一次性履行的,在被害人同意并提供有效担保的情况下,也可以分期履行。公安机关规定中也明确,和解协议应当及时履行。

(六)刑事和解达成后的处理

现行《刑事诉讼法》规定,对于达成和解协议的案件,公安

第七章 协商实现方式：刑事和解制度

机关可以向检察院提出从宽处理的建议；检察院可以向法院提出从宽处罚的建议，对于犯罪情节轻微、不需要判处刑罚的，可以作出不起诉的决定；法院可依法对被告人从宽处罚。与之前不同的是，公安机关不再享有对刑事和解案件的处理权，只能将案件移送检察机关并提出从宽处理的建议，而不能自行决定撤销案件或不予立案。

最高法2012年司法解释第505条对于审判阶段达成和解协议案件的处理做了详细规定，根据该规定，对达成和解协议的案件，法院应当对被告人从轻处罚；符合非监禁刑适用条件的，应当适用非监禁刑；判处法定最低刑仍然过重的，可以减轻处罚；综合全案认为犯罪情节轻微不需要判处刑罚的，可以免除刑事处罚。《最高检规则》第520条也规定了审查起诉阶段达成和解协议案件的处理，对于公安机关移送审查起诉的案件，双方当事人达成和解协议的，可以作为是否需要判处刑罚或者免除刑罚的因素予以考虑，对于符合法律规定的不起诉条件的，可以决定不起诉。对于依法应当提起公诉的，检察院可以向法院提出从宽处罚的量刑建议。对于侦查阶段达成和解协议的案件，《最高检规则》第518、519条也作了规定，对于双方当事人在侦查阶段达成和解协议，公安机关向检察院提出从宽处理建议的，检察院在审查逮捕和审查起诉时应当充分考虑公安机关的建议。审查批捕时，刑事和解可以作为有无社会危险性或者社会危险性大小的考虑因素，经审查认为不需要逮捕的，可以作出不批准逮捕的决定，在审查起诉阶段可以依法变更强制措施，审查起诉时，与该阶段达成和解协议的情况相同。

虽然现行《刑事诉讼法》规定了刑事和解是法院从宽处罚的依据，但《刑法》中并没有将刑事和解作为从宽量刑情节予以规定，只是在最高法司法解释中规定赔偿损失及取得被害人谅解可以从轻处罚,最高法2013年12月23日发布的《最高人民法院关于常见犯罪的量刑指导意见》(以下简称"《常见犯罪量刑意见》")中"常见量刑情节的适用"项下第10条正式将刑事和解作为从宽量刑情节,并将其对量刑的影响予以详细规定。

三、我国刑事和解制度面临的问题

(一) 刑事和解的适用范围过窄

根据现行《刑事诉讼法》规定,刑事和解仅适用于可能判处三年以下的因民间纠纷引起的刑法分则第四章、第五章规定的侵害公民人身权利、民主权利及财产权利的故意犯罪案件,和可能判处七年有期徒刑以下的除渎职犯罪以外的过失犯罪案件,且嫌疑人、被告人在五年以内曾经故意犯罪的,不适用和解。因此,大量的严重犯罪案件及非因民间纠纷而引起的轻罪案件被排除在刑事和解的适用范围之外,被害人无法通过该程序获得损害赔偿,嫌疑人、被告人也不能得到从宽处罚。这导致,若被害人因犯罪行为而遭受轻伤或数额较小的财产损失,则可以通过刑事和解程序获得充分甚至高额的赔偿,但在遭受重伤、死亡或者数额巨大的财产损失的情况下,却失去了与加害人和解以获得损害赔偿的机会。在国家补偿制度尚未建立的情况下,很多人身或财产受到严重侵害的被害人反而不能得到经济上的弥补,从而导致生活陷入困境,影响到了社会的安定。从社会的角度来看,也使得严重犯罪的加害人与被害人无从化解纠纷,社会和谐难以达成。

(二) 对刑事和解造成花钱买刑的非议

根据现行《刑事诉讼法》及相关解释规定,对于达成和解协议的案件,检察机关可以作出不起诉处理或向法院提出从宽处罚的建议,法院可以依法对被告人从宽处罚。因此,在刑事和解达成的情况下,加害人将得到刑罚的大幅度宽缓,甚至会作非罪处

第七章 协商实现方式：刑事和解制度

理，虽然最高法《常见犯罪量刑意见》中对于刑事和解后的量刑调节进行了规定，但司法机关仍然享有很大的自由裁量权。这引起了民众对刑事和解程序的非议，认为有钱人只要赔偿被害人就能逃避法律的制裁，造成有罪不罚、刑罚不公的现象。尤其是考虑到我国目前没有国家赔偿制度，被害人通常只能从被告人处寻求赔偿，在附带民事诉讼失灵的情况下，因犯罪行为而身陷困境的被害人可能会违心地与被告人达成和解协议，而被告人则可能抓住被害人的心理对公安司法机关施加压力，要求不合理的处理承诺。在这种情况下，刑事和解可能沦为损害赔偿的民事和解，被告人的真诚悔罪、双方当事人的诚意沟通、被害人的宽恕与谅解成为可有可无的装饰，因此不少人认为刑事和解即花钱买刑，并不能真正达到解决冲突、和谐社会的目的。

（三）嫌疑人、被告人的自愿性难以保障

刑事和解制度虽然是为解决被害人的民事诉权问题而出现，但对被告人来说，的确是其表现悔罪诚意从而获得从宽处罚的大好机会，通常情况下会得到被告人的支持，除非被害人的损害赔偿要求畸高。目前的问题在于，被告人并非一定是加害人，即使被告人确系加害人，也存在控方证据不足而可能判处无罪的情况，正常情况下，被告人应当有是否进行刑事和解的选择权。但是，由于司法实践中法院判决极高的定罪率，导致被告人一旦进入刑事审查即背负有极大的压力，无论其是否为真正的加害人。实践中，确有不少被害人以此相要挟，向被告人提出远远高于实际损害的高额赔偿。因此，在可能通过刑事和解而脱离刑事程序或得到宽缓刑罚的情况下，如果被害方所要求的赔偿可以接受，大多数被告人会考虑接受和解。此时，被告人选择刑事和解的自愿性受到了限制，这是目前极低的无罪判决率所决定的，在整体司法环境不发生改变的情况下，这一情况很难改善。

（四）案件的实体真实性难以保障

如前所述，在我国目前的司法环境下，被告人选择刑事和解程序的自愿性难以保障，这导致，很可能存在被告人不想认罪迫于无奈认罪接受和解的情况。被告人不想认罪可能存在多种原因，其中一个重要的原因即犯罪不存在，或者犯罪行为并非被告人所为，或者被告人的行为不存在违法性，属正当防卫或紧急避险，又或者被害人在其中存在重大过错。在迫于无奈接受和解的情况下，被告人的认罪使得真正的案件事实被掩盖起来，漏洞百出的证据体系也不会得到有效的审查，案件的实体真实性得不到保障。而司法实践中，公安司法人员对于证据不足的疑难案件会更加积极主动促进和解，这导致可能部分事实不清、证据不够确凿的案件通过刑事和解程序予以解决，其中难免存在错案的可能。

（五）刑事和解的法律后果不甚明确

虽然我国现行《刑事诉讼法》规定了刑事和解达成后的法律处理，包括公安机关可以向检察院提出从宽处理的建议；检察院可以向法院提出从宽处罚的建议，对于犯罪情节轻微、不需要判处刑罚的，可以作出不起诉的决定；法院可依法对被告人从宽处罚。不过，现行《刑事诉讼法》的规定过于笼统，具体是作出不起诉处理，还是从宽处罚或者免除处罚，检察官、法官拥有极大的自由裁量权。最高法《常见犯罪量刑意见》第3条第10款对法官的裁量范围进行了一定的限制，"对于当事人根据刑事诉讼法第二百七十七条达成刑事和解协议的，综合考虑犯罪性质、赔偿数额、赔礼道歉以及真诚悔罪等情况，可以减少基准刑的50%以下；犯罪较轻的，可以减少基准刑的50%以上或者依法免除处罚。"但是，即使在这一幅度之内，法官仍拥有极大的自由裁量权。实践中，被告人在和解协议达成时往往并不清楚自己所面临的具体刑罚，这也使得很多被告人在考虑是否和解时心存疑虑。

第四节　被害人民事诉权理论导向下
刑事和解制度的构建

一、被害人民事诉权理论导向下刑事和解制度的正当性

刑事和解制度因其可以有效地化解纠纷、恢复被犯罪所破坏的社会关系而广受青睐。就我国刑事和解制度的本源来说，其直接目的是给被害人民事诉权的实现多一条路径。与前述几种实现方式不同，刑事和解并非传统的诉讼制度，而是以刑事诉讼为依托的法律化的加害人、被害人的自行和解。在这一程序中，被害人在获得赔偿、接受道歉的基础上，表明放弃追究加害人刑事责任的态度，也就是放弃其刑事诉权，这体现了被害人民事诉权与刑事诉权之间的交融关系，以及民事诉权对刑事诉权的消解作用，同时也体现了被害人刑事诉权的存在对民事诉权实现的保障。可以说，被害人刑事诉权的存在是其可以与被告人协商和解的关键筹码。如果公安司法机关不认可被害人的刑事诉权，被害人的谅解对于被告人是否承担刑事责任、承担刑事责任的大小没有任何影响，那么被告人将失去和解的动力。

既然刑事和解是被害人实现其民事诉权的重要路径，那么应当给予被害人适用刑事和解程序的自主选择权，尤其在其他实现方式实现被害人民事诉权失灵的情况下。然而，我国目前《刑事诉讼法》关于刑事和解程序的规定中对于案件适用范围作了较为严格的限制，大量案件都不能纳入刑事和解程序之中。这导致，并非所有因犯罪行为而遭受损失的被害人都能通过与被告人和解来获取足额赔偿，在其他民事诉权实现方式失灵且国家补偿制度

尚未建立的情况下，无权刑事和解的被害人只能独自承受犯罪侵害之苦，而能否和解则由加害人的行为性质和严重程度所决定，甚至受害越严重的被害人反而越没有和解的机会。然而，我们没有理由因为加害人的过错而惩罚被害人。

二、被害人民事诉权理论导向下刑事和解制度的适用范围

鉴于刑事和解是实现被害人民事诉权的方式，只要存在自然人作为直接被害人的刑事案件，理论上都可以适用刑事和解程序。

首先，应当是有直接被害人的刑事案件。直接被害人是指作为犯罪行为现实威胁或直接侵害的对象。虽然国家也可以作为抽象的被害人，适用于所有类型的犯罪，但考虑到将刑事和解与辩诉交易制度相区别，对于毒品犯罪、渎职犯罪等不存在直接被害人的案件，没有被害人与加害人沟通，也无法与加害人就经济赔偿达成一致从而实现和解。而检察机关本身作为国家的代表，国家与加害人的和解演变为检察官与被告人的和解，成为辩诉交易的范畴。相比国家，具体的被害人才可能因为犯罪行为而使其生存陷入困境，有着与加害人进行和解的欲望。

其次，被害人应当是自然人。相比公司、团体等其他组织，自然人的生命权、健康权、财产权是个人最为基本的权益，这些权益受到犯罪行为侵害才会真正威胁到个体的生存，也才会对个体产生心理上的压力，也只有自然人才会在受到犯罪侵害后有沟通与叙说的欲望，也才能够与加害人进行面对面的交谈，并在获得损害赔偿及心理抚慰的基础上从内心谅解加害人，使双方的纠纷能够彻底得到化解。

再次，被告人自愿认罪。为了保障案件处理结果的实体真实性，应当尽量保障被告人认罪的自愿性。这要求我国的司法环境更加完善，有相对成熟的审判管理制度，错案追究不再成为影响

第七章 协商实现方式：刑事和解制度

公安司法人员的重要指标，证据不足而判处无罪能够为司法界及大众所接受，而这是一项长久的工程。从具体案件来说，公安司法机关不应对被告人是否认罪并和解施加压力，尤其是对被告人坚持无罪的刑事案件，公安司法机关不得建议和解。

最后，只要满足上述几点要求，被害人即有权选择与加害人刑事和解，包括重罪案件、非民间纠纷引起的案件、影响到国家利益及社会公共利益的案件、加害人构成累犯的案件等，而不应有其他限制。这是从被害人角度构建刑事和解制度的必然要求。国家立法对刑事和解的案件范围加以限制，更多的是从维护国家、社会利益和限制被告人权利的角度来考虑，例如，重罪案件及五年内曾经故意犯罪的案件之所以不适用刑事和解，即是对加害人的惩罚。而非民间纠纷引起的刑事案件和渎职犯罪案件之所以不适用刑事和解，则是对国家利益和社会公共利益的保护。但是，从被害人角度出发，只要犯罪行为侵犯到其具体利益，被害人就享有其诉权，因此就有权为了实现个人的民事诉权而自主放弃其刑事诉权。当然，对于侵犯被害人利益同时又危害到国家及社会公共利益的犯罪案件，该犯罪行为侵犯了双重法益，被害人只得就其权益部分作出处分，而不能代国家和社会对犯罪作出让步，对于这类案件来说，即使被害人与加害人达成和解协议，也不能对加害人的刑罚过于宽缓，更不能随意作出不起诉或免除刑罚处理。

三、被害人民事诉权理论导向下刑事和解制度的实体法设置

目前，我国是在《刑事诉讼法》中对刑事和解制度加以规定，但《刑事诉讼法》只能界定刑事和解制度的程序性问题，对于实体性问题却无从规范。由于我国《刑法》中没有将刑事和解作为量刑情节加以明确规定，一方面，这直接导致实践中对司法机关

基于刑事和解而对被告人从宽处罚有所诟病，认为缺乏法律依据。另一方面，这也使得被告人在考虑是否适用刑事和解时有所顾忌，对于赔偿并和解后将获得多大的从宽处罚幅度无法确定。虽然最高法司法解释中将刑事和解作为常见的量刑情节予以了规定，但毕竟效力有限，且稳定性、确定性较弱，建议参考德国等大陆法系国家的做法，将刑事和解作为法定量刑情节在我国《刑法》中予以明确。

首先，将刑事和解作为法定的减轻或免除刑事责任的量刑情节在《刑法》中加以明文规定。目前，我国《刑法》中没有将刑事和解或者赔偿被害人损失作为法定的从宽量刑情节，而是在司法解释中规定。为了使得刑事和解制度获得合法性基础，应当在《刑法》中将刑事和解作为法定从宽处罚情节予以明文规定。

其次，将刑事和解后的从宽处罚的比例予以较为明确的规定。实践中，由于对刑事和解后将获得多大程度上的从宽处罚无法确定，很多被告人在是否和解的问题上存在疑虑。虽然我国最高法司法解释中已经将刑事和解作为常见的量刑情节予以了规定，并明确对于达成刑事和解协议的，综合考虑案件情况可以减少基准刑的50%以下，犯罪较轻的可以减少基准刑的50%以上或者免除处罚，但是50%以下的规定其范围过于宽泛，法官可以减少基准刑的50%或者5%，都符合司法解释的规定。该解释只规定了减少比例的上限，没有对减少比例的下限进行明确，对嫌疑人、被告人来说存在很大的风险。因此，笔者认为，司法解释中应当对刑事和解的案件中减少基准刑的上限及下限都作出明文规定，以降低嫌疑人、被告人的疑虑。

最后，应将刑事和解达成后但犯罪人未能履行赔偿义务时的法律后果作出明确规定。我国现行法律没有对犯罪人违反和解协议约定不履行赔偿义务的情况作出规定，而是通过即时履行的方式保障赔偿义务的完成，但这限制了大量不具有即时履行能力的犯罪人。为了扩大刑事和解的适用范围，不可仅局限于有钱人，应当设置即时履行及分期履行两种赔偿损失方式，同时规定犯罪人不履行赔偿时的法律后果来避免犯罪人得到刑罚宽缓后的违约。在犯罪人分期履行的情况下，判决中应当在对犯罪人从宽处罚的同时作出明确规定，若犯罪人判决后故意隐匿财产、不履行赔偿损失义务，可以将赔偿义务转化为监禁刑。当然，若犯罪人因不可抗力等因素而导致财产损失，以致不能偿还被害人则属例外。

四、被害人民事诉权理论导向下刑事和解制度的程序法设置

首先，刑事和解程序的启动。设立当事人自行启动和司法机关建议启动两种启动方式。只要有直接被害人的案件，加害人方与被害人方都可自行联络、沟通，就刑事和解事宜进行谈判，在双方意向基本达成一致的情况下，再由双方向公安司法机关提出，请求其主持并制作和解协议。对于嫌疑人、被告人认罪，且罪行较轻或有其他有利和解情节的刑事案件，公安司法机关可以建议当事人双方进行刑事和解，可以为双方提供相关法律咨询，但不得施加任何的压力。当然，为了使被害人有机会选择刑事和解来维护其民事诉权，只要涉及具体被害人的案件，公安司法机关都有义务告知当事人双方的和解权。

其次，刑事和解的具体模式。就我国刑事和解的发展历程来看，刑事和解的模式包括当事人自行和解模式、民间组织及人员调解模式以及司法调解模式。为了避免司法实践中可能出现的嫌疑人、被告人自愿性及案件实体真实性难以保障的问题，应当着力降低公安司法机关对于当事人刑事和解的控制力及参与度，因此，应当取消司法调解模式，将公安司法机关在刑事和解中的作

用定位于对刑事和解权的告知、建议及其相关法律咨询，以及在和解达成后主持对和解协议的签署。我国现行《刑事诉讼法》正是试图削弱公安司法机关对于刑事和解的影响。

再次，刑事和解的审查及协议的签署。为了保障双方当事人和解的自愿性，以及协议内容的合法性，刑事和解应当在公安司法机关的主持下进行审查，然后制作并签署和解协议书，而不能由当事人私下进行签署。和解协议书中应写明嫌疑人、被告人认罪、悔罪情况，自愿赔偿及赔偿的数额、履行方式及其期限，被害人方对嫌疑人、被告人予以谅解并同意对其从宽处理的情况，等等，但不得对案件的事实认定、证据采信、法律适用和定罪量刑等依法属于公安司法机关职权范围内的事宜进行协商或约定。这与《刑事诉讼法》及相关解释中的规定是一致的。

复次，刑事和解协议的履行。我国司法解释中即时履行的规定限制了被告人的赔偿履行方式，对于具备经济赔偿能力的被告人，即时履行不成为问题，但对于经济条件较差的被告人，则无法即时履行赔偿义务，从而得不到刑事的宽缓处理。这更加激起了民众对只有富人才能刑事和解的诟病。司法机关之所以作出这样的规定，主要是考虑到在被告人不能即时履行的情况下，司法机关在作出相应法律处理后不能保障被告人继续履行。这一担忧的确是存在的，但这应当通过设置被告人不予履行赔偿的法律后果来避免该现象的出现，而不是不接受被告人分期履行的正当要求。笔者认为，刑事和解协议约定的赔偿履行方式，应包括即时履行及分期履行，对于分期履行的情况，可由被告人提供部分担保，也可要求被告人所在单位提供协助，直接由单位将其部分收入转入被害方账户。

最后，刑事和解达成后的法律处理。刑事和解达成后，公安司法机关应当对嫌疑人、被告人从宽处罚。在侦查阶段，公安机

第七章 协商实现方式：刑事和解制度

关可以作出撤销案件的决定；在审查起诉阶段，检察机关可以作出不起诉决定或向法院提出从宽处罚的量刑建议；在审判阶段，法院应当作出从宽处罚，如判处缓刑或轻缓的非监禁刑，犯罪情节较轻的，可以免除处罚。

结 语
被害人民事诉权多元化实现方式的构建

刑事被害人民事诉权的特殊性决定了该诉权的实现方式并不是单一的，而是多种实现方式的有机结合，如何合理地配置具体制度并协调相互之间的衔接，须在被害人民事诉权理论的导向下进行科学的建构。当然，事物是普遍联系的，制度体系的构建必然需要配套制度及相应的法律理念及司法环境，而后者才是决定制度构建的根本。目前，我国立法及司法中的改革动向表明，重新建构被害人民事诉权实现方式的时机已经到来。

一、被害人民事诉权实现方式的多元化设置

根据前文所述，鉴于被害人民事诉权的刑民双重属性，附带民事诉讼制度应为实现被害人民事诉权的主要制度，以此为中心，配合适用刑事赔偿令制度、刑事和解制度及独立民事诉讼制度。也就是说，附带民事诉讼将是被害人实现其民事

结　语　被害人民事诉权多元化实现方式的构建

诉权的通常选择，在符合相应情形的情况下，依次优先适用刑事和解制度、刑事赔偿令制度，在上述三种制度适用不能或赔偿不足的情况下，可适用独立民事诉讼制度。这一制度设置与英美法系及大陆法系国家均有所不同，是根据我国现行司法体系、诉讼结构所进行的制度安排。以下是根据适用顺序对实现被害人民事诉权的制度体系所进行的说明。

首先，符合条件时优先适用刑事和解制度。在被告人积极认罪的有直接被害人的案件中，无论罪名性质或案件轻重，若双方当事人存在赔偿和解的意愿，当事人可向公安司法机关提出申请启动刑事和解程序，公安司法机关也可向双方提出刑事和解的建议。通过双方当事人自行协商或者非官方机构调解，被告人赔偿被害人损失并赔礼道歉，得到了被害人的谅解，公安司法机关对和解进行审查并主持制作和解协议，被告人因此得到从宽判处。

其次，简单情况下适用刑事赔偿令制度。在有直接被害人的占有、处置类财产犯罪案件中，若刑事审理后对被告人作出了定罪判决，在民事法律关系简单、损害结果及损失数额明确的情况下，法庭可在刑事判决中判处被告人赔偿，作为刑罚的替代或者与刑罚配合适用，当然这以被害人的同意为前提。

再次，通常情况下适用附带民事诉讼制度。如果案件不符合上述两种情形，被害人则需在刑事诉讼中提起附带民事诉讼，附带民事诉讼审理中适用民事实体法，同时尽量适用民事程序法、证据法，以保障被害人的民事实体权利及诉讼权利。同时，附带民事诉讼所作的赔偿判决应当并入刑事判决之中，与刑事赔偿令相同，赔偿作为刑事责任的承担方式，与刑罚相并列，单独适用或附带于刑罚适用。对于案情复杂、损害情况因故难以完全查明的案件，刑庭可作原因判决或部分判决，后续事宜转交民庭继续审理。在被告人被判处无罪但无罪原因并非被指控行为不存在或该行为非被告人所为时,刑庭同样可以判处损害赔偿,但不能径直驳回申请。

最后,必要时适用独立民事诉讼制度。选择独立民事诉讼并非被害人的绝对权利,而是受到法律的严格限制。在刑事诉讼因故未能启动、中止、终结或非因被害人原因未提起附带民事诉讼的情况下,被害人得提起独立民事诉讼以实现其民事诉权,除非被告人无罪原因是被指控行为不存在或该行为非被告人所为;在附带民事诉讼中作出原因判决或部分判决、另有当事人未能参与民事审理或判决后有新的损害结果出现的,被害人得提起独立民事诉讼以补充实现其民事诉权。在独立民事诉讼审理过程中,刑事程序启动或继续的,民事诉讼应中止待刑事判决生效后继续;已经生效的刑事判决对独立民事诉讼的审判同样具有约束力,民事判决不得与刑事判决产生实质冲突。

二、相关配套制度及诉讼模式的构建

被害人民事诉权实现方式的构建是一项系统性的工程,并非仅是制度构建本身的问题,相关配套制度尤其是新的诉讼模式的确立对此至关重要。

首先,强化被害人的刑事主体地位,确立四方诉讼构造。应当真正确立被害人的当事人地位,并将其具体到其各项诉讼权利,以加强被害人的刑事诉权。我国《刑事诉讼法》虽然赋予了被害人以当事人的主体地位,但实际上有名无实,被害人并没能在刑事诉讼中真正发挥其作为当事人的作用,其刑事诉权严重受限。在起诉权方面,对于检察官决定不起诉而被害人认为应予起诉的案件,应当借鉴德国的强制起诉制度以改革我国的公诉转自诉程序,在法院经审查认为应予起诉的,强制检察官予以起诉;在起诉后的法庭审理方面,被害人应当有权对具体罪名认定及量刑等

结　语　被害人民事诉权多元化实现方式的构建

法律适用问题发表意见。被害人民事诉权之所以通常应当在刑事诉讼中实现，很大程度上是由于被害人的刑事诉权能够对民事诉权的实现起到保障作用。因此，加强被害人的刑事诉权，是其民事诉权得以实现的关键。

其次，创建定罪量刑相互分立、定罪—民事—量刑的三阶审判程序。我国长期以来定罪与量刑程序不分，这不仅使得被害人无法在法庭审理中合理行使其刑事诉权，也使得被告人难以在积极辩护与赔偿和解之间进行取舍，常有自证其罪的忧虑。建议将刑事审判中的定罪程序与量刑程序彻底分离，并将附带民事诉讼置于定罪程序之后量刑程序之前。定罪程序中被告方可以无所忌惮地进行辩护，被害人也可以就事实认定以外的罪名认定发表意见，该程序完成之后法庭应就被告人是否有罪作出明确的裁判；在认定有罪之后具体量刑之前先就被害人的损害赔偿事宜进行审理，也就是附带民事诉讼程序，当然，在法律关系简单、赔偿数额明确可以适用刑事赔偿令的案件中，这一程序可以省略，在赔偿裁判程序中就损害情况、损害结果与犯罪行为之间的关系、责任分担及赔偿数额等问题进行审理，被告人、被害人双方可以和解，被告人也可主动赔偿被害人损失，这些都将影响之后的量刑。在损害赔偿认定之后，再行启动量刑程序，检察官、被害人与被告人都可对量刑问题提出证据、发表意见。被告人与被害人和解或积极赔偿的，可作为从宽处罚的量刑情节，被告人尚未赔偿但有赔偿能力的，刑事判决中可判处赔偿，作为刑事责任的承担方式。

再次，调整现行刑事责任结构。我国的现行《刑法》虽然也规定了赔偿损失作为非刑罚处罚方式，但是并未明确其与刑罚之间的关系，也没有给予其强制执行力。鉴于英美法系国家普遍将赔偿令作为刑罚的一种，而不少大陆法系国家也纷纷在刑法典中明确将赔偿与刑罚、保安处分相并列，成为刑事责任的承担方式，因此应当调整我国现行的刑事责任结构，将损害赔偿作为刑事责任的承担方式，与刑罚、社区矫正相并列，依法可独立或附加于刑罚而适用，并具有优先适用的效力，在赔偿判决作出但不予执行的情况下应当有相应的惩罚措施。在轻罪案件中，赔偿可与缓刑配合适用，因犯罪人原因导致赔偿不能的，可撤销缓刑恢复监禁；在重罪案件中，依法判处被告人赔偿的情况下，刑罚可轻缓适用。

复次，构建诉前财产保全制度。应当由法院特定部门负责受理被害人诉前提起的财产保全申请，由于财产保全事关被害人及被告人利益，且诉前案件情况不一定清楚明确，应设立被害人、被告人双方参与的听证程序就是否采取财产保全组织听证。听证程序中，应对损害情况是否存在、损失数额大小、双方责任分担、是否应予财产保全、保全财产金额多少等事宜进行审理。鉴于被害人多为弱势群体，听证中也应考虑具体案情及被害人的经济能力，对是否需要被害人提供担保、担保金额多少等作出认定。

最后，构建国家补偿制度。虽然被害人民事诉权的实现方式多样，但均是从加害人处获得损害赔偿的制度设计，在被害人无法从加害人处获取赔偿或因生活所迫亟需救助的情况下，实现被害人民事诉权的制度设置则无法起到作用。在国家补偿制度完善的情况下，被害人不必将获取赔偿的全部希望寄托于加害人。在被害人基本生活得以保障的情况下，也有助于保障其在选择民事诉权实现方式时的自愿性。同时，"在加害人赔偿不能时给予国家对被害人权利保护与困境救济的法律责任而对被害人进行代为补偿，从而使得即使是无力赔偿的加害人，只要其真诚地认罪、悔罪、赔礼道歉，也有充分的机会获得被害人的谅解与宽恕，从而实现加害人与被害人真正的刑事和解"。[1]

三、我国目前的改革动向

虽然学界对于被害人民事诉权的理论研究尚不深入，但立法及司法实践中已经出现了支持被害人损害赔偿的改革动向，这也给我们的理论研究提供了实践的支撑。

首先，附带民事诉讼中先民后刑、先调后判的现象早已出现。附带民事诉讼制度的失灵，使得被害人难以在现行法律框架内的制度安排中实现其民事诉权，导致社会矛盾重重。为了应对这一问题，司法界自生自发地进行了改革，改附带民事诉讼中先刑后民的程序设置，先就民事赔偿问题进行调解，之后再视调解情况判处刑罚。这不仅包括刑事和解运动，也包括在和解不能达成的情况下，被告人将其给予被害人的赔偿金先行交付法院，法院再作刑事处罚。上述改革符合先民后刑的责任裁判机制。只是，由于定罪量刑没能分离，在被告人不认罪的情况下，法院所做的调解存在有罪推定之嫌。

其次，刑事和解运动得到了现行《刑事诉讼法》的认可。我国的刑事和解运动是司法界自下而上自行发起，直接目的就是避开已经失灵的附带民事诉讼制度，给被害人以获得损害赔偿的机会，从而减少上诉、上访，缓解社会冲突。如果说现行《刑事诉讼法》前的刑事和解运动只是司法机关出于功利考量的权宜之计，那么现行《刑事诉讼法》将刑事和解作为特别程序予以收入，则显示了立法机关对于该制度正当性的认可。

再次，相对独立的量刑程序出现。早在2010年10月1日最高人民法院实施的《关于规范量刑程序若干问题的意见》开始在全

---

[1] 梁根林："死刑案件被刑事和解的十大证伪"，载《法学》2010年第4期。

国试行，相对独立的量刑程序即已经开始出现，《刑事诉讼法》对此也予以认可。虽然量刑程度的独立性依然较弱，定罪程序也不会作出明确的裁判，但至少这表明了我国量刑程序已经逐步与定罪程序相互分离，显示了其独立的价值。

复次，赔偿被害人成为司法解释明确规定的从宽量刑情节。早在2000年最高人民法院12月13日发布的2000年司法解释就规定被告人赔偿被害人损失可作为量刑情节予以考虑，之后自2008年至2013年先后发布的多个量刑指导意见中均将被告人积极赔偿被害人作为常见的从宽量刑情节予以规定，并详细规定了不同情况下可以减少基准刑的比例。这为将来损害赔偿成为《刑法》明文规定的量刑情节甚至成为法定的刑事责任承担方式奠定了实践的基础。

最后，司法救助范围逐步扩大，设置国家补偿制度呼声高涨。为了解决大量的被害人遭到犯罪侵害后生活陷入困境、得不到赔偿的问题，各地司法机关逐步发起了关于对刑事案件被害人进行救助的尝试，发布了相关规范性文件，最高人民法院、最高人民检察院也组织各地开展刑事被害人救助试点工作，相关部门也多次联合颁布规范性文件，对司法救助制度的基本原则、救助对象、救助方式和标准、救助程序、救助资金的筹集和管理等基本问题进行了规范。目前，司法救助工作在全国各地展开，救助范围逐步扩大，只是仍未形成稳定的制度，没能在立法中确立，存在救助资金不稳定、救助对象不明确、救助程序不规范等问题，且相比国家补偿制度，司法救助制度更多的带有抚恤性质。近年来，实践部门建议设立国家补偿制度的呼声日益高涨，最高人民检察院还向全国人大提出了"被害人国家补偿立法建议稿"。

四、未来的展望

被害人的民事诉权问题所反映的其实是国家及社会的基本价值理念,之前很长一段时间,我国刑事诉讼以国家及社会的利益为上,惩治犯罪是我国刑事诉讼的主要任务,随着社会发展及人权理念的深入人心,被告人的权利开始受到重视,《刑事诉讼法》的修改也主要围绕着这一主题展开,无罪推定、疑罪从无等原则相继确立,但被害人的权益却迟迟没能得到足够的重视。正义应当是所有人的正义,对于遭受犯罪侵害的被害人,国家有义务为其伸张正义,同样有义务为其获得损害赔偿提供有效的制度保障。当然,这需要国家有足够的气度将自己掌握的公权力在一定程度上让渡给个人,让加害人与被害人有机会把握案件的结局与自己的命运,而这也是被害人民事诉权实现方式设置的最大障碍,也是对国家和社会最大的考验。

参考文献

一、中文专著

白建军:《关系犯罪学》,中国人民大学出版社 2005 年版。

卞建林、刘玫主编:《外国刑事诉讼法》,中国政法大学出版社 2008 年版。

蔡墩铭:《刑事诉讼法概要》,三民书局 1998 年版。

蔡枢衡:《刑事诉讼法教程》,中国政法大学出版社 2012 年版。

陈彬等:《刑事被害人救济制度研究》,法律出版社 2009 年版。

陈灿平:《刑民实体法关系初探》,法律出版社 2009 年版。

陈光中主编:《外国刑事诉讼程序比较研究》,法律出版社 1988 年版。

陈光中主编:《21 世纪域外刑事诉讼立法最新发展》,中国政法大学出版社 2004 年版。

陈光中主编：《刑事诉讼法》（第 3 版），北京大学出版社、高等教育出版社 2009 年版。

陈华丽：《刑事被害人权利保障研究》，知识产权出版社 2012 年版。

陈瑾昆：《刑事诉讼法通义》，法律出版社 2007 年版。

陈朴生：《刑事诉讼法论》（第 6 版），正中书局 1970 年版。

陈朴生：《刑事诉讼法实务》（增订版），海天印刷厂有限公司 1981 年版。

陈瑞华：《比较刑事诉讼法》，中国人民大学出版社 2010 年版。

陈瑞华：《程序性制裁理论》，中国法制出版社 2005 年版。

陈瑞华：《程序正义理论》，中国法制出版社 2010 年版。

陈瑞华：《法律人的思维方式》（第 2 版），法律出版社 2011 年版。

陈瑞华：《论法学研究方法》，北京大学出版社 2009 年版。

陈瑞华：《问题与主义之间——刑事诉讼基本问题研究》（第 2 版），中国人民大学出版社 2008 年版。

陈瑞华：《刑事审判原理论》（第 2 版），北京大学出版社 2003 年版。

陈瑞华：《刑事诉讼的前沿问题》（第 2 版），中国人民大学出版社 2005 年版。

陈瑞华：《刑事诉讼的中国模式》，法律出版社 2010 年版。

陈瑞华：《刑事证据法学》，北京大学出版社 2012 年版。

陈少林、顾伟：《刑事诉权原论》，中国法制出版社 2009 年版。

陈卫东、张弢：《刑事特别程序的实践与探讨》，人民法院出版社 1992 年版。

陈晓明：《刑事和解原论》，法律出版社 2011 年版。

陈兴良：《本体刑法学》，商务印书馆 2001 年版。

陈兴良：《刑法的价值构造》，中国人民大学出版社 1998 年版。

陈兴良主编：《刑种通论》（第 2 版），中国人民大学出版社 2007 年版。

陈永生：《刑事诉讼的宪政基础》，北京大学出版社 2010 年版。

陈永生：《侦查程序原理论》，中国人民公安大学出版社 2003 年版。

程滔：《刑事被害人的权利及其救济》，中国法制出版社 2011 年版。

储槐植：《刑事一体化论要》，北京大学出版社 2007 年版。

杜宇：《传统刑事责任理论的反思与重构——以刑事和解为切入点的展

开》，中国政法大学出版社 2012 年版。

房保国：《被害人的刑事程序保护》，法律出版社 2007 年版。

韩流：《被害人当事人地位的根据与限度——公诉程序中被害人诉权问题研究》，北京大学出版社 2010 年版。

韩忠谟：《刑法原理》，中国政法大学出版社 2002 年版。

胡亚球、章建生：《起诉权论》，厦门大学出版社 2012 年版。

胡云腾主编：《中美量刑改革国际研讨会文集》，中国法制出版社 2009 年版。

黄豹：《刑事诉权研究》，北京大学出版社 2013 年版。

黄东熊、吴景芳：《刑事诉讼法论》，三民书局 2002 年版。

江伟等：《民事诉权研究》，法律出版社 2002 年版。

江伟主编：《民事诉讼法》（第 4 版），中国人民大学出版社 2008 年版。

姜世明：《新民事证据法论》（第 3 版），新学林出版股份有限公司 2009 年版。

李伟主编：《犯罪被害人学》，中国人民公安大学出版社 2010 年版。

林钰雄：《刑事诉讼法》（下册 各论篇），中国人民大学出版社 2005 年版。

刘家兴、潘剑锋主编：《民事诉讼法学教程》（第 3 版），北京大学出版社 2010 年版。

刘金友、奚玮：《附带民事诉讼原理与实务》，法律出版社 2005 年版。

刘金友：《附带民事诉讼的理论与实践》，中国展望出版社 1990 年版。

龙宗智：《相对合理主义》，中国政法大学出版社 1999 年版。

潘剑锋主编：《民事诉讼法》，清华大学出版社 2008 年版。

邵世星、刘选：《刑事附带民事诉讼疑难问题研究》，中国检察出版社 2002 年版。

邵卫锋：《刑种与替刑制度》，云南人民出版社 2007 年版。

宋英辉主编：《刑事诉讼原理》（第 2 版），法律出版社 2007 年版。

孙洁冰主编：《刑事诉讼行政诉讼附带民事诉讼制度研究》，重庆大学出版社 1990 年版。

孙应征、王礼仁：《刑事附带民事诉讼新论》，人民法院出版社 1994

年版。

唐文胜:《犯罪损害赔偿研究》,中国人民公安大学出版社2010年版。

陶杨:《刑事诉权研究》,中国人民公安大学出版社2011年版。

田思源:《犯罪被害人的权利与救济》,法律出版社2008年版。

汪建成、甄贞主编:《外国刑事诉讼第一审程序比较研究》,法律出版社2007年版。

汪建成:《冲突与平衡——刑事程序理论的新视角》,北京大学出版社2006年版。

汪建成:《理想与现实——刑事证据理论的新探索》,北京大学出版社2006年版。

王利明:《民法·侵权行为法》,中国人民大学出版社1993年版。

王平主编:《恢复性司法论坛》(2007年卷),中国检察出版社2007年版。

王以真主编:《外国刑事诉讼法学参考资料》,北京大学出版社1995年版。

王泽鉴:《侵权行为》,北京大学出版社2009年版。

吴四江:《被害人保护法研究——以犯罪被害人权利为视角》,中国检察出版社2011年版。

吴宗宪:《西方犯罪学》(第2版),法律出版社2006年版。

武延平主编:《论刑事附带民事诉讼》,中国政法大学出版社1994年版。

相庆梅:《从逻辑到经验:民事诉权的一种分析框架》,法律出版社2008年版。

徐朝阳:《刑事诉讼法通义》,中国政法大学出版社2012年版。

许永强:《刑事法治视野中的被害人》,中国检察出版社2003年版。

许章润主编:《犯罪学》(第3版),法律出版社2007年版。

薛刚凌:《行政诉权研究》,华文出版社1999年版。

杨正万:《刑事被害人问题研究——从诉讼角度的观察》,中国人民公安大学出版社2002年版。

叶巍:《刑事诉讼中的私有财产权保障》,法律出版社2009年版。

于改之:《刑民分界论》,中国人民公安大学出版社2007年版。

曾世雄:《损害赔偿法原理》,中国政法大学出版社2001年版。

张剑秋：《刑事被害人权利问题研究》，中国人民公安大学出版社 2009 年版。

张明楷：《刑法的基础观念》，中国检察出版社 1995 年版。

张明楷：《刑法学》（第 3 版），法律出版社 2007 年版。

张绍彦：《刑罚的使命和践行》，法律出版社 2003 年版。

张卫平、陈刚编著：《法国民事诉讼法导论》，中国政法大学出版社 1997 年版。

张子培：《刑事诉讼法》，人民法院出版社 1990 年版。

赵国玲主编：《中国犯罪被害人研究综述》，中国检察出版社 2009 年版。

赵可等：《一个被轻视的社会群体——犯罪被害人》，群众出版社 2002 年版。

甄贞、汪建成主编：《中国刑事诉讼第一审程序改革研究》，法律出版社 2007 年版。

周伟等：《刑事被告人、被害人权利保障研究》，中国人民大学出版社 2009 年版。

朱铁军：《刑民实体关系论》，上海人民出版社 2012 年版。

最高人民检察院法律政策研究室组织编译：《所有人的正义：英国司法改革报告》，中国检察出版社 2003 年版。

左卫民等：《诉讼权研究》，法律出版社 2003 年版。

中国法制出版社编：《民事程序法论文选萃》，中国法制出版社 2004 年版。

二、译著

徐久生主编：《德国刑法典》，徐久生、庄敬华译，中国法制出版社 2000 年版。

李昌珂译：《德国刑事诉讼法典》，中国政法大学出版社 1995 年版。

［德］汉斯·约阿希姆·施奈德主编：《国际范围内的被害人》，许章润等译，中国人民公安大学出版社 1992 年版。

［德］克劳思·罗科信：《刑事诉讼法》（第 24 版），吴丽琪译，法律出

版社2003年版。

［德］克劳思·罗科信：《德国刑法学总论》（第1卷），王世洲译，法律出版社2005年版。

［德］托马斯·魏根特：《德国刑事诉讼程序》，岳礼玲、温小洁译，中国政法大学出版社2004年版。

赵路译：《俄罗斯联邦刑事法典》，中国人民公安大学出版社2009年版。

黄道秀译：《俄罗斯联邦刑事诉讼法典》，中国人民公安大学出版社2006年版。

黄道秀译：《俄罗斯联邦刑事诉讼法典》，中国政法大学出版社2003年版。

俄罗斯联邦总检察院编：《俄罗斯联邦刑法典释义》（上册），黄道秀译，中国政法大学出版社2000年版。

罗结珍译：《法国刑事诉讼法典》，中国法制出版社2006年版。

［法］贝尔纳·布洛克：《法国刑事诉讼法》（原书第21版），罗结珍译，中国政法大学出版社2009年版。

［法］卡斯东·斯特法尼等：《法国刑事诉讼法精义》（上）（下），罗结珍译，中国政法大学出版社1999年版。

［法］洛伊克·卡迪耶：《法国民事司法》（原书第3版），杨艺宁译，中国政法大学出版社2010年版。

［法］让·文森、塞尔日·金沙尔：《法国民事诉讼法要义》（上、下册），罗结珍译，中国法制出版社2001年版。

［美］安德鲁·卡曼：《犯罪被害人学导论》（第6版），李伟等译，北京大学出版社2010年版。

［美］爱伦·豪切斯泰勒·斯黛丽、南希·弗兰克：《美国刑事法院诉讼程序》，陈卫东、徐美君译，中国人民大学出版社2009年版。

［美］斯蒂芬·B.戈尔德堡等：《纠纷解决——谈判、调解和其他机制》，蔡彦敏等译，中国政法大学出版社2004年版。

宋英辉译：《日本刑事诉讼法》，中国政法大学出版社2000年版。

［日］谷口安平：《程序的正义与诉讼》（增补本），王亚新、刘荣军译，中国政法大学出版社2002年版。

［日］棚濑孝雄：《纠纷的解决与审判制度》，王亚新译，中国政法大学出版社2004年版。

［日］田口守一：《刑事诉讼的目的》（增补版），张凌、于秀峰译，中国政法大学出版社2011年版。

［日］田口守一：《刑事诉讼法》（第5版），张凌、于秀峰译，中国政法大学出版社2010年版。

［日］佐伯仁志：《制裁论》，丁胜明译，北京大学出版社2018年版。

［苏］M. A. 顾尔维奇：《诉权》，康宝田、沈其昌译，中国人民大学出版社1958年版。

［苏］库佐娃：《刑事诉讼中的附带民事诉讼》，王兆生、阎仁斌译，法律出版社1956年版。

陈志军译：《希腊刑法典》，中国人民公安大学出版社2010年版。

黄风译：《意大利刑事诉讼法典》，中国政法大学出版社1994年版。

［意］杜里奥·帕多瓦尼：《意大利刑法学原理》，陈忠林译，法律出版社1998年版。

［意］恩里科·菲利：《犯罪社会学》，郭建安译，中国人民公安大学出版社2004年版。

［意］巴伦·拉斐尔·加罗法洛：《犯罪学》，耿伟、王新译，中国大百科全书出版社1996年版。

［英］格里·约翰斯通：《恢复性司法：理念、价值与争议》，郝方昉译，中国人民公安大学出版社2011年版。

［英］杰里米·边沁：《立法理论——刑法典原理》，孙力等译，中国人民公安大学出版社1993年版。

［英］梅因：《古代法》，沈景一译，商务印书馆1959年版。

［英］约翰·斯普莱克：《英国刑事诉讼程序》，徐美君、杨立涛译，中国人民大学出版社2006年版。

［英］詹姆斯·迪南：《解读被害人与恢复性司法》，刘仁文、林俊辉等译，中国人民公安大学出版社2009年版。

王以真主编：《外国刑事诉讼法学参考资料》，北京大学出版社1995年版。

三、论文

陈光中、葛琳:"刑事和解初探",载《中国法学》2006年第5期。

陈光中:"刑事和解再探",载《中国刑事法杂志》2010年第2期。

陈瑞华、汪贻飞:"检察权监督制约机制的域外考察",载《人民检察》2008年第5期。

陈瑞华:"定罪与量刑的程序分离——中国刑事审判制度改革的另一种思路",载《法学》2008年第6期。

陈瑞华:"刑事附带民事诉讼的三种模式",载《法学研究》2009年第1期。

陈瑞华:"刑事诉讼的私力合作模式——刑事和解在中国的兴起",载《中国法学》2006年第5期。

陈卫东、柴煜峰:"附带民事诉讼:强化被害人权益保障是要点",载《检察日报》2012年4月6日,第3版。

陈卫东、柴煜峰:"刑事附带民事诉讼制度的新发展",载《华东政法大学学报》2012年第5期。

陈卫东:"附带民事诉讼的产生与发展",载《法学杂志》1987年第3期。

陈卫东:"附带民事诉讼的上诉及其抗诉",载《政法论坛》1991年第1期。

陈卫东:"附带民事诉讼的主体研究",载《政治与法律》1988年第2期。

陈卫东:"附带民事诉讼几个问题的探讨",载《人民司法》1988年第10期。

陈卫东:"附带民事诉讼制度的问题和出路",载《法制资讯》2008年第2期。

陈卫东:"公法、私法理念在刑事诉讼中的冲突与共存——以英国被害人参与权为样本的研究",载《湘潭大学学报(哲学社会科学版)》2011年第4期。

刑事被害人民事诉权多元实现方式研究

陈卫东:"关于附带民事诉讼审判实践中若干问题探析",载《法律科学(西北政法学院学报)》1991年第2期。

陈卫东:"论刑事附带民事诉讼",载《社会科学战线》1991年第1期。

谌鸿伟、贾伟杰:"我国刑事附带民事诉讼制度的设计缺陷及重构",载《法学评论》2006年第2期。

程红:"刑罚与损害赔偿之关系新探",载《法学》2005年第3期。

樊学勇、陶杨:"刑事诉权理论视野下的刑事审判制度改革",载《当代法学》2005年第4期。

高新华、徐新:"公诉案件中被害人地位评析",载《南京师大学报(社会科学版)》1999年第1期。

顾培东:"诉权辨析",载《西北政法学院学报》1983年第1期。

顾伟:"论刑事被害人诉权",载《江汉大学学报(人文科学版)》2005年第3期。

韩流:"论被害人诉权",载《中外法学》2006年第3期。

韩阳、张剑秋:"国家责任视阈下被害人诉权的实现",载《学术交流》2012年第5期。

贾彬:"英国刑事赔偿令法律制度",载梁慧星主编:《民商法论丛》(第48卷),法律出版社2011年版。

江伟、范跃如:"刑民交叉案件处理机制研究",载《法商研究》2005年第4期。

江伟、邵明:"民事诉讼法的宪法化",载杨立新主编:《民商法前沿》(2002年第1、2辑),吉林人民出版社2002年版。

蒋秋明:"诉权的法治意义",载《学海》2003年第5期。

劳东燕:"被害人视角与刑法理论的重构",载《政法论坛》2006年第5期。

劳东燕:"事实与规范之间:从被害人视角对刑事实体法体系的反思",载《中外法学》2006年第3期。

李浩:"民事程序选择权:法理分析与制度完善",载《中国法学》2007年第6期。

李丽娟:"请求权与诉权关系研究",载《河南理工大学学报(社会科学版）》2006年第4期。

李琳萍："刑附民案件被告人能否对侵害人提起反诉"，载 http://www.chinacourt.org/article/detail/2013/06/id/1018896.shtml。

李龙："民事诉权论纲"，载《现代法学》2003年第2期。

李鹏："诉讼模式的基本构成——以诉讼起源为视角的考察"，载《天水行政学院学报》2003年第4期。

梁根林："死刑案件被刑事和解的十大证伪"，载《法学》2010年第4期。

刘东根："犯罪被害人地位的变迁及我国刑事立法的完善"，载《中国人民公安大学学报》2007年第2期。

刘东根："恢复性司法及其借鉴意义"，载《环球法律评论》2006年第2期。

刘东根："论刑事责任与民事责任的转换——兼对法释［2000］33号相关规定的评述"，载《中国刑事法杂志》2004年第6期。

刘东根："赔偿影响刑事责任的平等性问题研究——恢复性司法的基础理论问题之一"，载王牧主编：《犯罪学论丛》（第5卷），中国检察出版社2007年版。

刘东根："我国刑事损害赔偿法律制度的完善"，载《中国人民公安大学学报》2004年第6期。

刘东根："刑事责任与民事责任功能的融合：以刑事损害赔偿为视角"，载《中国人民公安大学学报（社会科学版）》2009年第6期。

刘辉："被害人刑事诉权研究理论质评"，载《中国刑事法杂志》2011年第3期。

刘沛谞："刑事附带民事诉讼的价值评析与制度完善"，载《中国刑事法杂志》2006年第6期。

刘少军："论'先民后刑'刑事附带民事诉讼程序的构建——兼论《刑事诉讼法修正案》对附带民事诉讼制度的改革"，载《政治与法律》2012年第11期。

刘兆年、陈卫东："论人身伤害的物质补偿"，载《中国人民大学学报》1989年第5期。

罗结珍:"法国刑事诉讼法中的刑事调解与刑事和解",载《法学杂志》2008年第3期。

马贵翔:"确立法院对附带民事诉讼选择权的构想",载《法学论坛》2002年第5期。

马静华、罗宁:"西方刑事和解制度考略",载《福建公安高等专科学校学报》2006年第1期。

马静华:"刑事和解的理论基础及其在我国的制度构想",载《法律科学(西北政法学院学报)》2003年第4期。

彭世忠:"程序选择权及其法经济学思考",载《西南政法大学学报》2003年第6期。

曲新久:"论刑事附带民事诉讼中公权与私权的协调",载《法学》2003年第8期。

邵明:"论诉的利益",载《中国人民大学学报》2000年第4期。

宋英辉等:"我国刑事和解实证分析",载《中国法学》2008年第5期。

苏侃:"犯罪民事责任制度质疑——兼对我国刑法功能暨刑事责任制度的反思",载《中国刑事法杂志》2012年第6期。

孙宁华:"诉权理论对刑事司法改革的启示",载《西南师范大学学报(人文社会科学版)》2004年第5期。

汪建成、祁建建:"论诉权理论在刑事诉讼中的导入",载《中国法学》2002年第6期。

汪建成、余净:"对刑法和刑事诉讼法关系的再认识——从刑事一体化角度观察",载《法学》2000年第7期。

汪建成:"刑法和刑事诉讼法关系新解",载陈光中、江伟主编:《诉讼法论丛》(第3卷),法律出版社1999年版。

王福华:"民事判决既判力:由传统到现代的嬗变",载《法学论坛》2001年第6期。

王红岩、严建军:"广义诉权初探",载《政法论坛》1994年第5期。

魏彤:"欧美国家犯罪被害人在刑事诉讼中的地位",载《中外法学》1996年第4期。

吴江、张旭辉:"美国刑事赔偿令的立法和司法实践",载《中国刑事法杂志》2011年第3期。

吴英姿："诉权理论重构"，载《南京大学法律评论》2001年第1期。

奚玮、叶良芳："刑事附带民事诉讼制度的反思"，载《安徽师范大学学报（人文社会科学版）》2003年第1期。

夏勇："刑法与民法——截然不同的法律类型"，载《法治研究》2013年第10期。

向朝阳、马静华："刑事和解的价值构造及中国模式的构建"，载《中国法学》2003年第6期。

肖建华："刑事附带民事诉讼制度的内在冲突与协调"，载《法学研究》2001年第6期。

肖明："新西兰家庭会议制度之于我国刑事诉讼制度的借鉴——以我国刑事和解制度构建为视角"，载《求索》2009年第5期。

谢小剑："美国辩诉交易中的被害人权利保护"，载《甘肃政法学院学报》2008年第3期。

谢佑平、江涌："质疑与废止：刑事附带民事诉讼"，载《法学论坛》2006年第2期。

徐静村、谢佑平："刑事诉讼中的诉权初探"，载《现代法学》1992年第1期。

杨新等："过程与事件：社会生活中的赔钱减刑"，载万鄂湘主编：《建设公平正义社会与刑事法律适用问题研究——全国法院第24届学术讨论会获奖论文集》（上册），人民法院出版社2012年版。

杨正万："刑事被害人权利保护论纲"，载《中外法学杂志》2007年第2期。

杨正万："英国刑诉中被害人的权利"，载《山西高等学校社会科学学报》2001年第11期。

杨忠民："刑事责任与民事责任不可转换——对一项司法解释的质疑"，载《法学研究》2002年第4期。

于志刚："关于民事责任能否转换为刑事责任的研讨"，载《云南大学学报（法学版）》2006年第6期。

袁坦中、刘建："论刑事诉讼法中追缴的性质"，载《中国刑事法杂志》

2010年第4期。

张健升:"刑事和解的理论基础与程序操作问题辨析——'宽严相济刑事司法政策与刑事和解研讨会'观点综述",载《人民检察》2007年第12期。

张珺:"刑事附带民事诉讼的合理性探讨",载《法律适用(国家法官学院学报)》2002年第6期。

张卫平:"法国民事诉讼中的诉权制度及其理论",载《法学评论》1997年第4期。

张泽涛:"过犹未及:保护被害人诉讼权利之反思",载《法律科学(西北政法大学学报)》2010年第1期。

郑高键:"刑事附带民事诉讼制度的价值取向",载《河南省政法管理干部学院学报》2005年第3期。

郑天锋:"反思与祛魅:我国刑事附带民事诉讼制度重构论",载《甘肃政法学院学报》2011年第2期。

周光权:"论刑事和解制度的价值",载《华东政法学院学报》2006年第5期。

周亦峰:"试论刑事被害人诉权对公诉权的制衡",载《云南大学学报(法学版)》2011年第4期。

周永坤:"诉权法理研究论纲",载《中国法学》2004年第5期。

朱立恒:"英美刑事和解探析——以VOM模式为中心的考察",载《环球法律评论》2010年第2期。

左卫民、万毅:"我国刑事诉讼制度改革若干基本理论问题研究",载《中国法学》2003年第4期。

左卫民、谢鸿飞:"论民事程序选择权",载《法律科学(西北政法学院学报)》1998年第6期。

[美]丹尼尔·W.凡奈思:"全球视野下的恢复性司法",王莉译,载《南京大学学报(哲学、人文科学、社会科学版)》2005年第4期。

[美]埃米利·希尔弗曼:"美国的刑事赔偿制度(下)",刘孝敏译,载《刑法论丛》2007年第1期。

[日]金光旭:"日本刑法中的不法收益之剥夺——以没收、追缴制度为中心",钱叶六译,载《中外法学》2009年第5期。

四、博士论文

高向武:"附带民事诉讼研究",中国政法大学 2007 年博士学位论文。
刘东根:"刑事损害赔偿研究",北京大学 2003 年博士学位论文。
周亚红:"刑事和解制度研究",中南大学 2011 年博士学位论文。

五、外文文献

Arthur J. Lurigio, etc., *Victims of Crime: Problems, Policies, and Programs*, Sage Publications, 1990.

Bernd Schünemann, "The Role of the Victim Within the Criminal Justice System: A Three-tiered Concept", *Buffalo Criminal Law Review*, 1999 (3).

Daniel E. Hall, *Criminal Law and Procedure*, 4th ed., Thomson Press, 2004.

Howard Zehr, "Commentary: Restorative Justice: Beyond Victim-offender Mediation", *Conflict Resolution Quarterly*, 2004 (22).

John H. Langbein, "The Origins of Public Prosecution at Common Law", *American Journal of Legal History*, 1973 (17).

Kristen F. Grunewald and Priya Nath, "Defense-based Victim Outreach: Restorative Justice in Capital Cases", *Washington & Lee University School of Law, Capital Defense Journal*, Spring, 2003.

Lorraine Wolhuter, etc., *Victimology: Victimisation and Victims' Rights*, Routledge-Cavendish, 2009.

Paul Rock, *Victims, Policy-making and Criminological Theory: Selected Essays*, Farnham; Burlington, VT: Ashgate, 2010.

Richard Dagger, "Restitution: Pure or Punitive", *Criminal Justice Ethics*, 1991 (10).

后　记

这是我写的第一本书。小时候喜欢看书，对书有一种天然的敬畏感，从来没有想过有一天自己也能出书。

本书是在博士论文的基础上修订而成的。时光如白驹过隙，晃眼已过四年。回忆起当初埋头写论文的日子，苦涩已然淡忘，竟生出了些许怀念。幸得导师敦促，较早开始着手准备，在经历了数轮的讨论、修订之后，在导师的耳提面命之下完成了论文大纲，之后开始了漫长的写作。论文以每月一章的速度规律进行，每天一二千字的输出，不快但还稳定。每次初稿完成，就是迎接导师和师兄弟姐妹批评指正的时间，然后是一轮轮的修订，整篇论文就这样一点点完成了。对于本性懒散的我来说，如果没有导师的严加督促，不可能如此从容地完成博士论文这项浩大工程。

后 记

然而那时，大儿子刚刚出生不久，家中的日常场景就是：楼下是儿子的嬉笑哭闹之声，楼上是读书码字的我。每当累了乏了、脑子转不动了，就到下面逗逗儿子，生活竟然实现了一种奇妙的平衡。就这样，随着论文逐步成型，儿子也慢慢长大了。可能是大脑只喜欢记录下美好的一面吧，当时估计也有鸡飞狗跳，也有欲哭无泪，就这样被从记忆中抹掉了。

本书能够出版，需要感谢的人很多。首先要感谢的是我的博士生导师陈瑞华教授，本书大到主题框架，小到结构编排都是在老师的倾力指导之下完成，当然文中观点由我本人负责。老师曾言，他指导学生论文只关注结构，不评价观点，充分尊重学生的学术自由。老师对待学术研究的热忱态度、不断超越自我的求索精神，以及对学生的关爱与提携，令人敬仰。同时感谢我的硕士生导师陈兴良先生，在先生的引领下，我得以迈入刑事法学的门槛。每当我遇到学习、生活或工作中的难题，总能得到先生的指点与教诲。先生渊博的学识、严谨的态度及高尚的品行令我景仰。先生对学生的爱护及宽厚待人的处事风格，更是让人如沐春风。还要感谢论文写作中给予我指导的汪建成教授、潘剑锋教授、陈永生教授、傅郁林教授以及刘哲玮副教授，他们给我的博士论文提出了很多宝贵的意见与建议。

感谢我的父亲高永甫先生和母亲万俊敏女士。他们给予我最宝贵的，是从小到大在面临重大选择时给我的尊重与自由。并在我需要时，来到不熟悉的北京帮我照顾孩子，免除我的后顾之忧，让我得以安心读书、工作。这本书我要献给他们。同时，感谢我的先生赵华，没有他的支持与怂恿，可能我没有勇气重回校园，也不会有这本书的诞生，感谢他这段时间担负起养家的重任。感谢我的宝贝嘟嘟和桐桐，是他们给我快乐，教会我成长。感谢师兄弟姐妹汪贻飞、吴纪奎、高咏、牟绿叶、古芳、吉冠浩等，感谢弟弟高波、弟妹佳音,没有你们的陪伴与鼓励,这本书不会这么顺利地完成。最后感谢本书所有的编辑老师,感谢他们在本书出版过程中的辛苦付出。